INVENTAIRE
[illegible]523

F

F

18523

COMMENTAIRE ANALYTIQUE

DU CODE CIVIL.

LIVRE IER, TITRE II.

ACTES DE L'ÉTAT CIVIL.

COMMENTAIRE ANALYTIQUE

DU CODE CIVIL.

LIVRE IER, TITRE II.

ACTES DE L'ÉTAT CIVIL,

PAR MM. COIN-DELISLE ET ROYER,

AVOCATS A LA COUR ROYALE DE PARIS.

DEUXIÈME ÉDITION.

PARIS,

IMPRIMERIE LE NORMANT, 8, RUE DE SEINE-SAINT-GERMAIN.

1846.

ERRATA.

Page 12, 2e col. ligne 32,	*après*	chapitre VI,	*ajoutez*	du titre.
—— 30, 2e col. —— 34,	*au lieu de*	des causes,	*lisez*	de cause.
—— 43, 2e col. —— 14,	———	utlie,	——	utile.

TABLE ALPHABETIQUE DES MATIERES.

Nota. Les chiffres indiquent la page ; les lettres *a* ou *b* la première ou la seconde colonne de chaque page.
On s'est servi de plusieurs abréviations que le sens indiquera, telles que off. pour *officiers* ; ét. civ. pour *état civil*, etc.

COMMENTAIRE ANALYTIQUE

DU TITRE

DES ACTES DE L'ÉTAT CIVIL.

(CODE CIVIL, LIVRE I, TITRE II.)

Discussion au Conseil d'Etat, 6, 14 et 24 fructidor an IX, 8, 12, 28 brumaire, 2 frimaire et 22 fructidor an X. — Rapport au Tribunat par M. Duchesne, séance du 2 nivôse an X. — Opinions des tribuns Benjamin Constant, Roujoux, Caillemer, Grenier et Parent-Réal contre le projet, et des tribuns Perreau, Duveyrier, Siméon, Andrieux et Huguet pour le projet, dans les séances des 4, 5, 6 et 7 nivôse an X. — 14 nivôse an X. Lecture du message des Consuls au Corps-Législatif du 12 nivôse, qui retire les projets de loi du Code civil. — Communication officieuse à la section de législation du Tribunat le 7 messidor an X. — Exposé des motifs, par M. Thibaudeau, séances du 21 frimaire an X et du 9 ventôse an XI. — Rapport au Tribunat, par M. Siméon, séance du 17 ventôse. — Discours de l'orateur du Tribunat, M. Chabot (*de l'Allier*), au Corps-Législatif, séance du 29 ventôse. — Nota. Le Rapport de M. Duchesne est dans le tome 3 de la Législation civile de M. Locré; mais nous n'avons trouvé les opinions des tribuns que dans l'édition de Firmin Didot, tome 10.

Décrété le 11 mars 1803 (20 *ventôse an XI*). Promulgué le 21 du même mois (30 *ventôse*).

INTRODUCTION.

SOMMAIRE.

1. *Objet du titre. Tous les actes de l'état civil n'y sont pas compris.*
2. *Registres ecclésiastiques. L'autorité civile ne leur donne foi en justice que par degrés et pour arrêter les progrès des cultes protestans.*
3. *Edit de 1787 sur l'état civil des protestans.*
4. *Etablissement d'un mode uniforme pour les citoyens de tous les cultes. Code civil. Division du titre.*
5. *Ce mode de constatation ne porte pas atteinte à la liberté religieuse.*
6. *A quels officiers a été confiée la rédaction des actes de l'état civil depuis 1792.*
7. *Ce n'est pas comme* administrateurs *que les maires et adjoints en sont chargés.*
8. *Si les adjoints ont besoin d'une délégation du maire pour rédiger valablement ces actes.*
9. *Cas dans lesquels la question ne peut se présenter.*
10. *Règles générales sur les nullités des actes de l'état civil.*
11. *Compétence des officiers.*
12. *Des actes auxquels l'officier de l'état civil est intéressé.*
13. *Actes de l'état civil de la famille royale.*
14. *Des formules des actes.*

1. Pour jouir de notre état quand il nous est contesté, il faut le prouver. Il s'agit ici d'un mode particulier de cette preuve.

Certains actes modifient ou changent l'état civil, sans que la loi ait cru devoir les ranger dans ce titre, ni les confier aux mêmes officiers : telle est l'émancipation des mineurs, telle est la séparation de biens, qui donne au mineur avant l'âge, qui rend à la femme avant la dissolution du mariage, une capacité qu'ils n'avaient pas auparavant. Tels sont encore les jugemens qui interdisent en tout ou en partie l'exercice des droits civiques, civils et de famille (*C. pén. art.* 42), et surtout les condamnations qui entraînent la mort civile (*C. civ. art.* 22).

La réception de certains actes de l'état civil a été confiée aux mêmes officiers, quoique omis volontairement dans ce titre. Ce sont les actes de divorce (*C. civ.* 266 *et* 294) et d'adoption (*C. civ.* 359). Le conseil d'Etat n'a rien voulu préjuger sur l'existence ou la forme de ces deux actes importans dont les titres n'étaient pas encore discutés (M. Thibaudeau, *Exp. des motifs;* M. Chabot, *Disc. au C. législ.*).

Le titre ne règle donc que les trois plus grands événemens qui signalent le passage de l'homme sur la terre : sa naissance, son mariage et sa mort.

2. Nous laisserons les savans rechercher si les peuples anciens ont connu la manière de vérifier par des registres publics la naissance et la mort des hommes. Il paraît qu'elle s'est pratiquée à Rome, du moins dans un intérêt religieux et dans celui du cens, dès le temps de Servius Tullius, et que Marc-Aurèle s'efforça de la rétablir. En supposant que cette coutume ait long-temps subsisté, et qu'elle ait été applicable à tous les citoyens romains, elle a dû périr avec l'établissement du christianisme, qui ne pouvait se prêter aux tributs payés à Lucine, à Juventa, à Libitine, lorsque les enfans naissaient, prenaient la robe virile, ou quittaient ce monde.

En France, le clergé constata les baptêmes, les mariages et les sépultures des fidèles qui avaient recours à ses bénédictions et à ses prières. L'usage des registres s'introduisit; mais il n'avait pour objet que de conserver le souvenir des cérémonies religieuses. La preuve testimoniale demeura long-temps, comme à Rome, le droit commun. Si la célèbre ordonnance d'août 1539 prescrivit (*) de tenir registres de la sépulture des personnes tenant bénéfices, et des baptêmes de tous avec mention du temps et de l'heure de la nativité, elle n'abandonna pas encore l'état des citoyens à l'autorité ecclésiastique : les registres ne prouvaient le temps du décès que quant à la récréance, c'est-à-dire la possession provisoire du successeur au bénéfice; et si l'extrait du registre des baptêmes faisait pleine foi du temps de majorité ou de minorité, il ne prouvait pas la filiation, comme aujourd'hui nos actes de l'état civil (*C. civ.* 319). Ce registre prouvait le baptême et la nativité, parce que ce fait ne pouvait nuire à personne; mais il ne faisait foi ni de l'état ni de la filiation, parce qu'ils intéressaient les tiers (DANTY, *Tr. de la preuve par tém. sur l'art.* 55 *de l'ord. de Moulins*, n° 10).

L'ordonnance de Blois, en 1579, déclara enfin que les registres des paroisses serviraient à éviter les preuves par témoins que l'on était souvent contraint de faire en justice touchant les *naissances*, *mariages*, *morts* et *enterremens* des personnes (*art.* 181). C'était accorder pleine foi aux registres, et remettre l'état civil aux mains du clergé catholique. La puissance civile trouva un ordre de registres établi : elle en profita, et lui accorda autorité. Il y avait d'ailleurs dans cette institution une pensée politique : l'unité de religion menaçait de se dissoudre; en accordant la foi civile aux actes du clergé catholique, on mettait tous les citoyens dans la nécessité d'y avoir recours, et l'on espérait que les intérêts temporels empêcheraient l'administration du baptême et la bénédiction des mariages par les pasteurs protestans.

(*) Ord. de Villers-Cotterets sur l'administration de la justice. Art. 50 : « Des sépultures des personnes tenant bénéfice sera faict registre en forme de preuve par les chapitres, colléges, monastères et curés, qui fera foy et pour la preuve du temps de la mort, duquel temps sera faicte expresse mention esdicts registres, et pour servir au jugement du procès, où il seroit question de prouver ledict temps de la mort, au moins quant à la récréance. » — Art. 51 : « Aussi sera faict registres, en forme de preuve, des baptesmes, qui contiendront le temps et l'heure de la nativité, et par l'extrait dudict, se pourra prouver le temps de majorité ou minorité, et sera pleine foy à ceste fin. »

L'ordonnance de 1667, titre 20, art. 7 à 20, et plusieurs déclarations, notamment celle du 9 avril 1736, régularisèrent ce système et le mirent en action.

3. Mais les sectateurs des cultes dissidens se trouvaient ainsi privés des droits civils, et compromettaient l'état de leurs enfans, en contractant des mariages frappés de nullité par la législation du royaume. Pour remédier à ce mal, la jurisprudence des tribunaux adoptait des fins de non-recevoir pour écarter les collatéraux avides qui disputaient aux enfans des religionnaires l'héritage de leurs pères (*V.* GUYOT, *Répert. mot Religionnaire*). Louis XVI, par un édit du 28 novembre 1787, en confirmant le droit commun, permit à ceux de ses sujets et aux étrangers établis dans le royaume, qui ne professeraient pas la religion catholique, de s'adresser aux officiers de justice de leur domicile pour constater les naissances, mariages et décès, et régla la tenue des registres, les extraits à en délivrer, etc. : de sorte que dès lors il y eut registres de l'état civil pour les catholiques, tenus par le clergé, et pour les non-catholiques par les officiers civils.

4. La révolution ne tarda pas à faire disparaître cette différence. La constitution de 1791 (*tit.* 2, *art.* 7) promit un mode uniforme pour constater les naissances, mariages et décès; et ce mode fut réglé par les lois du 20 septembre et du 19 décembre 1792. Enfin, après quelques modifications apportées par les lois successives, est venu le Code civil.

Ce Code pose, dans un chapitre premier, les règles générales de tous les actes de l'état civil, de la tenue des registres, des actes passés en pays étranger, des peines qu'encourent les fonctionnaires négligens, et de la surveillance que doit exercer le ministère public. Les règles spéciales aux actes de naissance, de mariage et de décès sont l'objet des chapitres II, III et IV; et si l'on est satisfait d'y trouver les moyens de constater authentiquement les naissances et les décès arrivés en pleine mer, on regrette que le chapitre *des actes de mariage* soit incomplet, et qu'il faille aller puiser dans un autre titre (celui du mariage) ce que le législateur a omis. Le chapitre V a été introduit sur l'observation du premier consul, que le militaire hors du territoire français n'est jamais chez l'étranger lorsqu'il est sous le drapeau. Où est le drapeau, là est la France. Il fallait des articles pour l'avenir sur les naissances, les mariages et les décès à l'armée (*séance du* 14 *fruct. an IX*), et cette importante matière a été réglée complètement. Le chapitre VI obvie aux erreurs qui ont pu se glisser dans les actes en prescrivant la forme de la rectification.

5. Le législateur, en transférant les registres de l'état civil des mains du clergé catholique à l'au-

torité temporelle, n'a pas porté atteinte à la liberté des cultes : l'Assemblée nationale, après avoir déterminé le mode de constater désormais l'état civil des citoyens, a déclaré qu'elle n'entendait ni innover, ni nuire à la liberté qu'ils ont tous de consacrer les naissances, mariages et décès par les cérémonies du culte auquel ils sont attachés, et par l'intervention des ministres de ce culte (*L. du 20 sept.* 1792, *tit.* 6, *art.* 8). Mais les habitudes de la population pouvaient détruire l'ouvrage de la loi : une loi du 7 vendémiaire an IV sur l'exercice des cultes défendit donc à tous juges, administrateurs et fonctionnaires publics d'avoir *aucun égard* aux attestations que des ministres du culte pourraient donner à l'état civil des citoyens (*art.* 20), et punit d'une amende de 100 à 500 livres et d'un emprisonnement d'un mois à deux ans les parties qui les produiraient devant les tribunaux ou les administrations, les fonctionnaires publics qui y auraient égard, et tout officier de l'état civil qui ferait mention dans les actes des cérémonies religieuses, ou qui exigerait la preuve qu'elles auraient été observées (*art.* 20 *et* 21). La loi du 18 germinal an X, relative à l'organisation des cultes, est conçue en termes plus doux : elle porte, art. 55 : « Les registres tenus « par les ministres du culte, n'étant et ne pouvant « être relatifs qu'à l'administration des sacremens, « ne pourront, dans aucun cas, suppléer les re- « gistres ordonnés par la loi pour constater l'état « civil des Français. » Ainsi, il n'est plus défendu d'y avoir égard, mais seulement de s'en servir pour suppléer les registres ordonnés par la loi ; ainsi, en cas de perte des registres civils, ils pourront servir de documens, et éclairer l'emploi qui serait fait de la preuve testimoniale.

6. Le Code ne fixe pas quel est l'officier de l'état civil. C'est un objet réglementaire (M. Toullier, *t.* 1, *n*° 301 *in fin.*) et d'exécution qui peut varier par des lois nouvelles, et qui en effet a beaucoup varié. La loi du 20 septembre 1792, par son art. 1er, conféra aux municipalités le droit de recevoir et de conserver les actes de l'état civil ; et les conseils généraux des communes devaient nommer parmi leurs membres une ou plusieurs personnes chargées de ces fonctions (*art.* 2). La constitution de l'an III n'ayant établi que de simples agens municipaux dans les communes au-dessous de cinq mille habitans, ces agens ou leurs adjoints y devinrent officiers de l'état civil ; dans les communes où la population était plus élevée, chaque municipalité nommait l'un de ses membres pour exercer lesdites fonctions (*L. du 19 vend. an IV, art.* 12). Le désir de donner plus de solennité aux fêtes décadaires fit même dépouiller les agens municipaux du droit de célébrer les mariages. A compter du 1er vendémiaire an VII, ils durent être célébrés le décadi au chef-lieu du canton par le président de chaque administration municipale de canton, à peine de nullité (*L. du 13 fruc. an VI*) ; mais la loi du 28 pluviôse an VIII, en supprimant les agens municipaux des petites communes et les administrations municipales de canton, rendit indistinctement l'état civil aux maires et adjoints des communes, et à Paris au maire et aux deux adjoints de chacun des arrondissemens municipaux (*art.* 13 *et* 16).

7. Si les maires des communes et leurs adjoints sont chargés de la rédaction des actes de l'état civil, ce n'est pas comme administrateurs, mais comme officiers publics commis à la rédaction de ces actes importans. Ce principe est fertile en conséquences.

8. Une circulaire du ministre de la justice du 30 juillet 1807 porte que les adjoints ne peuvent remplir les fonctions d'officiers de l'état civil qu'en vertu d'une délégation spéciale du maire, et qu'ils doivent faire mention, dans les actes qu'ils rédigent et dans les extraits qu'ils délivrent, de cette délégation de pouvoirs. Au contraire, un arrêt d'Angers du 20 août 1821 (*S.* 1823, 2. 105 ; *D.* 1823, 2. 76 ; *P. t.* 3 *de* 1822, *p.* 519 ; *N. D. t.* 1, *p.* 196) décide que l'adjoint remplace *de plein droit* le maire dans la rédaction des actes de l'état civil.

C'est là la vraie doctrine. Que le bon ordre exige que les registres soient à la disposition d'une seule personne, que le maire charge spécialement un de ses adjoints de s'occuper de leur tenue, cela peut être convenable : mais il serait dangereux de tirer de là une règle inflexible qui dépouillerait les adjoints d'un droit que leur donne la loi, et qui compromettrait l'état des citoyens.

La circulaire ministérielle paraît basée sur l'art. 7 de l'arrêté du 2 pluviôse an IX, et sur l'art. 5 du décret du 4 juin 1806 : « Le maire sera *seul* chargé « de l'administration. Il aura la faculté d'assem- « bler ses adjoints, de les consulter lorsqu'il le « jugera à propos, et de leur déléguer une partie « de ses fonctions. » Mais il est évident que ce texte n'est relatif qu'aux fonctions administratives, et non à celles qui sont conférées *collectivement* aux maires et adjoints comme officiers publics : or, la loi du 28 pluviôse an VIII a fait cette distinction importante : l'art. 13 s'occupe d'abord d'un ordre de fonctions : « Les maires et adjoints « rempliront *les fonctions administratives* exercées « maintenant par l'agent municipal et l'adjoint. » Puis, passant à des fonctions d'un autre ordre, il ajoute : « Relativement à la police et *à l'état civil*, « ils rempliront les fonctions exercées maintenant « par les administrations municipales de canton, « les agens municipaux et adjoints. » Et l'art. 16 contient la même distinction : « A Paris, dans cha- « cun des arrondissemens municipaux, un maire « et deux adjoints seront chargés *de la partie ad-*

« *ministrative* et des fonctions relatives A L'ÉTAT « CIVIL. »

Les dispositions du décret de 1806 n'ayant pour objet de régler que le pouvoir d'administrer, n'a donc altéré en rien la capacité des adjoints comme officiers de l'état civil, qualité ajoutée à celle d'administrateurs, mais qui, par sa nature, en est indépendante.

Ainsi, quoiqu'en fait le maire soit dépositaire des registres, quoiqu'il soit, comme seul administrateur, chargé seul de la conservation et de la correspondance relative à la tenue des registres, quoique l'autorité administrative puisse, dans l'intérêt du service, ordonner que l'adjoint ne remplira les fonctions d'officier de l'état civil qu'en cas d'empêchement du maire ou en vertu de sa délégation, toutes ces raisons sont sans influence sur son pouvoir comme officier civil, et l'acte dressé par lui, même en présence du maire et sans délégation, n'en serait pas moins valide, et dans le cercle de sa compétence.

9. La question ne pourrait se présenter à Paris où les adjoints sont autorisés à recevoir les actes concurremment avec les maires (*Avis du C. d'Etat du* 8 *mars* 1808, *cité par* M. GARNIER DUBOURGNEUF, *Manuel des off. de l'état civ. n°* 6).

Elle ne peut se présenter non plus lorsqu'un adjoint spécial a été nommé pour les îles, îlots ou villages dépendant d'une commune, et dont la mer ou un autre obstacle rendent difficiles, dangereuses ou impossibles, même temporairement, les communications avec le chef-lieu : cet adjoint est spécialement chargé de la tenue des registres de l'état civil, qu'il remet chaque année, clos et arrêtés, au maire de sa commune (*L. du* 18 *flor. an X*).

Enfin, elle ne peut se présenter quand l'adjoint exprime qu'il agit en l'absence ou par l'empêchement du maire, parce qu'alors l'adjoint le remplace, même sous le rapport administratif, et qu'il s'opère en sa faveur et pour toutes les fonctions une délégation de droit (*Arrêté du* 2 *pluv. an III; Décret du* 4 *juin* 1806, *art.* 2; LAGARDE, *Traité de l'org. municipale, n°* 190).

En cas d'absence ou d'empêchement du maire et de ses adjoints, les fonctions d'officier de l'état civil sont remplies par un membre du conseil municipal dans l'ordre de la liste (*Arg. de l'art.* 4 *de la loi du* 20 *sept.* 1792; *Circ. du min. de la just.* 20 *mai* 1807).

10. Il faut observer ici qu'en prescrivant dans ce titre les formes qui doivent accompagner les actes de l'état civil, le législateur a trouvé qu'il était impossible d'établir des règles générales sur les nullités; car ce sera toujours par les circonstances qu'il faudra juger de la nullité des actes. Les nullités qu'on établirait pour les actes de naissance et de décès ne détruiraient en aucun cas la certitude de la date, laquelle en est une des parties essentielles (M. TRONCHET, *séance du* 6 *fruct. an IX*). La naissance et la mort sont des faits indépendans de la loi; elle n'a d'action relative à ces faits que pour leur donner de l'authenticité (*Opinion de* B. CONSTANT *au Tribunat, séance du* 4 *niv. an X*). Quant au mariage, c'est un contrat précédé et accompagné de formalités et soumis à des conditions. On a donc dû établir des cas de nullités, mais elles doivent être en général indépendantes du fait des officiers de l'état civil; car il eût été injuste de faire dépendre l'état des citoyens de la négligence ou de la malveillance des officiers : ainsi, à moins que les actes ne soient jugés faux, ils ne laissent pas, malgré leurs imperfections, de former un titre légal (M. TOULLIER, *t.* 1, *n°* 311; M. PROUDHON, *C. du droit franç. chap.* 13 *in fin.*; M. DURANTON, *t.* 1, *n°* 337). Ainsi, quelle que soit la formalité omise dans la rédaction d'un acte de l'état civil, il ne faut prononcer la nullité que si l'omission est de nature à enlever à l'acte sa force probante. *V.* cependant *l'art.* 194 *du C. civ.*

Cette règle est d'autant plus certaine que la loi est entrée ici dans des détails minutieux et qu'elle prescrit des formes quelquefois plus sévères pour les actes de l'état civil que pour les actes reçus par des notaires : par exemple, les renvois en marge des actes notariés peuvent n'être que paraphés par les parties et les notaires (*L. du* 25 *vent. an XI art.* 15), et les renvois dans les actes de l'état civil doivent être revêtus des signatures des parties et de l'officier civil (*C. civ. art.* 42).

11. Le plus grand vice d'un acte, c'est le défaut de compétence de l'officier qui le reçoit. Or la compétence d'un officier public se compose de deux élémens : 1° du droit de recevoir exclusivement ou concurremment avec d'autres les actes d'une nature déterminée; ainsi les actes attribués par la loi aux seuls officiers de l'état civil n'auraient pas force probante, s'ils étaient reçus par tout autre officier public (M. TOULLIER, *t.* 1, *n°* 300), même par un notaire, malgré l'observation de toutes les solennités requises pour l'authenticité de ses actes; 2° du *ressort* ou territoire dans lequel la loi a circonscrit le droit d'instrumenter. Or les fonctions de maire et d'adjoint sont circonscrites par les limites de la commune; hors ce territoire, il ne sont plus compétens pour recevoir les déclarations qui leur sont faites et en dresser acte (M. HUTTEAU D'ORIGNY, *liv.* 2, *ch.* 1, § 2, *n°* 2).

De ce que la compétence de l'officier de l'état civil est territoriale, il suit que c'est l'officier du lieu où se passe le fait qui doit recevoir l'acte, plutôt que l'officier du domicile. Ainsi la déclaration de naissance ou de décès doit se faire à l'officier du lieu où est arrivée la naissance ou la mort, quoique le nouveau-né ou le défunt ait ailleurs son domicile. Mais quand l'acte est la consommation d'un contrat civil et apporte un changement à l'état d'un particulier, le besoin de publicité a fait alors attribuer compétence exclusive à l'officier du domicile (Mariage, *C. civ. art.* 74 *et* 165; Adoption, *C. civ.* 359). Peut-il cependant alors exercer ses fonctions dans une autre commune à l'égard des personnes domiciliées dans la sienne? C'est une question grave et qui trouvera sa place sous l'art. 74.

12. Un acte de l'état civil peut intéresser l'officier de l'état civil en ce qu'il concerne son propre état ou celui de personnes de sa famille. Ces circonstances n'ont point été prévues par la loi (*).

L'administration y a pourvu : une lettre du garde des sceaux du 21 juillet 1818 (citée par MM. Hutteau, *même* §, *n*° 43; Garnier, *n*° 19; le Molt, *Manuel, ch.* 1er, *p.* 11) porte que l'officier de l'état civil ne peut recevoir un acte toutes les fois qu'il est du nombre des personnes dont la déclaration, le consentement ou le témoignage sont requis pour sa validité; et qu'il doit s'abstenir également de constater la naissance, le mariage ou le décès de ses enfans. Dans les Pays-Bas, un arrêté royal du 8 juin 1823 (*V.* M. Merlin, *Rép. mot État civil*, Actes de l', § v, *n*° 8, *art.* 4) dit que les officiers de l'état civil ne pourront recevoir aucun acte qui concerne leurs épouses, leurs père et mère, ou leurs enfans. Il serait peut-être à désirer que cet arrêté devînt chez nous le modèle d'une disposition législative. M. Lagarde (*Instr. gén. sur les dev. et les fonct. des maires*, *n*° 320) va plus loin : il veut appliquer, par analogie, aux officiers de l'état civil l'art. 8 de la loi du 25 ventôse an XI, qui défend aux notaires de recevoir des actes dans lesquels leurs parens ou alliés en ligne directe à tous les degrés et en collatérale, jusqu'au degré d'oncle ou de neveu inclusivement, seraient parties.

« Mais cette défense faite aux notaires n'est qu'une exception au droit commun qui les oblige à prêter leur ministère à toutes les personnes qui les en requièrent, et jamais exception ne peut, même sous prétexte d'identité de raison, être étendue hors du cas pour lequel le législateur l'a établie » (M. Merlin, *ibid.*). Ainsi, un acte ne peut être critiqué par la seule raison que les comparans ou les parties sont parens de l'officier de l'état civil qui l'a reçu.

Mais serait-il nul si l'officier y était partie ou déclarant? Telle est la seconde question : et M. Merlin (*ibid.*) ne balance pas à se décider pour l'affirmative.

En thèse générale, cette opinion paraît vraie, et nous disons avec lui que l'officier de l'état civil doit s'abstenir dans tous les actes qui le concernent : cependant on doit craindre en pareille matière de créer des nullités. Comment refuser foi, par la seule raison que le père l'aura reçu, à l'acte de naissance d'un fils de l'officier de l'état civil, si d'ailleurs les autres formalités sont observées, et si les témoins sont intéressés, par exemple frères du nouveau-né? Comment nier la viduité de cet officier par le motif qu'il aura dressé l'acte de décès de son épouse, quand il est sur les registres à sa date, et que le père et un autre parent de la défunte l'auront souscrit comme témoins? Annulerait-on, sur la demande de l'officier de l'état civil, l'acte d'adoption qu'il aurait fait lui-même de son fils adoptif, surtout si celui-ci était un simple cultivateur hors d'état de craindre que cet acte ne fût entaché de nullité?

Disons donc que, même dans le cas où l'officier de l'état civil est déclarant ou partie dans l'acte qu'il reçoit, les tribunaux ne sont pas obligés de prononcer la nullité par cette unique raison : ils ont à se décider par les circonstances du fait.

L'exemple choisi par M. Merlin et le plus favorable à sa thèse est celui du mariage. Mais si l'on suppose que le fait se passe dans une commune rurale dont la plupart des habitans sont illettrés, que la femme et le mari sont de bonne foi, que les témoins de part et d'autre sont de proches parens qui ont partagé la même opinion, n'ont élevé aucune réclamation ni manifesté aucun doute, quel tribunal, sans autre motif, dégradera la femme et les enfans du rang d'épouse et de fils légitimes pour les réduire à la condition de concubine et de bâtards? Quels juges, quand toutes les autres formalités auront été observées, toutes les conditions remplies, qu'il y aura consentement des parties contractantes, assentiment exprimé de la famille, publications, publicité, dépouilleront la femme et les enfans de leur état pour faire passer les biens à des collatéraux? Malgré l'illustre autorité de M. Merlin, il y en aura peu.

La raison déterminante pour M. Merlin est qu'il serait contre la nature des choses qu'un même individu pût cumuler dans sa personne le rôle de partie contractante avec celui d'officier de l'état civil. Et pourquoi? Parce que les règles du droit romain d'après lesquelles le magistrat pouvait, du moins quand une connaissance préalable n'était pas nécessaire, faire les actes de juridiction gracieuse et volontaire auxquels ses parens les plus proches et lui-même étaient parties (*LL.* 1, 5, 18, § 2, *et L.* 20, *ff. de manum. vind.*; *LL.* 1 *et* 2, *ff. de offic. præt.*; *L.* 1, § 2, *ff. de offic. cons.*; *L.* 2, *de offic. præsid.*; *LL.* 3 *et* 4, *ff. de adoption.*), ne présen-

(*) Une législation se modèle sur la précédente, et ce qui n'était pas nécessaire sous la première devient lacune sous la seconde. Le clergé catholique observant le célibat et l'adoption étant inconnue avant le Code civil, il ne pouvait se trouver aucun cas où le prêtre, dépositaire des registres, pût y constater son propre état civil.

tent pas un caractère de sagesse qui puisse leur mériter l'autorité de raison écrite, et que d'ailleurs la réception des actes de l'état civil n'est point un acte de juridiction volontaire.

Ce raisonnement renferme deux propositions qu'il est de notre devoir d'examiner.

1° *Les actes de l'état civil n'appartiennent pas à la juridiction volontaire.* Pour le prouver, M. Merlin cite l'exposé des motifs et le discours de M. Siméon au Tribunat, où il est dit en effet que les officiers de l'état civil n'ont *aucune juridiction*, qu'ils n'ont qu'*un ministère passif*, qu'ils *ne sont pas juges*, mais greffiers et commissaires-enquêteurs. Mais ces passages, relatifs à l'art. 35 du Code civil, ont pour unique objet de faire entendre que ces officiers ne doivent faire aucune déclaration de leur chef; qu'ils doivent se contenter des déclarations, sans informer sur la vérité de celles qui leur sont faites: en un mot, en disant qu'ils n'ont *aucune juridiction*, les orateurs ont entendu parler de la juridiction contentieuse, parce que le mot *juridiction*, pris seul et absolument, signifie *la puissance de juger*, et ne s'entend pas de la juridiction volontaire.

Or, que les fonctions de l'officier de l'état civil aient une similitude avec celles de greffier, cela est vrai; cependant n'y a-t-il pas quelque chose de plus quand, après avoir reçu de chaque partie la déclaration qu'elles veulent se prendre pour mari et femme, IL PRONONCE, *au nom de la loi*, qu'elles sont unies par le mariage? C'est là, selon nous, un véritable exercice d'une juridiction gracieuse et volontaire: car, bien qu'on ait choisi des administrateurs pour recevoir et garder les actes, il n'en est pas moins vrai que c'est à l'autorité judiciaire qu'est confiée la conservation de l'état civil des citoyens (*Arg. de l'édit de nov.* 1787 *et des art.* 41, 43, 53 *et* 99 *du C. civ.*); le droit de prononcer que le mariage existe est donc une émanation de l'autorité judiciaire: car, sous un autre rapport, la juridiction volontaire n'appartient pas seulement aux magistrats de l'ordre judiciaire, mais encore aux officiers établis pour donner de l'authenticité aux actes (DOMAT, *Droit publ. liv.* 2, *tit.* 1, *sect.* 1re, *n°* 29), et à plus forte raison aux officiers dont les fonctions s'étendent jusqu'*à prononcer* la conséquence ou le résultat légal du fait qui vient de s'accomplir devant eux.

2° M. Merlin ajoute qu'*il est contraire* A LA NATURE DES CHOSES *que la même personne cumule le rôle de partie et d'officier dans le même acte.* Nous pensons que cela peut n'être pas d'une bonne police; mais que ce soit contraire à l'essence des choses, nous en doutons. En effet, si le principe que *nul ne peut être témoin dans sa propre cause* est général en matière contentieuse, c'est qu'il s'agit toujours alors de prouver contre les droits de la partie contendante, tandis que quand l'officier civil reçoit un acte de son ministère, cet acte peut conférer des droits à un tiers. Pourquoi donc ne prouverait-il pas au moins contre l'officier?

Nous ne croyons donc pas qu'elles manquaient de sagesse, ces lois qui ne permettaient pas à un officier public de mépriser les droits qu'il avait accordés à un tiers dans l'exercice de sa magistrature, et qui n'annulaient pas l'affranchissement d'un esclave, l'émancipation d'un fils de famille, les effets d'une adoption, parce qu'ils avaient été prononcés par le magistrat même qu'ils concernaient. Le danger n'est pas même chez nous dans la réception de l'acte, mais dans sa garde et dans les altérations que lui peut faire subir la mauvaise foi. Or, un futur contingent, quelques dangers qu'il offre, n'est pas une raison suffisante pour annuler un acte, quand il n'y a pas de défenses formelles de le recevoir. Il faut donc ici, comme pour tous les actes de l'état civil, consulter les circonstances.

13. L'égalité chrétienne voulait que le nom des enfans des rois figurât sur les registres des baptêmes à côté de celui des enfans du pauvre: sous l'ancienne monarchie, on n'avait pas songé à changer cet ordre. Par l'art. 13 du sénatus-consulte du 28 floréal an XII, il fut dit que les actes qui constateraient la naissance, les mariages et les décès des membres de la famille impériale, seraient transmis, sur un ordre de l'empereur, au sénat, qui en ordonnerait la transcription sur ses registres et le dépôt dans ses archives. Le titre 2 du statut impérial du 30 mars 1806 confia à l'archichancelier les fonctions d'officier de l'état civil, prescrivit un registre double tenu par le secrétaire de l'état de la maison impériale, et ordonna qu'il serait déposé aux archives du sénat et aux archives impériales. La restauration trouva les choses en cet état, et confia les mêmes fonctions au chancelier de France (*Ord. du* 23 *mai* 1816), mais prit une précaution de plus pour assurer la sincérité des registres; ce fut d'ordonner que les registres doubles, quoique tenus par le ministre de la maison du roi ou par le président du conseil des ministres, demeurassent déposés aux archives de la Chambre des Pairs jusqu'à ce qu'ils aient été remplis. On voit que cette tenue de registres particuliers, justifiée d'ailleurs par des raisons politiques, est une conséquence d'actes émanés de l'empereur, et dont les dispositions, en ce point, n'ont rien d'incompatible avec celles de la Charte constitutionnelle.

14. La loi du 20 septembre 1792 était suivie de modèles d'actes. Un arrêté du 19 floréal an VIII, relatif à la nomination des maires et adjoints des communes au-dessous de 5000 habitans, ordonna (*art.* 10) « que le ministre de l'intérieur enverrait des modèles des actes de naissances, décès, mariages, divorces et adoptions, ***pour assurer l'uniformité*** des actes de l'état civil dans toute la France. » Ces modèles n'étaient pas encore arrêtés lors de la discussion du Code civil; car on reconnaissait l'insuffisance de ceux publiés quelques jours après, bulletin 28, n° 183. L'art. 9 du projet, correspondant à l'art. 42 du Code, portait que « les actes seraient inscrits sur les registres, de suite, sans aucun blanc, *et conformément* AUX MODÈLES. » Le consul Cambacérès (*séance du 6 fruct. an IX*) fit remarquer que le projet de Code civil présenté au conseil des Cinq-Cents portait la même disposition, et qu'elle avait excité des réclamations sur le fondement que le remplacement d'un mot par un mot équivalent aurait pu entraîner la nullité de l'acte. Cette disposition fut donc retranchée dans la rédaction définitive, et M. Thibaudeau rendit compte de cette suppression dans l'exposé des motifs : « Les « modèles, dit-il, sont susceptibles de perfection. « Il faut que l'on puisse y faire les changemens « dont l'expérience démontrera l'utilité. Il serait « fâcheux d'être lié à cet égard par une loi, par « un Code civil dont la perpétuité doit être dans « le vœu des législateurs et des citoyens. Le Code « règle la forme des actes : des modèles ne sont « plus qu'un acte d'exécution, dont à la rigueur « on pourrait se passer; mais le gouvernement y « pourvoira. »

Le gouvernement ne voulut même pas que ces modèles fussent donnés par un décret impérial, attendu qu'en admettant des formules pour offrir des guides à une classe nombreuse de fonctionnaires qui n'ont pas tous un égal degré d'expérience, elles devront tenir lieu de *conseils* et non de préceptes, d'*exemples* et non de dispositions strictement obligatoires. Telles sont les expressions du conseil d'Etat dans l'avis du 12 thermidor an XII, par lequel il déclara que les formules présentées par le ministre de l'intérieur étaient essentiellement bonnes et utiles dans les vues qu'on vient d'indiquer; mais qu'elles ne devaient être publiées que par voie d'instruction ministérielle.

Nous donnons le texte de ces formules, à cause de leur utilité journalière, et nous les réunissons toutes à la fin de cette introduction pour ne pas entraver l'explication des articles.

Elles sont généralement bonnes et méritent d'être suivies : elles offrent surtout cet avantage qu'elles aideront les officiers civils à se conformer au vœu de l'art. 35, et à distinguer ce qui *doit* leur être déclaré des déclarations prohibées et qu'ils doivent rejeter. Cependant, à l'énonciation de la qualité du fonctionnaire public, ils feront bien d'ajouter le lieu où sera reçu l'acte : par exemple, *en la mairie de* telle *commune*, ou *dans telle maison, située à...* pour le cas où une circonstance impérieuse les forcerait à recevoir un acte ailleurs qu'à la mairie. Il est de principe que tous les actes doivent porter en eux-mêmes la preuve que l'officier était dans le ressort à lui attribué au moment où il instrumentait.

FORMULES

DÉCLARATION *de naissance d'un enfant légitime, faite par le père.*

L'an , le du mois de à heure du par-devant nous (*énoncer ici la qualité du fonctionnaire public, s'il est maire ou adjoint de maire, ou s'il les remplace*), officier de l'état civil de la commune d , canton d département d est comparu le sieur (*mettre les nom, prénoms, âge, profession et domicile du déclarant*), lequel nous a déclaré que le du mois d de l'an heure du il lui est né (*énoncer ici le lieu où s'est fait l'accouchement, si c'est au domicile du père ou dans tout autre endroit*) un enfant du sexe (masculin *ou* féminin), qu'il nous présente, et auquel il a déclaré vouloir donner le *ou* les prénoms d lequel enfant il a eu de (*prénoms et nom de la femme*) son épouse. Lesdites déclaration et présentation faites en présence de (*prénoms, nom, âge, profession, domicile du premier témoin*), et de (*même formalité pour le second témoin*); et ont les père et témoins signé avec nous le présent acte de naissance, après qu'il leur en a été fait lecture. (*Si un des comparans ne sait ou ne peut signer, il en sera fait mention*).

(*Suivent les signatures.*)

DÉCLARATION *de naissance d'un enfant légitime, faite par l'accoucheur, ou la sage-femme, ou l'officier de santé, ou la personne chez qui la femme est accouchée; le déclarant connaissant la mère de l'enfant.*

L'an , le du mois d à heure du par-devant nous (*énoncer ici la qualité du fonctionnaire public, s'il est maire ou adjoint de maire, ou s'il les remplace*), officier de l'état civil de la commune d canton d département d est comparu le sieur *ou* la dame (*mettre les nom, prénoms, profession, domicile du déclarant*), l quel nous a déclaré que le du mois d an heure de est né un enfant du sexe (masculin *ou* féminin), en sa maison, sise (*désigner la rue, la section, l'arrondissement dans lequel se trouve la maison*), qu' l nous présente, et auquel l a déclaré donner les prénoms de lequel enfant est né de (*nom, prénoms, profession, demeure de la mère*), épouse *ou* veuve *ou* divorcée de (*nom, prénoms, demeure, profession du mari*); ladite déclaration faite en présence de (*prénoms, nom, âge, profession, domicile du premier témoin*), et de (*même formalité pour le second témoin*); et ont les déclarant et témoins signé avec nous le présent acte de naissance, après qu'il leur en été fait lecture. (*Si un des comparans ne sait ou ne peut signer, il en sera fait mention*). (*Suivent les signatures.*)

DÉCLARATION *de naissance d'un enfant naturel, faite par le père.*

L'an , le du mois d à heure du par-devant nous (*énoncer ici la qualité du fonctionnaire public, s'il est maire ou adjoint de maire, ou s'il les remplace*), officier de l'état civil de la commune d canton d département d est comparu le sieur (*mettre les nom, prénoms, âge, profession, demeure*), lequel nous a déclaré que le heure de il est né un enfant du sexe (masculin *ou* féminin), qu'il nous présente, et auquel il déclare donner les noms de se reconnaissant pour être le père de cet enfant et l'avoir eu de (*prénoms, nom, demeure, âge de la mère. Si le père déclare les noms de la mère, il en sera fait mention comme ci-dessus; mais s'il les tait, on ne peut le forcer à les déclarer*), lequel enfant est né en la maison sise (*désigner la rue, la section et l'arrondissement*): les présentes déclaration et présentation faites en présence de (*prénoms, nom, âge, profession, domicile du premier témoin*), et de (*même formalité pour le second témoin*); et ont les père et témoins signé avec nous le présent acte de naissance, après qu'il leur en a été fait lecture. (*Si un des comparans ne sait ou ne peut signer, il en sera fait mention*).

(*Suivent les signatures.*)

Déclaration *de naissance d'un enfant naturel, faite par toute autre personne que le père; le nom et l'état de la mère étant connus.*

L'an , le du mois d à heure du par-devant nous (*énoncer ici la qualité du fonctionnaire public, s'il est maire ou adjoint de maire, ou s'il les remplace*), officier de l'état civil de la commune d canton d département d est comparu le sieur *ou* la dame (*prénoms, nom, âge, profession, demeure du déclarant*), l quel nous a déclaré que le heure de la dame *ou* demoiselle (*prénoms, nom, profession, demeure de la mère*) est accouchée dans la maison (*désigner la maison*) d'un enfant du sexe (masculin *ou* féminin), qu' l nous présente, et auquel l donne les nom et prénoms de lesdites déclaration et présentation faites en présence de (*prénoms, nom, âge, profession, domicile du premier témoin*), et de (*même formalité pour le second témoin*); et ont les déclarant et témoins signé avec nous le présent acte de après qu'il leur en a été fait lecture. (*Si un des comparans ne sait ou ne peut signer, il en sera fait mention.*)

(*Suivent les signatures.*)

Déclaration *de naissance d'un enfant naturel, faite par un fondé de procuration du père.*

L'an , le du mois de à heure du par-devant nous (*énoncer ici la qualité du fonctionnaire public, s'il est maire ou adjoint de maire, ou s'il les remplace*), officier de l'état civil de la commune d canton d département d est comparu le sieur (*mettre les nom, prénoms, âge, profession et domicile du déclarant*), lequel nous a déclaré qu'en vertu de la procuration spéciale et authentique du sieur passée à le du mois an par-devant notaire, à enregistrée à le il vient, pour et au nom du constituant, nous déclarer que le heure de il est né en la maison (*désigner la maison, la rue, la section et l'arrondissement*), un enfant du sexe (masculin *ou* féminin), qu'il nous présente, et auquel il donne les noms de et qu'il déclare cet enfant être fils (*ou* fille) naturel de en vertu de la procuration ci-dessus relatée, et qui, après avoir été signée, *ne varietur*, par le déclarant, demeurera annexée au présent registre. Lesdites déclaration et présentation faites en présence de (*prénoms, nom, âge, profession, domicile du premier témoin*), et de (*même formalité pour le second témoin*); et ont les déclarant et témoins signé avec nous le présent acte, après que lecture leur en a été faite.

Déclaration *faite au sujet d'un enfant trouvé. Formule du procès-verbal.*

L'an , le du mois de a heure du par-devant nous (*énoncer ici la qualité du fonctionnaire public, s'il est maire ou adjoint de maire, ou s'il les remplace*), officier de l'état civil de la commune d canton d départemens d est comparu le sieur *ou* la dame (*prénoms, nom, âge, demeure, profession*), qui nous a déclaré que le heure étant seul (*ou* en compagnie de, *désigner les noms, prénoms, etc., de ceux qui étaient présens*) l a trouvé dans la rue, *ou* au lieu du (*désigner avec exactitude la rue, la place ou le lieu où a été trouvé l'enfant*) un enfant tel qu' l nous le présente, emmailloté *ou* vêtu des (*détailler les vêtemens*) et du linge marqué des lettres ou des chiffres . Après avoir visité l'enfant, avons reconnu qu'il était du sexe qu'il paraissait âgé de (*le nombre de mois, de jours ou d'heures*); de plus, avons remarqué qu'il avait sur le corps (*ou* partie du corps) une marque de et après avoir cherché dans les vêtemens, y avons trouvé (*désigner ce qu'on y a trouvé, ou exprimer qu'on n'y a rien trouvé*); de suite avons inscrit l'enfant sous les nom et prénoms de et avons ordonné qu'il fût remis à

De tout quoi avons dressé procès-verbal en présence de , et de qui ont signé avec nous, après que lecture leur en a été faite du contenu du présent procès-verbal.

Reconnaissance *d'enfant, faite par le père ou la mère après l'inscription de l'enfant sur les registres des actes de l'état civil.*

L'an , le du mois de à heure du par-devant nous (*énoncer ici la qualité du fonctionnaire public, s'il est maire ou adjoint de maire, ou s'il les remplace*), officier de l'état civil de la commune d canton d département d est comparu le sieur *ou* la dame (*nom, prénoms, âge, profession, domicile*), l quel nous a déclaré qu' l se reconnait ère d'un enfant du sexe qui nous a été présenté le et que nous avons inscrit sur les registres de l'état civil, sous les noms de lequel l a eu avec l (*nom, prénoms, âge, profession, demeure. Le déclarant est libre de ne pas désigner la personne avec laquelle il a eu l'enfant*); ladite déclaration faite en présence de (*prénoms, nom, âge, profession, domicile du premier témoin*), et de (*même formalité pour le second témoin*); et ont les déclarant et témoins signé avec nous le présent acte, après qu'il leur en a été fait lecture. (*Si un des comparans ne sait ou ne peut signer, il en sera fait mention.*) (*Suivent les signatures.*)

Reconnaissance *d'enfant, faite par le père et la mère conjointement.*

L'an , le du mois de à heures du par-devant nous (*énoncer la qualité du fonctionnaire public, s'il est maire ou adjoint de maire, ou s'il les remplace*), officier de l'état civil de la commune de canton de département de sont comparus le sieur (*prénom, nom, etc.*), et la dame (*prénoms, nom, etc.*), lesquels ont déclaré qu'ils se reconnaissent père et mère d'un enfant du sexe qui nous a été présenté le et que nous avons inscrit sur les registres de l'état civil, sous les noms de lequel enfant est né d'eux le du mois de l'an ladite déclaration faite en présence de (*prénoms, nom, âge, etc., du premier témoin*), et de (*même formalité pour le second témoin*); et ont les père, mère et témoins, signé avec nous le présent acte, après qu'il leur en a été fait lecture. (*Si un des comparans ne sait ou ne peut signer, il en sera fait mention.*)

FORMULE *des publications de mariage entre majeurs.*

L'an le dimanche du mois de nous (*la qualité du fonctionnaire*), officier de l'état civil de la commune d département d canton et municipalité d après nous être transporté devant la principale porte d'entrée de la maison commune, à l'heure de avons annoncé et publié pour la première fois (*si c'est la seconde publication*, pour la seconde publication), qu'il y a promesse de mariage entre (*prénoms, nom, âge, profession, domicile de l'homme*) garçon majeur usant de ses droits, fils de (*prénoms, nom, profession du père*), et de (*même formalité pour la mère*), et demoiselle (*prénoms, nom, âge, profession et demeure*), fille majeure usant de ses droits, fille de (*prénoms, noms, professions des père et mère*); laquelle publication, lue à haute et intelligible voix, a été de suite affichée à la porte de la maison commune.

De tout quoi avons dressé acte.

FORMULE *de l'acte de mariage.*

L'an le du mois de par-devant nous (*la qualité du fonctionnaire public*), officier de l'état civil de la commune d canton et municipalité d département d sont comparus le sieur (*prénoms, nom, âge, lieu de naissance, profession, domicile*), majeur usant de ses droits, fils de (*nom, prénoms, profession du père*), décédé à le comme il est constaté par l'acte de décès délivré à le et de dame (*nom, prénoms de la mère*) aussi décédée à le comme il est constaté par l'acte de décès, délivré à le et demoiselle (*nom, prénoms, âge, lieu de naissance, profession, domicile*), fille majeure usant de ses droits, et fille de (*nom, prénoms, etc., du père*), décédé à le comme il est constaté par l'acte de décès délivré à le et de (*même formalité pour la mère*), décédée à le suivant l'acte de décès délivré à le lesquels nous ont requis de procéder à la célébration du mariage projeté entre eux, et dont les publications ont été faites devant la principale porte de notre maison commune; savoir : la première le du mois d de l'an de à l'heure de et la seconde le du mois de de l'an de à l'heure de (*S'il a été fait des publications en d'autres lieux que dans la commune où se célèbre le mariage, il en sera fait mention*). Aucune opposition audit mariage ne nous ayant été signifiée, faisant droit à leur réquisition, après avoir donné lecture de toutes les pièces ci-dessus mentionnées, tant actes de décès qu'extrait des publications et du chapitre VI du titre *du Mariage* du Code civil, avons demandé au futur époux et à la future épouse, s'ils veulent se prendre pour mari et pour femme : chacun d'eux ayant répondu séparément et affirmativement, déclarons, au nom de la loi, que le sieur et la demoiselle sont unis par le mariage.

De tout ce avons dressé acte, en présence de (*prénoms, nom, âge, domicile du premier témoin*), et de (*même formalité pour le second, le troisième et le quatrième témoin. Si les témoins sont parens, il sera fait mention du degré de parenté, et duquel des époux ils sont parens ou alliés*), lesquels ont signé avec nous et les parties contractantes, après que lecture du tout leur a été faite.

FORMULE *de publication pour des mineurs assisté de leurs père et mère ou de l'un d'eux.*

L'an le dimanche du mois de nous (*qualité du fonctionnaire*), officier de l'état civil de la commune d département d canton et municipalité d après nous être transporté devant la principale porte d'entrée de la maison commune, à l'heure de avons annoncé et publié pour la première fois (*si c'est la seconde publication*, pour la seconde publication) qu'il y a promesse de mariage entre (*prénoms, nom, profession, âge, domicile de l'homme*), garçon mineur, assisté de (*prénoms, nom, âge, domicile, profession*) son père et de (*même formalité*) sa mère (*s'il n'y a que le père présent, il ne sera fait mention que de lui; si le père était décédé, l'officier de l'état civil se fera représenter l'acte de décès, et en fera mention; si le père et la mère sont décédés, et que l'aïeul ou l'aïeule soient encore vivans, il sera fait mention du consentement de ceux-ci; il en sera de même si les époux ne sont assistés que par des tuteurs*); et demoiselle (*nom, prénoms, etc.*), fille de (*mêmes formalités pour les parens de la future épouse*); laquelle publication, lue à haute et intelligible voix, sera de suite affichée à la porte de la maison commune.

De tout quoi avons dressé acte.

FORMULE *de célébration pour des mineurs assistés de leurs père et mère ou de l'un d'eux.*

L'an le jour du mois de par-devant nous (*qualité du fonctionnaire*), officier de l'état civil de la commune d département d canton et municipalité d sont comparus le sieur fils mineur, assisté de son père, et de dame sa mère; et demoiselle fille mineure, assistée de son père, et de sa mère, lesquels nous ont requis de procéder à la célébration du mariage projeté entre eux, et dont les publications ont été faites devant la principale porte de notre maison commune; savoir : la première, le du mois de l'an de à l'heure de et la seconde le (*s'il a été fait des publications dans d'autres lieux que dans la commune où se célèbre le mariage, il en devra être fait mention*). Aucune opposition audit mariage ne nous ayant été signifiée, faisant droit à leur réquisition; après avoir donné lecture de toutes les pièces ci-dessus mentionnées, tant actes de décès qu'extrait des publications, et du chapitre VI du titre *du Mariage* du Code civil, avons demandé au futur époux et à la future épouse s'ils veulent se prendre pour mari et pour femme : chacun d'eux ayant répondu séparément et affirmativement, déclarons, au nom de la loi, que le sieur et la demoiselle sont unis par le mariage.

De tout ce avons dressé acte en présence de (*prénoms, noms, etc., des témoins. Si les témoins sont parens, il sera fait mention du degré de parenté, et duquel des époux ils sont parens ou alliés*); lesquels ont signé avec nous et les parties contractantes, après lecture du tout qui leur a été faite.

Formule *de célébration de mariage pour des enfans trouvés majeurs; s'il n'y a qu'un seul des époux qui soit né de parens inconnus, on conservera à l'égard de l'autre les mêmes énonciations que dans les formules ci-dessus.*

L'an le du mois de devant nous (*qualité du fonctionnaire*), officier de l'état civil de la commune d département d canton et municipalité d sont comparus le sieur fils de parens inconnus, comme il est constaté par l'acte de naissance (*ou* le procès-verbal, *s'il en a été fait*) dressé à le garçon majeur usant de ses droits, et demoiselle née de parens inconnus, comme il est constaté par le dressé à le lesquels nous ont requis de procéder à la célébration du mariage projeté entre eux, et dont les publications ont été faites devant la principale porte de notre maison commune; savoir: la première le l'an de à l'heure de et la seconde le (*s'il a été fait des publications dans d'autres lieux que dans la commune où se célèbre le mariage, il en sera fait mention*). Aucune opposition audit mariage ne nous ayant été signifiée, faisant droit à leur réquisition, après avoir donné lecture de toutes les pièces ci-dessus mentionnées, tant actes qu'extrait de publications, et du chapitre VI du titre *du Mariage* du Code civil, avons demandé au futur époux et à la future épouse s'ils veulent se prendre pour mari et pour femme: chacun d'eux ayant répondu séparément et affirmativement, déclarons, au nom de la loi, que le sieur et la demoiselle sont unis par le mariage.

De tout ce avons dressé acte, en présence de (*prénoms, noms, etc., des témoins. Si un des époux est né de parens connus, et si les témoins sont parens, il sera fait mention du degré de parenté, et duquel des époux ils sont parens ou alliés*), lesquels ont signé avec nous et les parties contractantes, après que lecture du tout leur a été faite

Formule *de célébration de mariage pour un ou des enfans mineurs nés de parens inconnus. Enfans trouvés mineurs.*

L'an le du mois de devant nous (*qualité du fonctionnaire*), officier de l'état civil de la commune d département d canton et municipalité d sont comparus le sieur fils de parens inconnus, suivant son acte de naissance inscrit sur le registre de la commune d le garçon mineur, assisté du sieur nommé tuteur pour assister ledit sieur dans la célébration de son mariage, par jugement du du mois de de l'an rendu par le tribunal de première instance d département d et demoiselle née de parens inconnus, comme il est constaté par son acte de naissance inscrit sur les registres de la commune d département d le assistée du sieur nommé tuteur pour assister ladite demoiselle dans la célébration de son mariage, par jugement du du mois de de l'an rendu par le tribunal de première instance d département d lesquels nous ont requis de procéder au mariage projeté entre eux, et dont les publications ont été faites devant la principale porte de notre maison commune; savoir: la première le du mois de l'an de à l'heure de et la seconde le (*s'il a été fait des publications dans d'autres lieux que la commune où se célèbre le mariage, il en devra être fait mention*). Aucune opposition audit mariage ne nous ayant été signifiée, faisant droit à leur réquisition, après avoir donné lecture de toutes les pièces ci-dessus mentionnées, et du chapitre VI du titre *du Mariage* du Code civil, avons demandé au futur époux et à la future épouse s'ils veulent se prendre pour mari et pour femme: chacun d'eux ayant répondu séparément et affirmativement, déclarons, au nom de la loi, que le sieur et la demoiselle sont unis par le mariage.

De tout ce avons dressé acte, en présence de (*prénoms, noms, etc., des témoins*), lesquels ont signé avec nous et les parties contractantes, après que lecture du tout leur a été faite.

Formule *de célébration de mariage, pour lequel il n'a été fait qu'une publication en vertu d'une dispense.*

L'an le dimanche du mois de devant nous (*la qualité du fonctionnaire*), officier de l'état civil de la commune d département d canton et municipalité d sont comparus le sieur (*prénoms, nom, âge, profession, domicile*), usant de ses droits, fils de (*nom, prénoms, profession du père*), et de dame (*nom, prénoms de la mère*), et demoiselle (*nom, prénoms, âge, profession, domicile*), fille usant de ses droits, et fille de lesquels nous ont requis de procéder à la célébration du mariage projeté entre eux, et dont la première publication a été faite devant la principale porte de notre maison commune, le du mois de l'an à l'heure de et dont la seconde n'a pas eu lieu en vertu de la dispense délivrée, au nom du roi, par son procureur près le tribunal de première instance de l'arrondissement de laquelle nous ayant été présentée, est restée déposée au secrétariat de la commune. Aucune opposition audit mariage ne nous ayant été signifiée, faisant droit à leur réquisition, après avoir donné lecture de toutes les pièces ci-dessus mentionnées, et du chapitre VI *du Mariage* du Code civil, nous avons demandé au futur époux et à la future épouse s'ils veulent se prendre pour mari et pour femme: chacun d'eux ayant répondu séparément et affirmativement, déclarons, au nom de la loi, que le sieur et la demoiselle sont unis par le mariage.

De tout ce avons dressé acte, en présence de (*noms, prénoms, âge, domicile des témoins. Si les témoins sont parens, il sera fait mention du degré de parenté, et duquel des époux ils sont parens ou alliés*), lesquels ont signé avec nous et les parties contractantes, après que lecture du tout leur a été faite.

Formule *de célébration de mariage par des majeurs auxquels leurs ascendans refusent leur consentement.*

L'an est comparu le sieur fils de et de dame lequel nous ayant exhibé l'acte respectueux fait le du mois de an de par notaire, adressé à et le second, fait le du mois an de par notaire, adressé à (*mettre le nom de l'ascendant, et le degré qu'il a sur le futur époux*), par lequel il lui demande de vouloir bien consentir à son union avec demoiselle vu les réponses du ou le refus considérant que les formalités requises par la loi ont été remplies, et que les délais sont expirés, nous requiert de procéder à la célébration du mariage dont il y a projet entre lui et la demoiselle (*prénoms, nom, âge, lieu de naissance, domicile de la future épouse*); et est aussi comparue ladite demoiselle fille de et de assistée de et de (*son père, sa mère, ou l'ascendant, ou le tuteur qui l'assistera, ou s'il y a eu des actes respectueux, en faire mention dans les mêmes termes que de ceux du futur époux*), lesquels nous ont requis de procéder à la célébration du mariage projeté entre eux, et dont les publications ont été faites devant la principale porte de notre maison commune ; savoir : la première, le et la seconde le Nulle opposition n'étant survenue audit mariage, nous (*la qualité du fonctionnaire public*), officier de l'état civil de la commune d après avoir donné lecture aux parties contractantes et aux quatre témoins ci-dessous dénommés, tant des actes respectueux que de tous autres actes, et du chapitre VI du titre *du Mariage* du Code civil, faisant droit aux réquisitions des parties, déclarons, au nom de la loi, que le sieur et la demoiselle sont unis par le mariage.

De tout ce avons dressé acte, en présence de (*noms, prénoms, âge, domicile des témoins. Si les témoins sont parens, il sera fait mention du degré de parenté, et duquel des époux ils sont parens ou alliés*), lesquels ont signé avec nous et les parties contractantes, après que lecture du tout leur a été faite.

Formule *d'acte de mariage à la célébration duquel sera survenue quelque opposition dont main-levée aura été obtenue, soit par consentement, soit par jugement.*

L'an le est comparu le sieur fils de et de dame lequel nous ayant exhibé l'acte respectueux fait le du mois de an par notaire, adressé à et le second fait le du mois de an par notaire, adressé à (*mettre le nom de l'ascendant, et le degré qu'il a sur le futur époux*), par lequel il lui demande de vouloir bien consentir à son union avec demoiselle vu les réponses du vu le refus considérant que les formalités requises par la loi ont été remplies, et que les délais sont expirés, nous requiert de procéder à la célébration du mariage dont il y a projet entre lui et la demoiselle comparaissant aussi ladite demoiselle fille de et de décédés le comme il paraît par les actes de décès délivrés à le (*ou assistée* de son père et de sa mère (*ou s'il y a eu des actes respectueux, en faire mention dans les mêmes termes que de ceux du futur époux*), et vu l'opposition à nous signifiée le par huissier près le tribunal au nom du sieur, *ou* de la demoiselle (*prénoms, nom, profession, domicile de l'opposant*), par laquelle il *ou* elle nous déclare s'opposer à ce qu'il soit procédé à la célébration du mariage de laquelle opposition ayant été levée par sa déclaration en date du passée devant notaire à (*ou, si l'opposition a été levée par jugement*, ayant été levée par jugement du tribunal d en date d signifié à nous le par huissier) ; après avoir donné lecture aux parties et aux témoins, tant de l'opposition que de l'acte, ou du jugement qui en donne main-levée, et du chapitre VI du titre *du Mariage* du Code civil, avons demandé au futur époux et à la future épouse s'ils veulent se prendre pour mari et pour femme : chacun d'eux ayant répondu séparément et affirmativement, déclarons, au nom de la loi, que le sieur et la demoiselle sont unis par le mariage.

De tout ce avons dressé acte en présence de (*noms, prénoms, âge, domicile des témoins. Si les témoins sont parens, il sera fait mention du degré de parenté, et duquel des époux ils sont parens ou alliés*), lesquels ont signé avec nous et les parties contractantes, après que lecture du tout leur a été faite.

Formule *de mariage à la suite duquel est faite la reconnaissance d'enfans nés précédemment.*

L'an le dimanche du mois de devant nous (*la qualité du fonctionnaire*), officier de l'état civil de la commune d département d sont comparus le sieur (*prénoms, nom, âge, profession, domicile*), usant de ses droits, fils de (*nom, prénoms, profession du père*), et de dame (*nom, prénoms de la mère*), et demoiselle (*nom, prénoms, âge, profession, domicile*), fille usant de ses droits, et fille de lesquels nous ont requis de procéder à la célébration du mariage projeté entre eux, et dont les publications ont été faites devant la principale porte de notre maison commune ; savoir : la première, le du mois de de l'an à l'heure de et la seconde, le (*s'il a été fait des publications en d'autres lieux que dans la commune où se célèbre le mariage, il en devra être fait mention*). Aucune opposition audit mariage ne nous ayant été signifiée, faisant droit à leur réquisition, après avoir donné lecture de toutes les pièces ci-dessus mentionnées, et du chapitre VI du titre *du Mariage* du Code civil, avons demandé au futur époux et à la future épouse s'ils veulent se prendre pour mari et pour femme : chacun d'eux ayant répondu séparément et affirmativement, déclarons, au nom de la loi, que le sieur et la demoiselle sont unis par le mariage ; et aussitôt ledit sieur et ladite demoiselle ont déclaré qu'il existe (*ou* qu'il a existé) de leur union naturelle un *ou* des enfans inscrits sur le registre de l'état civil de la commune d en date du et sous les noms de lequel (*ou* laquelle *ou* lesquelles) ils reconnaissent pour leur fils *ou* leur fille : voulant que la présente déclaration légitime sa *ou* leur naissance, et lui *ou* leur donne les mêmes droits que pourraient avoir les enfans qui viendront à naître de leur union.

De tout ce avons dressé acte en présence de (*noms, prénoms, âge, domiciles des témoins. Si les témoins sont parens, il sera fait mention du degré de parenté, et duquel des époux ils sont parens ou alliés*) ; lesquels ont signé avec nous et les parties contractantes, après que lecture du tout leur a été faite.

Formule *de mariage contracté avec dispense de degrés.*

L'an le dimanche du mois de devant nous (*la qualité du fonctionnaire*), officier de l'état civil de la commune d département d canton et municipalité d est comparu le sieur (*prénoms, nom, âge, profession, domicile*), fils de (*nom, prénoms, profession du père*), et de dame (*nom, prénoms de la mère*), lequel nous a déclaré qu'il est dans l'intention de s'unir en mariage avec demoiselle sa nièce ou tante, avec l'autorisation de la dispense de degré, que lui a accordée le roi, le enregistrée au greffe du tribunal de première instance de l'arrondissement d et dont il nous a présenté une expédition délivrée par le greffier dudit tribunal, le Est aussi comparue demoiselle (*prénoms, nom, âge, profession, domicile*), fille de (*nom, prénoms, profession du père*), et de dame (*nom, prénoms de la mère*), laquelle nous a déclaré qu'elle est dans l'intention de s'unir en mariage avec le sieur en vertu de la dispense de degré ci-dessus mentionnée, lesquels nous ont requis de procéder à la célébration du mariage projeté entre eux, et dont les publications ont été faites devant la principale porte de notre maison commune ; savoir : la première, le du mois de de l'an à l'heure de et la seconde le (*s'il a été fait des publications en d'autres lieux que dans la commune où se célèbre le mariage, il en devra être fait mention*). Aucune opposition audit mariage ne nous ayant été signifiée, faisant droit à leur réquisition, après avoir donné lecture de toutes les pièces ci-dessus mentionnées et du chapitre VI du titre *du Mariage* du Code civil, avons demandé au futur époux et à la future épouse s'ils veulent se prendre pour mari et pour femme : chacun d'eux ayant répondu affirmativement, déclarons, au nom de la loi, que le sieur et la demoiselle sont unis par le mariage. De tout ce avons dressé acte en présence de (*noms, prénoms, âge, domicile des témoins. Si les témoins sont parens, il sera fait mention du degré de parenté, et duquel des époux ils sont parens ou alliés*); lesquels ont signé avec nous et les parties contractantes, après que lecture du tout leur a été faite.

OBSERVATION GÉNÉRALE.

On ne fait pas une formule particulière pour le cas où, soit les deux époux, soit l'un d'eux, auraient déjà été mariés et auraient fait divorce; alors il suffira d'ajouter : *divorcé, comme il est constaté par jugement du tribunal d rendu le enregistré le signifié le à son précédent époux; ou veuf, comme il appert par l'acte de décès délivré à le du mois de de l'an*

Acte *de divorce sur la réquisition d'une des parties.*

L'an le du mois de par-devant nous (*qualité du fonctionnaire public*), officier de l'état civil de la commune d département d canton et municipalité d est comparu le sieur (*ou* la dame) lequel nous a déclaré vouloir faire procéder à la dissolution du mariage qui a eu lieu entre lui (*ou* elle) et la demoiselle (*ou* le sieur), le à qu'en conséquence il (*ou* elle) a obtenu, le du mois de de l'an un jugement du tribunal de première instance, séant à qui l'autorise et admet à faire prononcer divorce d'avec la dame (*ou* le sieur) lequel jugement il (*ou* elle) a fait signifier à ladite dame (*ou* sieur) le du mois de par huissier à lequel (*ou* laquelle) a laissé prescrire les délais pour interjeter appel (*s'il y avait eu appel, on relaterait ce second jugement confirmatif; et si les délais pour se pourvoir en cassation étaient passés, on mettrait*, lequel ou laquelle a laissé prescrire les délais pour se pourvoir en cassation : *si les premiers jugemens avaient été confirmés par ceux d'appel ou de cassation, il faudra relater chaque jugement, leur date et celle de leur signification*, et dont il (*ou* elle) nous a délivré expédition en bonne forme, ainsi que de la signification par lui (*ou* par elle) adressée à signifiée le par huissier pour qu'il (*ou* elle) ait à se trouver en notre maison commune, pour entendre prononcer son divorce d'avec la (*ou* le) lui déclarant que faute par elle (*ou* par lui) de se présenter, il y sera procédé, tant en son absence qu'en sa présence, le du mois de heure de Vu lesdites pièces ci-dessus, et l'heure étant passée, la dame (*ou* ledit sieur) ne s'étant pas présenté ; faisant droit à la réquisition du nous officier de l'état civil, avons déclaré, au nom de la loi, qu'il y a dissolution du mariage d'entre le sieur et la dame par l'effet du divorce admis par les jugemens ci-dessus relatés. Dont acte dressé en présence du sieur (*ou* de la dame) et de premier témoin, et de second témoin, lesquels ont signé avec nous, après que lecture du tout leur a été faite.

Acte *de divorce par consentement mutuel.*

L'an le du mois de par-devant nous (*qualité du fonctionnaire public*), officier de l'état civil de la commune d département d canton et municipalité d est comparu le sieur lequel nous a déclaré vouloir faire procéder à la dissolution du mariage qui a eu lieu entre lui et demoiselle le à comme il y est autorisé par jugement rendu à le enregistré le et dont il nous a remis expédition authentique.

Est aussi comparue la dame laquelle nous a déclaré être dans la même volonté, et nous requérir, en conséquence, de procéder de suite à la dissolution de son mariage avec le sieur nous officier de l'état civil, en conséquence du jugement ci-dessus, et nulle opposition à son exécution ne nous ayant été signifiée, déclarons, au nom de la loi, qu'il y a dissolution du mariage d'entre le sieur et la dame par l'effet du divorce admis par le jugement ci-dessus relaté, et rendu sur le consentement mutuel des deux parties, dont acte dressé en présence tant des parties que du sieur témoin, et du sieur témoin, lesquels ont signé avec nous, après que lecture du tout leur a été faite.

Nota. On ne fait pas de formule particulière pour les cas où celui qui demande le divorce serait représenté par un fondé de pouvoir; il suffira de faire mention que le comparant agit au nom du sieur et en vertu de la procuration spéciale et authentique passée à le par-devant notaire, enregistrée à le

Acte *de décès.*

La loi défend qu'en cas de mort violente il en soit fait mention dans l'acte de décès; ainsi il ne peut y avoir dans tous les cas qu'une même formule.

L'an le du mois de par-devant nous (*qualité du fonctionnaire public*), officier de l'état civil de la commune d département d canton et municipalité d sont comparus le sieur et le sieur (*on fera mention si les déclarans sont parens ou voisins*) lesquels nous ont déclaré que le du mois de heure de le sieur (*nom, prénoms, âge, profession, domicile; si le défunt était garçon, marié, ou veuf, ou divorcé; mettre s'il se peut les noms, prénoms, domicile de ses père et mère*), est décédé le du mois de heure de en la maison n° rue (*ou* arrondissement, *ou* section), et les déclarans ont signé avec nous le présent acte, après que la lecture leur en a été faite.

Formule *d'adoption.*

L'an le du mois de par-devant nous (*qualité du fonctionnaire*), officier de l'état civil de la commune d département d canton et municipalité d sont comparus le sieur (*nom, prénoms, etc., de l'adoptant*), et le sieur (*même formalité pour l'adopté*), lesquels nous ont représenté le jugement du tribunal de première instance, séant à rendu le portant homologation de la déclaration faite devant le juge de paix d canton d municipalité d le par laquelle le sieur déclare adopter le sieur et par laquelle ledit sieur accepte l'adoption à lui offerte par le sieur ensemble le jugement du tribunal d'appel, séant à rendu le portant confirmation du jugement du tribunal de première instance, qui autorise l'adoption offerte par le sieur au sieur et nous ont requis le sieur et le sieur de procéder à la célébration de l'adoption qui doit avoir lieu entre eux, en conformité des jugemens ci-dessus relatés; nulle opposition ne nous étant survenue, nous officier de l'état civil de la commune d déclarons, au nom de la loi, que le sieur a adopté et adopte le sieur ici présent et acceptant; dont acte du tout en présence de et de lesquels ont signé avec nous, après que lecture en a été faite.

ARTICLE 34

Les actes de l'état civil énonceront l'année, le jour et l'heure où ils seront reçus, les prénoms, noms, âge, profession et domicile de tous ceux qui y seront dénommés.

SOMMAIRE.

1. *Enonciations que les actes doivent en général contenir relativement à la date*,
2. *Relativement aux personnes.*

1. Les art. 34 et suivans jusqu'à l'art. 39 tracent les formalités générales à observer dans la rédaction de ces actes importans.

Outre l'objet de l'acte, l'officier de l'état civil doit énoncer, 1° l'année, le jour et l'heure où l'acte est reçu. Dans les actes ordinaires, la date de l'heure est rarement requise par la loi, et aucune loi ne la requérait avant le Code pour les actes de l'état civil. Ces diverses mentions, même celle de l'heure, peuvent être précieuses en cas d'inscription de faux pour prouver qu'une des personnes indiquées à l'acte n'a pu y être présente (M. Toullier, *t.* 1, *n°* 308; M. Duranton, *t. 1, n°* 282).

L'oubli de la date ne serait pas une nullité; souvent même elle ne nuirait en rien, si l'acte était inscrit sur un registre bien tenu entre deux actes du même jour : ce fait ne donnerait lieu qu'à une demande en rectification.

Il en serait de même si on avait exprimé une année pour une autre; la méprise deviendrait évidente par la contexture du registre entier (Tronchet, *séance du* 6 *fruct. an IX;* M. Toullier, *n°* 311).

2. On doit énoncer, 2° les prénoms, noms, âge, profession et domicile de toutes les personnes qui sont dénommées à l'acte.

Les personnes dénommées à l'acte sont de trois espèces : *parties*, quand l'acte les concerne directement, comme les époux dans un acte de mariage; *déclarans*, quand elles viennent demander la constatation du fait qu'elles énoncent, comme les personnes qui ont assisté à un accouchement; *témoins*, quand elles assistent à la rédaction de l'acte pour certifier avec l'officier l'existence de la déclaration. Il est également nécessaire de déterminer toutes ces personnes d'une manière certaine; l'acte doit donc contenir sur chacune d'elles les énonciations individuelles que l'article indique.

Les mêmes énonciations doivent avoir lieu à l'égard des procureurs spécialement fondés, quand les parties se font représenter (M. Siméon, *rapp.*).

Lorsqu'un mari et sa femme figurent tous deux dans un acte, et que la femme a une profession particulière ou un domicile de fait autre que celui de son mari, il faut l'énoncer. Rien ne doit être incertain ni équivoque dans des actes où il importe de rassembler tous les renseignemens propres à constater l'individualité de ceux qui y sont intervenus (Lagarde, *n°* 341).

Aux noms et prénoms dont parle l'article, on peut ajouter les surnoms, seulement quand ils servent à distinguer les membres d'une même famille; car, en tout autre cas, il est défendu de s'en servir (*L. du 9 fruct. an II, art.* 2).

A leur profession les comparans peuvent faire ajouter leurs qualités. Une circulaire enjoint aux officiers de l'état civil de ne point omettre celle de membre de la Légion-d'Honneur, quand il y a lieu (*Circ. du min. de la justice du 3 juillet* 1807). La qualité de pair, de député, les qualifications nobiliaires (*Ch. const. art.* 62) doivent également y être insérées, si les comparans portent ces titres.

Les énonciations requises par l'art. 34 peuvent être incomplètes sans altérer la substance de l'acte : ainsi jugé à l'égard d'un acte de naissance qui ne contenait ni l'âge du père ni celui des témoins (*Bruxelles*, 4 *juillet* 1811).

RENVOI AUX ARRÊTISTES.

Bruxelles, *4 juillet* 1811. — S. 1812, 2. 274. — P. *t.* 1er de 1812, p. 215. — N. D. t. 8, p. 641, où l'arrêt n'est qu'annoté relativement à une question étrangère à la proposition susénoncée.

ARTICLE 35.

Les officiers de l'état civil ne pourront rien insérer dans les actes qu'ils recevront, soit par note, soit par énonciation quelconque, que ce qui doit être déclaré par les comparans.

SOMMAIRE.

1. *Énonciations défendues; renvois.*
2. *La défense s'étend aux objets étrangers à l'acte.*
3. *Notes marginales et autres.*
4. *Défense d'excéder les déclarations et de faire des interpellations aux parties.*

1. La disposition de cet article règle avec une louable précision les devoirs de tous ceux dont les actes sont l'ouvrage. Les officiers rédacteurs ne peuvent ajouter ni diminuer aux déclarations qui *doivent* leur être faites ; mais les parties ne *doivent* déclarer que ce que la loi demande. Si elles vont au-delà, l'officier public *peut* et DOIT *refuser* ce qui, dans leurs déclarations, excède ou contrarie le désir de la loi (M. SIMÉON, *rapport. V.* en outre M. THIBAUDEAU, *Exp. des motifs;* M. CHABOT, *Discours au C. légis.;* M. TOULLIER, n° 308; M. DURANTON, n° 283 *et suiv.*).

C'est surtout dans la rédaction des actes de naissance, et quelquefois dans les actes de décès, que certaines énonciations sont spécialement défendues. V. *les art.* 57 *et* 85 *et les notes.*

2. La prohibition des déclarations surabondantes dans tous les actes s'étend à celles faites par des personnes que l'acte concerne ou par des personnes qui y sont étrangères. Ainsi un témoin ne pourra y faire insérer sa prétendue qualité de fils légitime ou naturel de telle personne, puisque la loi n'exige que les noms, prénoms, âge, profession et domicile des personnes dénommées aux actes (*art.* 34).

M. Duranton (*t.* 1, *n°* 284) pose l'exemple singulier d'une partie qui, dans l'acte civil du mariage, prendrait la qualité de fille naturelle d'une personne non présente ni représentée à l'acte. Ce cas ne se rencontrera guère que lorsque la partie n'aura pu se procurer son acte de naissance qui est une des pièces à produire préalablement (*art.* 70); et c'est dans l'acte de notoriété (*art.* 71) que s'élèverait la difficulté. Quoi qu'il en soit, un officier de l'état civil ne peut, ainsi que le dit ce savant professeur, insérer une pareille énonciation sans qu'on lui représente une expédition de l'acte de reconnaissance ou du jugement qui aurait fixé l'état.

3 Ce que les parties ne peuvent faire, ce que les officiers publics ne peuvent énoncer directement, il est également défendu à ceux-ci de l'énoncer par des notes marginales ou autrement.

4. Non seulement les officiers de l'état civil ne portent sur leurs registres que ce qui doit être déclaré par les parties : ils ne peuvent même aller au-delà de la déclaration qui leur est faite. Souvent par un zèle inconsidéré, d'autres fois par un sentiment plus répréhensible, les rédacteurs des actes civils s'étaient permis de contrarier ou d'affaiblir les déclarations qui leur étaient faites (M. SIMÉON, *rapport*). Une déclaration de Louis XVI, du 12 mai 1782, fit « défense à tous curés et vicaires d'insérer par leur propre fait, dans la rédaction des actes, aucunes clauses, notes ou énonciations quelconques, autres que celles contenues aux déclarations de ceux qui auront présenté les enfans au baptême, *sans pouvoir faire aucunes interpellations* sur les déclarations qui seront faites. » La loi du 20 septembre 1792 s'exprime à peu près dans les mêmes termes (*tit.* 3, *art.* 12); et l'esprit du Code civil est le même. C'est en ce sens que l'on a dit qu'instrument passif des actes (*Exp. des motifs*), ils ne sont pas juges, ils sont greffiers, et ne peuvent écrire que ce qu'on leur dit (M. SIMÉON, *rapp.*) : « Les officiers de l'état civil ne pourront plus se permettre aucune interpellation ni recherches ni inquisition sur des faits qui ne devront pas être consignés, ou sur la vérité des déclarations faites par les parties; leur ministère se bornera à recevoir ces déclarations lorsqu'elles seront conformes à la loi; ils n'auront le droit ni de les commenter, ni de les contredire, ni de les juger (M. CHABOT, *Disc. au C. législ.*). » Si elles sont fausses ou erronées, ce sera à la justice de poursuivre les faussaires ou d'ordonner des rectifications, si elles sont demandées (M. DURANTON, *t.* 1, *n°* 286; M. TOULLIER, *n°* 308).

ARTICLE 36.

Dans les cas où les parties intéressées ne seront point obligées de comparaître en personne, elles pourront se faire représenter par un fondé de procuration spéciale et authentique.

SOMMAIRE.

1. *Motifs de l'article. Distinctions sur les nullités.*
2. *Ce qu'il entend par* parties intéressées.
3. *Si les déclarans peuvent se faire représenter.*
4. *Cas où le Code ordonne aux parties de comparaître en personne.*
5. *Peut-on se marier par procureur?*
6. *Raisons pour la négative.*
7. *Raisons pour l'affirmative.*

1. Rien ne doit être susceptible de contestation dans des actes d'une telle importance. Quand les parties n'y sont pas présentes, la procuration qu'elles donnent à l'effet de les y représenter doit être *spéciale* à l'acte dont il s'agit, afin qu'on ne puisse pas abuser de termes trop généraux, et elle doit être *authentique*, pour que la volonté ou la signature ne puisse être révoquée en doute.

Mais, du seul défaut d'authenticité des procurations, il ne faudrait pas conclure à la nullité des actes. Si elles ont pour objet un consentement dont la manifestation n'est assujettie à aucune forme solennelle, comme le consentement d'un père au mariage de son fils, qui peut même être tacite, l'acte sera valable : si elles ont pour objet une déclaration qui ne peut se faire que dans une forme authentique, comme la reconnaissance de paternité naturelle, l'acte sera de nulle valeur (M. MERLIN, *Répert. mot Filiation*, n° 13).

2. Par les mots *parties intéressées*, la loi n'entend pas seulement celles que l'acte concerne directement : elle comprend toutes celles qui ont un intérêt à sa rédaction. Ainsi les père et mère des époux ont droit de se faire représenter à l'acte de mariage de leurs enfans; ainsi le père ou la mère d'un enfant naturel peuvent donner les pouvoirs nécessaires pour qu'il soit reconnu en leur nom (M. DURANTON, *t.* 1, *n°* 287).

3. En général, si les parties peuvent se faire représenter, les déclarans doivent comparaître en personne (M. HUTTEAU D'ORIGNY, *tit.* 3, *ch.* 1, § 1, *n°* 15). Cette règle n'est cependant pas d'une rigueur absolue, car la loi ne prohibe pas la déclaration par un mandataire spécial. Nous ne concevrions pas qu'un maire refusât la déclaration de naissance faite dans une procuration notariée par le père légitime et présentée par un mandataire. S'il est déclarant, il est aussi partie intéressée, et il peut se trouver tel concours de faits qui le contraigne à prendre cette mesure, et empêche la comparution des personnes présentes à l'accouchement.

4. L'article, en disant que les parties pourront se faire représenter par un mandataire, ajoute : Dans les cas où elles ne seront pas obligées de comparaître en personne.

Dans quels cas la loi impose-t-elle aux parties l'obligation de comparaître en personne? Il y en a un qui ne fait pas de doute, c'est le divorce par consentement mutuel (*art.* 294), *les parties se présenteront ensemble et* EN PERSONNE. Ici le texte est formel.

5. Un grand nombre d'auteurs ajoutent à ce cas de comparution nécessaire devant l'officier de l'état civil celui *du mariage*, et expriment l'opinion qu'il n'est plus permis de se marier *par procureur* (DELVINCOURT, *t.* 1er, *note* 5 *sur la page* 71; M. LOCRÉ, *Esp. du C. civ. sur l'art.* 36; M. DURANTON, *t.* 1er, *n°* 287; M. DALLOZ, *mot Mariage*, *sect.* 6, *n°* 5, *t.* 10, *p.* 72; M. VAZEILLE, *Tr. du mariage*, *t.* 1, *n°* 184; M. HUTTEAU D'ORIGNY, *tit.* 7, *ch.* 4, § 1er, *n°* 12; LAGARDE, *Instr. génér.*, *n°* 594). M. Toullier (*t.* 1, *n°* 574) paraît pencher pour l'opinion contraire, et M. Merlin (*Répertoire, mot Mariage*, *sect.* 4, § 1, *art.* 1er, 4e *quest.*) la professe ouvertement.

On ne peut nier qu'il y ait des cas où le mariage par procureur ne doive être utile; par exemple, une Française doit se marier à un étranger retenu dans son pays; il est dans ses intérêts, dans ceux de sa famille, qu'avant de quitter sa patrie le titre d'épouse lui soit assuré : un militaire ou un agent diplomatique, dans l'intervalle d'une publication à l'autre, peut recevoir l'ordre de se rendre sur-le-champ à son poste; enfin, un Français est engagé dans un voyage de long cours, et désire légitimer par le mariage les enfans qu'il a eus d'une Française restée en France (M. HUTTEAU D'ORIGNY, *ibid*). Mais l'utilité d'une forme n'est pas suffisante si elle est proscrite par la loi.

6. Ceux qui en nient la possibilité en reconnaissant que le mariage par procureur était permis dans l'ancienne législation (*L.* 5. *ff. de ritu nupt.*; *Decretal. Procurator, in Sexto*, *lib.* 1, *tit.* 19, *cap. ult.*; POTHIER, *Tr. du contr. de mariage*, *n°* 367), disent que le mariage est le seul cas où la présence des parties est nécessaire (M. LOCRÉ, *Législ. civ. et comm. t.* 3, *p.* 8); que les diverses lectures prescrites au moment de la célébration par l'art. 75 sont insignifiantes à l'égard d'un simple mandataire; que ces lectures doivent être faites *aux parties*, et que l'officier public recevra *de chaque partie* la déclaration qu'elles veulent se prendre pour mari et femme, formalités qui toutes supposent leur présence; que, dans la discussion de l'art. 146 du Code civil, le premier consul a attribué les principes de l'erreur sur la qualité de la personne aux temps où les mariages pouvaient être contractés par procuration, et a ajouté qu'ils étaient devenus sans objet depuis que le mariage n'a plus lieu *qu'entre personnes présentes*; et que, loin de contester la proposition, M. Rœderer aurait ajouté qu'au moment où le mariage est formé, *les époux sont en présence*. D'ailleurs le consentement au moment du contrat est de l'essence du mariage. Comment s'assurer qu'il n'est pas survenu de changement dans la volonté de l'époux absent? Comment découvrir l'erreur, s'il y a supposition de personne (M. DALLOZ, *et les autres autorités*)?

7. L'opinion contraire se fonde sur ce que l'art. 36 est conforme au droit commun qui permet à chacun de faire par un fondé de pouvoir ce qu'il peut faire par lui-même, à moins que la loi ou la convention ne le lui interdise; qu'il n'est en conséquence applicable qu'aux actes pour lesquels les dispositions subséquentes du Code en feraient l'application; qu'il n'est pas nécessaire de trouver, pour les actes de mariage, une application de l'exception annoncée dans l'art. 36, puisqu'on en trouve une formelle pour l'acte civil de divorce (*art.* 294); enfin que les diverses lectures prescrites ne le sont pas à peine de nullité (MM. MERLIN et TOULLIER, *l. cit.*). On peut ajouter qu'un mandataire intelligent sera même plus attentif à la lecture des pièces qui constatent l'état de la future que le futur époux lui-même, et que si la lecture du chap. *des droits et devoirs respectifs des époux* est insignifiante pour un mandataire, la cérémonie religieuse et les leçons qu'elle contient l'étaient également pour lui. Si l'art. 75 parle *des parties*, des interpellations que *leur* fait l'officier civil, de *leur* union qu'il prononce, c'est le langage ordinaire des lois qui ne s'occupent que du cas le plus

BIBLIOTHÈQUE ROYALE

fréquent : d'ailleurs le droit était incontestable sous l'ancienne législation où les lois ecclésiastiques et civiles supposaient la présence des époux. Nous ne citerons que ces mots de la déclaration du 26 novembre 1639, art. 1er : « A la célébration du mariage assisteront quatre témoins dignes de foi, outre le curé qui recevra le consentement DES PARTIES, et les conjoindra en mariage suivant la forme pratiquée en l'église. » Or, cette forme revient absolument aux termes de l'art. 75 ; voici celle qu'a prescrite le concile de Trente : *Parochus*, VIRO *et* MULIERE *interrogatis, et* EORUM *mutuo consensu intellecto, dicat : Ego vos in matrimonium conjungo*, etc. Quant à la discussion de l'art. 146, qui ne voit que quelques paroles sur un objet accessoire à la délibération ne peuvent fixer le sens d'un article déjà arrêté, surtout quand on les trouve dans une séance inédite (celle du 4 frimaire an X) dont M. Locré a pu être le conservateur fidèle, mais dont il n'est pas du moins le rédacteur officiel ? Ainsi, les raisons tirées des textes écartées, restent seulement les considérations. Le consentement de l'époux absent peut ne pas durer jusqu'à la célébration ! La Décrétale citée a répondu à l'objection, puisqu'elle n'approuvait le mariage qu'autant qu'il n'existait pas à cette époque de révocation, même inconnue au mandataire ; si le mandant change de volonté avant le contrat, il peut donc manifester une volonté contraire, et le contrat n'aura pas lieu. Reste la possibilité de supposition ; mais elle n'est pas à elle seule un motif suffisant pour écarter une forme qui n'est pas défendue par la loi, puisqu'il y a un remède contre l'erreur dans l'art. 146 et dans l'art. 180.

Au surplus, cette doctrine ne doit pas effrayer, et les mariages par procureur n'auront jamais lieu que dans des circonstances impérieuses et exceptionnelles. Le juste orgueil des femmes et de leurs familles regardera toujours comme une injure ce mode de célébration, s'il n'est pas indispensable.

ARTICLE 37.

Les témoins produits aux actes de l'état civil ne pourront être que du sexe masculin, âgés de vingt-un ans au moins, parens ou autres ; et ils seront choisis par les personnes intéressées.

SOMMAIRE.

1. *Différences entre ces témoins et ceux des actes notariés.*
2. *Peuvent être parens, et pourquoi.*
3. *De leurs qualités civiles.*
4. *Les femmes et les mineurs peuvent être déclarans.*
5. *Du nombre des témoins.*
6. *Si l'inobservation de ces règles produit en soi la nullité des actes.*
7. *Par qui les témoins sont choisis.*
8. *Leur ministère n'est pas forcé.*

1. Nous passons ici à une classe de personnes (*les témoins*) qui ne peuvent se faire représenter, même avec des procurations authentiques (M. HUTTEAU D'ORIGNY, *tit.* 3, *ch.* 1er, § 1er, *n°* 15), parce qu'ils remplissent une fonction publique.

Entre les témoins des actes de l'état civil et les témoins instrumentaires des actes notariés, il existe des différences importantes à saisir.

Les témoins participent au ministère du notaire en ce que leur présence à l'acte est nécessaire pour lui conférer l'authenticité (*L. du* 25 *vent. an XI*, *art.* 9 *et* 68) ; quoiqu'à l'égard de l'état civil les témoins soient appelés pour la solennité de l'acte (M. THIBAUDEAU, *séance du* 6 *fruct. an IX*), ils sont plutôt institués pour *assurer* l'authenticité de l'acte que pour la lui conférer.

2. Les témoins du notaire ne peuvent être parens ou alliés du notaire ni des parties contractantes (*Même loi, art.* 8, 10 *et* 68) : la loi a voulu éviter le soupçon de faux dans les conventions. Dans les actes de l'état civil, point de défenses pour la parenté des témoins avec l'officier civil, et permission expresse aux parties de choisir des témoins *parens ou autres* : car les parens ayant plus d'intérêt que tous autres à la vérité des déclarations, le même soupçon n'existe plus.

3. Les témoins du notaire doivent être citoyens français, sachant signer, et domiciliés dans l'arrondissement communal où l'acte sera passé (*Même loi, art.* 9 *et* 68). Aucune de ces conditions n'est exigée pour les témoins de l'état civil. Ils peuvent être domiciliés ailleurs, être totalement illétrés, et ne pas jouir des droits politiques (M. DURANTON, *t.* 1, *n°* 288, nonobstant DELAPORTE, *Pandect. franc.*, *t.* 2, *p.* 254). La loi n'exige même pas qu'ils soient Français (DELVINCOURT, *t.* 1, *note* 7 *sur la p.* 31 ; M. DURANTON, *l. cit.* ; M. HUTTEAU D'ORIGNY, *tit.* 3, *ch.* 1, § 1, *n°* 9) : une famille peut avoir intérêt à ce qu'une naissance, un mariage, un décès ne puissent être méconnus par un parent étranger. Mais, en aucun cas, on ne doit admettre comme témoin aux actes de l'état civil un individu frappé de mort civile (*C. civ.*, *art.* 25), de dégradation civique (*C. pén.*, *art.* 34) ou de l'interdiction temporaire portée en l'art. 42 7° du Code pénal (M. DURANTON, *l. cit.*).

4. La loi exige seulement que ces témoins soient mâles et majeurs. De sorte que régulièrement les femmes ne peuvent comparaître aux actes de l'état civil que comme parties intéressées ou comme

déclarantes, jamais comme témoins. Il en est de même des mineurs.

5. Le nombre des témoins varie selon la nature des actes : il est de deux pour les naissances (*art.* 56), outre la personne du déclarant qui ne peut être témoin; il est de deux pour les décès, et les témoins cumulent ici les fonctions de témoins et de déclárans (*art.* 78) : il est de quatre pour les mariages (*art.* 75) : deux témoins suffisent pour les actes à l'égard desquels la loi n'a pas fixé le nombre de témoins, tels que les actes de divorce, d'adoption, de reconnaissance d'enfant naturel (*Argum. des formules citées à l'Introduction*).

6. Sous l'ancien droit, il n'y avait pas de texte formel qui admît les femmes et les mineurs à être témoins dans les actes de mariage et de décès. Au contraire, de la règle que le témoin appelé aux actes remplit une fonction publique, on induisait généralement qu'il fallait être mâle et majeur pour témoigner d'un mariage ou d'un décès. Mais les actes de baptême étaient rédigés sans témoins sur la seule déclaration du parrain et de la marraine (*Décl. du 9 avril* 1736, *art.* 4, 7 *et* 10). Quant à la loi du 20 septembre 1792, elle ne s'expliquait sur le sexe qu'à l'art. 1er du tit. 3, où elle voulait que les déclarans aux actes de naissance fussent assistés de deux témoins de l'un *ou de l'autre* sexe. Sur les actes de mariage, de décès ou de divorce, elle reproduisait à peu près les termes des ordonnances, et par conséquent tout restait dans le droit commun.

Mais comme, en cette matière, les témoins *assurent* l'authenticité plutôt qu'ils ne la confèrent, un acte n'est pas nul par la seule raison que les témoins n'auraient pas tous les qualités requises, ou que le nombre de témoins exigé par la loi n'aurait pas comparu à l'acte (M. Merlin, *Répert., mot Mariage, sect.* 4, § 3, *et au suppl.*). La jurisprudence ancienne et nouvelle est conforme à cette opinion. Deux arrêts, des 13 juin 1684 et 18 avril 1697 (*ibid*), ont rejeté les demandes en nullité dirigées contre des mariages auxquels on ne reprochait que d'avoir été célébrés devant deux témoins. De même on a déclaré valable un mariage sous la loi de 1792, quoiqu'il eût été célébré en présence de deux témoins seulement dont l'un était mineur (*Liége, 4 vent. an X*); un autre, sous l'empire de la même loi, dont l'acte de célébration était signé de quatre témoins parmi lesquels se trouvait une femme (*Rejet, 28 floréal an XI*); sous le Code civil, deux demandes en nullité de mariage ont été rejetées, l'une malgré le défaut de présence d'un des quatre témoins à l'acte de célébration (*Rejet*, 21 *juin* 1814), l'autre, quoique deux témoins seulement y avaient concouru (*Grenoble*, 27 *février* 1817). Il y a un arrêt qui paraît contraire (*Caen*, 13 *janvier* 1819), mais les circonstances l'ont emporté; car, outre que sur les quatre témoins, trois femmes seulement avaient signé et que l'acte n'était pas revêtu de la signature du quatrième, seul témoin du sexe masculin, ce quatrième témoin n'avait pas été présent à l'acte qui paraissait avoir été dressé dans une maison particulière, le mariage n'avait eu aucune publicité, et il était articulé que l'acte était si peu sérieux qu'il n'avait été suivi d'aucune cohabitation. Cet arrêt ne peut donc ébranler une jurisprudence constante.

7. A la différence des témoins instrumentaires, les témoins aux actes de l'état civil sont ordinairement choisis par les parties intéressées. En effet, il s'agit de rendre public l'état de famille qui en soi est privé. Il faut donc que les témoins produits connaissent au moins les comparans, afin que, si la déclaration est fausse, le faussaire puisse être retrouvé.

Par conséquent, si l'officier de l'état civil connaît le déclarant ou les parties contractantes sans connaître les témoins, ou les témoins sans connaître les parties contractantes, il doit recevoir l'acte : car, dans le premier cas, le déclarant atteste implicitement l'identité des témoins, puisque c'est lui qui les produit; et, dans le second, les témoins attestent par leur présence l'individualité du déclarant ou des parties par qui ils sont produits.

Mais si déclarans, parties et témoins, étaient également inconnus, l'officier de l'état civil aurait le droit de refuser (M. Toullier, *t.* 1, *no* 308) : ce ne serait pas commenter, contredire ou juger une déclaration, ce qui est défendu; ce serait refuser d'abandonner à des inconnus l'état des citoyens, ce qui est licite. Au surplus, les moyens par lesquels les officiers de l'état civil s'assureront de l'individualité des témoins sont entièrement abandonnés à leur prudence.

Nous avons dit que les témoins étaient *ordinairement* choisis par les parties intéressées : mais il est possible en certains cas qu'elles n'en puissent trouver ou qu'elles ne soient pas présentes; par exemple, lorsqu'un individu meurt dans un pays où il est inconnu, ou lorsqu'un enfant nouveau-né a été exposé. C'est alors aux déclarans ou même à l'officier de l'état civil à choisir les témoins. M. Regnaud (de Saint-Jean-d'Angély) avait même proposé d'ajouter *ou appelés par l'officier public*, afin que cet officier eût une règle sûre pour les cas où personne ne serait intéressé à présenter des témoins. La première rédaction portait : « *Les témoins.... ne pourront être que.... choisis par les parties intéressées.* » L'observation que nous venons de reproduire a déterminé à retrancher le mot *que*, en tant qu'il s'appliquait aux mots *choisis par* (*Séance du 6 fruct. an IX*).

8. Le ministère des témoins aux actes de l'état civil est un bon office, que chacun peut refuser : c'est pourquoi la loi se sert du mot *produits* au

lieu du mot *appelés* que portait le projet (*Même séance*).

RENVOIS AUX ARRÊTISTES.

LIÉGE, 4 *vent. an X*. — S. an XI. 2. 458. — P. t. 1er de l'an XI, p. 22. — N. D. t. 10, p. 103.

REJET, 28 *flor. an XI*. — S. an XI, 2. 528. — D. vol. de 1791 à l'an XII, p. 663. — N. D. t. 10, p. 103.

REJET, 21 *juin* 1814. — S. 1814, 1. 291. — D. 1814, 1. 348. — P. t. 3e de 1814, p. 369. — N. D. t. 1, p. 180.

GRENOBLE, 27 *févr*. 1817. — S. 1818, 2. 103. — D. 1817, 2. 71. — P. t. 3e de 1817, p. 502. — N. D. t. 10, p. 104.

CAEN, 13 *juin* 1819. — S. 1819, 2. 225. — D. 1819, 2. 37. — P. t. 1er de 1820, p. 398. — N D. t. 10, p. 104.

ARTICLE 38.

L'officier de l'état civil donnera lecture des actes aux parties comparantes, ou à leur fondé de procuration, et aux témoins.

Il y sera fait mention de l'accomplissement de cette formalité.

SOMMAIRE.

1. *Pas de nullité dans l'omission, et pourquoi.*
2. *Lectures utiles dont on croit à tort être dispensé.*

1. L'art. 38, ainsi que l'art. 13 de la loi sur le notariat, n'exige pas cette mention à peine de nullité; s'il n'était pas fait mention de la lecture d'un acte par l'officier public, chaque comparant serait censé l'avoir lu individuellement avant que d'y avoir apposé sa signature. C'est une précaution contre les erreurs, qui met à même de les rectifier avant la signature.

2. Si, pour se prémunir contre les erreurs, l'officier de l'état civil avait fait un projet de l'acte, la lecture de ce projet ne dispenserait pas de la lecture de l'acte original porté sur les deux registres (LAGARDE, *instr. génér., n°* 347).

La lecture de l'acte sur l'un des registres ne dispense pas d'en faire lecture sur le double qui est également original (*ibid, n°* 348).

ARTICLE 39.

Ces actes seront signés par l'officier de l'état civil, par les comparans et les témoins; ou mention sera faite de la cause qui empêchera les comparans et les témoins de signer.

SOMMAIRE.

1. *Nécessité et effets de la signature. Cas où elle est impossible.*
2. *Si l'omission partielle des signatures entraîne nullité. Arrêts.*

1. La signature est le complément nécessaire des actes: c'est de la part de ceux qui l'apposent librement la reconnaissance que l'acte contient vérité; de sorte que la partie ne peut plus en récuser les effets. Par exemple, une femme qui, sans y être contrainte, a signé l'acte de célébration de son mariage, ne peut être admise à prouver, même par la voie du faux, que les époux n'ont pas répondu à l'interpellation de l'officier, ni que celui-ci n'aurait pas prononcé l'union des parties (*Riom*, 10 *juillet* 1829).

Quand les comparans ne savent ou ne peuvent signer, l'officier civil doit faire mention de la cause qui les a empêchés de signer: mais prétendre qu'il doit les en requérir et faire mention de cette réquisition, quand il a constaté l'impossibilité physique, serait outrepasser l'exigence de la loi (*Toulouse*, 26 *mars* 1824).

2. S'il est du devoir de l'officier de l'état civil de veiller à ce que les actes soient régulièrement signés des comparans, et de signer lui-même chaque acte séparément et après les comparans (M. HUTTEAU D'ORIGNY, *tit.* 3, *ch.* 1er, § 2, *n°* 12), néanmoins les règles de l'art. 39 ne sont pas aussi sévères que celles de l'art. 14 de la loi sur le notariat; et il serait difficile de prononcer la nullité pour une pareille omission: il faut consulter les circonstances et la nature de l'acte.

Ainsi le défaut de signature de la partie comparante paraîtrait devoir annuler un acte de reconnaissance d'enfant naturel, surtout si depuis l'acte le père prétendu avait continuellement agi comme étranger à l'enfant; car il faut que la volonté de reconnaître soit constante; et l'absence de la signature d'un homme sachant signer serait une présomption bien grave que sa déclaration n'était pas volontaire: encore les circonstances pourraient-elles modifier cette décision.

Mais, en thèse générale, l'omission d'une ou plusieurs signatures ne suffirait pas en soi pour faire annuler un acte de l'état civil, même un acte de mariage, parce que les mariages sont formés dès l'instant de la *prononciation* par l'officier public, et ne peuvent plus dépendre de la volonté ou de la négligence des parties, des témoins ni de l'officier chargé de les recevoir. C'était l'ancienne jurisprudence. Le 13 juin 1684, arrêt qui rejette la demande en nullité du mariage de la demoiselle Bussy Rabutin avec le sieur de la Rivière, quoique l'acte de célébration ne fût signé que du curé et de deux témoins sur quatre, et qu'il ne l'eût pas été des parties (*Journ. des Audiences, t.* 4; DENIZART, *mot Mariage, n°* 44); arrêt dans les mêmes principes rendu par le parlement de Toulouse, le 16 août 1705, cité par Rodier sur l'art. 10 du titre 20 de l'ordonnance civile. Sous la législation actuelle, il devrait en être de même. D'après les mêmes principes, il a été jugé qu'un acte de mariage et de reconnaissance d'enfant naturel était valable sans la signature de l'officier de l'état civil, dont la présence à l'acte était attestée par une note marginale (*Grenoble*, 5 *avril* 1824). Les arrêts que nous avons cités sur l'art. 37 confirment cette jurisprudence à l'égard des témoins; car si l'absence des témoins ne vicie pas nécessairement l'acte, une omission de signature ne peut produire d'effets plus rigoureux.

Ce que nous venons de dire prouve avec quelle sobriété on doit faire usage du précepte que donne M. Hutteau d'Origny. « S'il arrivait, dit-il, qu'un « acte préparé sur les registres ne pût être con- « sommé parce que les parties se seraient retirées « ou autrement, l'officier public le BATONNERAIT, « et, dans une mention en marge ou au pied, si- « gnée de lui, il expliquerait pourquoi cet acte est « resté imparfait (*De l'Etat civil, tit.* 3, *ch.* 2, § 2, « *n°* 6). » Il n'y a guère qu'un seul cas où ce conseil puisse être utile : c'est quand un acte de mariage a été dressé sans signature sur les deux registres avant la célébration, et qu'elle n'a pas suivi. Mais après la célébration, et pour tous les autres actes, il y a toujours, indépendamment de la volonté des parties ou des témoins, l'existence d'un fait ou de sa déclaration, et l'officier public n'en est pas juge : il ne doit donc rien anéantir; sauf à lui de rendre cause des raisons qui ont empêché les signatures, afin de mettre la justice en état d'apprécier la valeur de l'acte.

RENVOIS AUX ARRÊTISTES.

TOULOUSE, 26 *mars* 1824. — S. 1824, 2. 223. — D. 1824, 2. 125. — N. D. t. 10, p. 101.

GRENOBLE, 5 *avril* 1824. — S. 1825, 2. 150.

RIOM, 10 *juillet* 1829. — S. 1829. 2. 320. — D. 1830, 2. 88, — P. t. 3e de 1831, p. 377.

ARTICLE 40.

Les actes de l'état civil seront inscrits, dans chaque commune, sur un ou plusieurs registres tenus doubles.

SOMMAIRE.

1. *Objet de l'article. Progrès de la législation.*

1. L'inscription des actes sur des registres a pour objet d'assurer leur conservation, d'empêcher l'intercalation d'actes intermédiaires, et la substitution d'une feuille à une autre. Cette disposition emporte en soi la défense de rédiger les actes sur des feuilles volantes. *V. l'art.* 52.

Sous l'ordonnance de 1667, il y avait deux registres semblables, l'un, signé des parties, servait de minute; l'autre, qui n'en était qu'une copie plus ou moins fidèle et qu'on déposait au greffe, servait de grosse. Dans quelques diocèses, les évêques obligèrent les curés à tenir le registre en double, dont tous les actes, signés en même temps par les parties, étaient également originaux. La déclaration du 9 avril 1736, art. 3, adopta cette importante amélioration.

Les lois ne parlaient que d'un registre tenu double. A Paris et dans les grandes villes, les curés avaient un registre pour chaque espèce d'actes (DELAPORTE, *Pandect. franç., t.* 2, *p.* 256). La loi du 20 septembre 1792, titre 2, art. 2, étendit ce système à toutes les communes. Cette multiplicité de registres devint une source d'erreurs et de confusion (*Séance du 6 fruct. an IX, et Exposé des motifs*). On est revenu au système de la déclaration de 1736, en laissant au gouvernement la faculté de donner plusieurs registres dans les localités où les besoins de la population le réclameraient.

ARTICLE 41.

Les registres seront cotés par première et dernière, et paraphés sur chaque feuille par le président du tribunal de première instance, ou par le juge qui le remplacera.

SOMMAIRE.

1. *Sources et objet de l'article.*
2. *Nécessité du paraphe à chaque feuillet.*
3. *Les registres sont paraphés sans frais.*
4. *Timbre; inscription gratuite.*

1. La formalité prescrite par cet article a pour objet d'empêcher la substitution d'un feuillet à un autre, et de faire connaître s'il en a été enlevé. Elle était confiée à l'autorité judiciaire sous l'ancien droit (*Ord. de* 1667, *tit.* 20, *art.* 8; *Décl. du* 9 *avril* 1736, *art.* 2); l'Assemblée législative l'avait attribuée au président de l'administration du district (*L. du* 20 *sept.* 1792, *tit.* 2, *art.* 2). Le Code civil l'a restituée au président du tribunal civil (*V. l'Exposé des motifs* et surtout *la Discuss. au C. d'Etat,* 6 *fruct. an IX*) dans le ressort duquel les registres seront employés (M. HUTTEAU D'ORIGNY, *tit.* 3, *ch.* 2, § 1er, *n°* 3).

2. On lit, dans l'*Instruction générale du baron* Lagarde, *n*° 335, que, « par une *circul. du* 13 *mai* **1810**, le ministre de l'intérieur, écoutant les représentations des présidens de première instance, et considérant que l'art. 41 du Code exige seulement que les registres soient cotés et paraphés, non pas dans tous leurs feuillets, mais par première et dernière, les *dispensa* de coter et parapher les feuillets *intermédiaires*, à la charge d'énoncer dans le procès-verbal d'ouverture la quantité de feuillets dont le registre se compose. » Et effectivement les procès-verbaux d'ouverture imprimés en tête des registres portent :... *a été coté et paraphé par premier et dernier feuillet, et contient* tant de *feuillets.*

Nous ignorons s'il y a beaucoup de présidens qui usent de cette faculté ; mais il n'est au pouvoir d'aucun ministre de les dispenser de parapher sur chaque feuillet. La loi l'exige ; et sans ce paraphe, pas de certitude sur l'existence du feuillet dans le registre avant son emploi. Qu'on évite aux présidens le travail fastidieux de numéroter les feuillets, on fait bien, car la loi ne dit pas qu'ils apposeront eux-mêmes les numéros : mais que des mots coter *par première et dernière*, on tire la conséquence que les feuillets intermédiaires ne seront pas cotés, c'est une erreur dans laquelle ne sont pas tombés les jurisconsultes qui ont fait la traduction officielle du Code en langue italienne : *I registri saranno numerati dal primo ad ultimo foglio.*

Si un officier de l'état civil s'aperçoit que le président a omis de parapher un ou plusieurs feuillets, il doit les bâtonner, et exprimer la cause pour laquelle il refuse de s'en servir (M. Hutteau d'Origny, *ibid.*).

3. Cette formalité a lieu *sans frais* (*Déclar. de* 1736, *art.* 2 ; *L. du* 20 *sept.* 1792, *tit.* 2, *art.* 2. — *V. la séance inédite du* 2 *frim. an X*, M. Locré, *t.* 3, *p.* 126).

4. Mais les registres sont soumis au timbre (*L. du* 13 *brum. an VII*, *art.* 12), quoique la confection et l'inscription des actes soient gratuites (*Décr. du* 12 *juillet* 1807, *art.* 4). Il devrait être inutile de dire que l'inscription d'un acte sur un registre non timbré n'est pas une cause de nullité (*Rej.* 13 *fruct. an X*).

RENVOI AUX ARRÊTISTES.

Rejet, 13 *fruct. an X.* — S. an X, 1. 376. — D. t. 1, p. 518. — P. t. 1er de l'an XI, p. 54. — N. D. t. 10, p. 97.

ARTICLE 42.

Les actes seront inscrits sur les registres, de suite, sans aucun blanc. Les ratures et les renvois seront approuvés et signés de la même manière que le corps de l'acte. Il n'y sera rien écrit par abréviation, et aucune date ne sera mise en chiffres.

SOMMAIRE.

1. *Suite des précautions contre les intercalations.*

1. L'art. 41 veille à ce qu'aucun feuillet ne soit intercalé ; l'art. 42 règle un ordre invariable pour que rien ne puisse être ajouté ni aux actes ni entre les actes inscrits. Les registres de l'état civil sont des *journaux* destinés non seulement à recevoir les actes, mais aussi à en constater les dates, et un journal (de l'état civil ou autre) ne peut assurer la date de ce qui y est inscrit, si on laisse des blancs entre les articles (*V. Ord. de* 1667, *tit.* 20, *art.* 10 *et ses commentat.* ; *Décl. de* 1736, *art.* 3 ; *L. du* 20 *sept.* 1792, *tit.* 2, *art.* 3 ; *Rép. de* M. Merlin, *mot Naissance*, acte de ; Lagarde, *n*° 346). L'obligation de signer les renvois et d'approuver les ratures de la même manière que le corps de l'acte est fondée sur la facilité d'imiter les paraphes : cependant il nous paraît trop rigoureux d'annuler les renvois simplement paraphés (Delvincourt, *t.* 1, *note* 1re *sur la p.* 31, nonobstant M. Hutteau d'Origny, *tit.* 3, *ch.* 2, § 2, *n*° 3, qui les regarde comme étrangers à l'acte). Les abréviations peuvent offrir des doutes et les chiffres être facilement surchargés.

ARTICLE 43.

Les registres seront clos et arrêtés par l'officier de l'état civil, à la fin de chaque année ; et dans le mois, l'un des doubles sera déposé aux archives de la commune, l'autre au greffe du tribunal de première instance.

SOMMAIRE.

1. *Epoque et forme de la clôture.*
2. *Dépôt des registres.*
3. *Tables annuelles.*
4. *Tables décennales.*
5. *Apport au greffe des registres courans.*

1. La clôture des registres se fait par l'officier de l'état civil le 31 décembre au soir, *immédiatement* après le dernier acte porté à chaque registre. Elle a lieu même quand le registre ne contient aucun acte (M. Hutteau d'Origny, *tit.* 3, *ch.* 2, § 3, *n*° 1 ; Lagarde, *n*os 368 *et* 369). On ne porte sur aucun de ces registres les actes de l'année suivante, mais sur des registres nouveaux.

2. Après cette clôture, et dans le mois, l'officier de l'état civil doit déposer l'un des doubles aux archives de la commune (quand elle possède des archives), l'autre au greffe du tribunal : disposition puisée dans l'art. 17 de la déclaration de 1736, et dans la loi de 1792, titre 2, art. 9 et suivans, lors de laquelle le dépôt se faisait au directoire de district pour être les registres réunis au directoire de département.

3. Ce mois est accordé pour faire à chaque registre une table par ordre alphabétique des actes qui y seront contenus (*L. du* 20 *sept.* 1792, *tit.* 2, *art.* 8; *Décret du* 20 *juillet* 1807, *art.* 1er); elles sont annexées à chacun des doubles registres; et les procureurs du roi doivent veiller à ce qu'une double expédition soit adressée par les maires au greffe du tribunal dans les trois mois de délai (*même déc. art.* 2). Ils avertiront, et, en cas de retard, poursuivront devant le tribunal civil les maires qui n'auront pas déposé les registres dans le mois de janvier, ou les tables alphabétiques dans les trois mois (*Ord. du* 26 *nov.* 1823, *art.* 4).

4. Pour rendre les recherches plus faciles, la loi du 20 septembre 1792 avait ordonné que les tables annuelles seraient refondues tous les dix ans en une seule par commune. Le décret du 20 juillet 1807 ordonna la même chose à compter du dernier jour complémentaire an X jusqu'au 1er janvier 1813, et ainsi successivement de dix ans en dix ans (*art.* 1er); elles doivent être faites, dans les six premiers mois de la onzième année, par les greffiers des tribunaux de première instance (*art.* 3), sur papier timbré (*art.* 4), en triple expédition pour chaque commune, dont l'une reste au greffe, la seconde est adressée au préfet du département, et la troisième à la mairie qu'elle concerne (*art.* 5). Il est fait des tables distinctives, mais à la suite les unes des autres, des actes de naissance, de mariage, de divorce et de décès (*art.* 10). Le décret ne s'occupe ni des reconnaissances d'enfans naturels, ni d'adoptions, parce que ces actes se portent sur les registres de naissance.

5. Il est un cas où la clôture des registres doit avoir lieu avant la fin de l'année. C'est quand une Cour ou un tribunal aura ordonné l'apport au greffe des registres *courans* de l'état civil; alors l'officier de l'état civil devra, au plus tard dans la quinzaine de la signification qui lui en sera faite, se procurer de nouveaux registres (*Ord. du* 18 *août* 1819, *art.* 1er); aussitôt qu'il en sera muni, il clorra et arrêtera les registres dont l'apport aura été ordonné, en mentionnant la cause pour laquelle ils sont clos avant la fin de l'année (*art.* 2). Les frais des nouveaux registres seront à la charge de la partie qui succombera (*art.* 3), et, en cas d'insolvabilité, remboursés par la régie de l'enregistrement (*art.* 4).

ARTICLE 44.

Les procurations et les autres pièces qui doivent demeurer annexées aux actes de l'état civil, seront déposées, après qu'elles auront été paraphées par la personne qui les aura produites, et par l'officier de l'état civil, au greffe du tribunal, avec le double des registres dont le dépôt doit avoir lieu audit greffe.

SOMMAIRE.

1. *Quand les pièces doivent être paraphées.*
2. *Classement des pièces.*
3. *Leur dépôt.*

1. Le paraphe doit être apposé sur les pièces annexées au moment même de la rédaction de l'acte, et il doit être fait mention dans l'acte même de l'accomplissement de cette formalité (Delaporte, *Pand. franç. t.* 2, *p.* 261). Il est conforme à l'esprit de l'art. 42 de faire certifier et *signer* la pièce par la personne qui la produit, au lieu de se contenter d'un simple paraphe.

2. Les pièces à annexer étant souvent trop volumineuses pour demeurer attachées aux registres, on peut les conserver dans le même dépôt, en les classant par dossiers dont les noms et les numéros correspondent à ceux des registres, et en formant de ces pièces trois liasses (naissances, mariages et décès), où chaque dossier sera placé par ordre de dates (Lagarde, *n*o 411).

3. Les pièces sont ainsi transmises au greffe du tribunal avec le double des registres, et courent moins le risque de s'égarer, toutes étant réunies dans un dépôt commun.

Si l'on a besoin de recourir à une pièce annexée, il faut donc s'adresser à la mairie, si l'acte est de l'année courante, et toujours au greffe, s'il appartient à une année précédente.

Lors du dépôt des registres et des pièces, l'officier de l'état civil a le droit d'exiger une décharge du greffier. Là cesse l'obligation de l'un comme dépositaire et commence l'obligation de l'autre. L'art. 18 de la déclaration de 1736 était formel sur ce point, et n'est que l'expression du droit commun, nonobstant une lettre du chancelier *du* 24 *déc.* 1814, portant que le greffier doit se borner à constater le dépôt sur un registre tenu à cet effet. Tout homme qui remplit une obligation a droit à exiger la preuve de sa libération (M. Hutteau, *tit.* 3, *ch.* 2, § 3, *n*o 5).

ARTICLE 45.

Toute personne pourra se faire délivrer, par les dépositaires des registres de l'état civil, des extraits de ces registres. Les extraits délivrés conformes aux registres, et légalisés par le président du tribunal de première instance, ou par le juge qui le remplacera, feront foi jusqu'à inscription de faux.

SOMMAIRE.

1. *Division de l'article.*
2. *Publicité. Voies de contrainte pour obtenir les extraits.*
3. *Droits d'expédition. Timbre et enregistrement à la note.*
4. *Quels dépositaires délivrent les extraits.*
5. *Sens du mot* extraits : *ce qu'ils doivent contenir.*
6. *Si la seconde partie de l'article s'applique aux originaux.*
7. *Légalisation. Quand elle est nécessaire.*

1. Cet article contient deux parties : la première, relative à la publicité des actes ; la seconde, à la foi due à leurs extraits.

2. La disposition qui donne à *toute personne* le droit d'exiger des extraits des actes de l'état civil était bornée par l'ordonnance de 1667, titre 20, art. 18, à toutes personnes *qui en auraient besoin*, et restreinte expressément par l'art. 33 de la déclaration de 1736 aux personnes *qui auraient droit de lever les actes*. La loi du 20 septembre 1792 changea la législation en ce point (*tit.* 2, *art.* 18), et le Code civil en adopta les principes : l'état civil des hommes doit être public, et il y avait de l'inconvénient à laisser les officiers civils juges des motifs sur lesquels pouvait être fondée la demande d'une expédition (*Exposé des motifs*).

La voie du compulsoire est donc inutile aujourd'hui pour obtenir expédition d'un acte de l'état civil (*C. Pr.* 853 ; M. MERLIN, *Rép. mot Compulsoire*, § 1, *n*° 5 *in fin.*), et les dépositaires refusans sont condamnés par corps à la délivrance, aussitôt leur refus constaté (*Colmar*, 14 *juin* 1814. *V. le Comm. sur l'art.* 2060, *n*° 21 *in fin.*).

3. Mais ils n'y sont tenus qu'à la charge de leurs droits (*C. Pr.* 853), fixés (*) pour chaque expédition d'acte de naissance, de décès ou de publication de mariage, à 30 centimes dans les communes au-dessous de 50,000 habitans, à 50 centimes dans les villes de 50,000 âmes et au-dessus, et à 75 centimes à Paris ; et pour les actes de mariage, de divorce ou d'adoption, à 60 centimes, un franc et un franc 50 centimes, selon la même distinction de localités (*Décr. du* 12 *juil.* 1807, *art.* 1, 2 *et* 3).

4. Par *les dépositaires* ayant droit de délivrer des expéditions ou extraits des registres, la loi a entendu *les fonctionnaires publics*, c'est-à-dire les maires et adjoints et les greffiers, auxquels elle en a remis le dépôt, et non les employés subalternes à qui ceux-ci en confient la rédaction et la garde, sous leur surveillance et leur responsabilité personnelle : ainsi, « les employés des maires qui se qualifient de *secrétaires* et de *secrétaires généraux* n'ayant pas de caractère public, ne peuvent rendre authentiques aucun acte, aucune expédition, ni aucun extrait des actes de l'autorité ; notamment les extraits des actes de l'état civil ne peuvent être délivrés que par les fonctionnaires publics dépositaires des registres » (*Avis du C. d'État du* 6 *juin* 1807, *approuvé le* 2 *juil. B.* 150,

(*) Outre les droits d'expédition, les actes de l'état civil donnent aussi ouverture à des droits au profit du fisc.

TIMBRE. Les extraits d'actes de l'état civil étant de véritables expéditions d'actes reçus par des dépositaires publics, ne peuvent être délivrés que sur papier d'un franc 25 c. (*L. du* 28 *avril* 1816, *art.* 63).

Les certificats de publication de mariage, les affiches contenant ces publications, et les certificats de non-opposition, n'étant pas des expéditions d'actes reçus, peuvent être délivrés sur papier à 35 cent.

Il en est de même des certificats délivrés par les officiers de l'état civil aux parties pour justifier aux ministres des cultes de l'accomplissement préalable des formalités civiles du mariage (*Décret du* 9 *déc.* 1810).

ENREGISTREMENT. Les actes de naissance, mariages et décès sont exempts des droits d'enregistrement (*L. du* 22 *frim. an VII, art.* 70, § 3, *n*° 8). Il en est de même des publications de mariage et de leurs extraits (ROLAND, *Diction. gén. des droits d'enreg. mot Actes*, *n*° 165).

Néanmoins « sont sujets au droit fixe de 2 francs les reconnaissances d'enfant naturel par acte de célébration de mariage ; et au droit fixe de 5 francs les reconnaissances d'enfans naturels autrement que par acte de mariage (*L. du* 28 *avril* 1816, *art.* 43, *n*° 22, *et art.* 45, *n*° 7). »

Ces droits ne se perçoivent que sur l'expédition et non sur la minute, et qu'autant que l'expédition est requise par la partie qui en a besoin (*Décis. du min. des fin. du* 5 *août* 1816).

Une autre décision du 8 juin 1821 porte que le maire est tenu, sous sa responsabilité personnelle, de faire mention, en marge de la minute, de la formalité donnée à l'expédition. Le but de cette décision, c'est de faire connaître que le droit a été payé, afin qu'il ne soit pas perçu une seconde fois, lors d'une seconde expédition.

Il faut remarquer, 1° que si la reconnaissance a lieu dans l'acte même de naissance, il n'est dû aucun droit, parce qu'alors la reconnaissance forme une partie essentielle et intégrante de l'acte de naissance, qui a pour objet d'établir la qualité de l'enfant (*Délib. du conseil d'administ. de l'enreg. du* 16 *mai* 1821) ; 2° que l'acte de mariage renfermant la reconnaissance et légitimation de plusieurs enfans naturels n'est soumis qu'au paiement d'un seul droit (*Délibér. du même conseil, approuvée par le minist. des fin. le* 17 *déc.* 1819) ; 3° enfin, que les actes de reconnaissance d'enfans naturels appartenant à des individus notoirement indigens, sont enregistrés *gratis* (*L. du* 15 *mai* 1818, *art.* 77).

nº 2554). Cependant les extraits délivrés par ces employés, et légalisés *antérieurement* à la publication de cet avis, doivent continuer à être considérés comme authentiques, parce que l'erreur commune et la bonne foi ont suffi pour en couvrir l'irrégularité (*même avis*).

Il suit de là que ceux auxquels l'administration municipale confie, sous le titre d'*archivistes*, la conservation des registres de l'état civil, n'ont point caractère pour en délivrer les expéditions, parce qu'ils ne sont pas fonctionnaires publics (*V.* M. MERLIN, *Rép. mot Etat civil*, § 2, *sous l'art.* 45; nonobstant M. HUTTEAU D'ORIGNY, *tit.* 3, *chap.* 3, § 1er, *nº* 8).

M. Hutteau (*au même lieu*) met au nombre des personnes ayant pouvoir de délivrer des extraits les archivistes des ministères de la guerre, de la marine et des affaires étrangères pour les actes de l'état civil reçus hors du royaume, et dont les registres sont remis à ces différens ministères par leurs agens respectifs. Dans la rigueur des principes, ils ne le peuvent qu'en vertu d'une délégation du ministre, qui seul est fonctionnaire.

5. Il ne faut pas se tromper sur le mot *extrait* dont se sert notre article : il signifie *extrait du registre* et *copie de l'acte* (M. HUTTEAU, *ibid. nº* 3; LAGARDE, *nº* 662); autrement il ne serait pas *conforme au registre;* c'est donc une reproduction littérale de l'acte qu'exige la loi, quoique les simples extraits délivrés antérieurement au Code civil conservent leur authenticité.

Cette règle est applicable aux actes anciens dont on délivre de nouveaux extraits : ainsi, quoique l'état civil soit indépendant des cérémonies religieuses, on ne peut se permettre de supprimer, dans les extraits de naissance antérieurs à la loi du 20 septembre 1792, la mention des cérémonies du baptême (*Circ. du min. de la just. du 21 avril* 1806), ni les qualifications féodales, malgré les lois qui les proscrivaient (*Ch. const. art.* 62), nonobstant un avis du conseil d'Etat du 10 février 1806, non inséré au *Bulletin des lois*, qui ne permettait de reproduire ces qualifications qu'autant qu'il s'agirait d'éclaircir des questions de propriété ou de filiation (M. HUTTEAU, *ibid. n.* 7).

Enfin, si en faisant l'expédition, on remarquait dans l'acte inscrit au registre une omission, une irrégularité quelconque; s'il était incomplet, ou non signé de tous les comparans ou de l'officier de l'état civil, l'extrait devrait reproduire fidèlement toutes ces imperfections (LAGARDE, *nº* 664; M. HUTTEAU, *lieu cité*, *nº* 3); et s'il y avait sur le registre quelque mention indicative des raisons qui ont empêché de compléter l'acte, cette mention devrait être mise dans l'extrait.

6. Passons à la seconde partie de l'article.

Elle règle la foi due aux extraits ou expéditions des actes de l'état civil.

M. Merlin (*Rép. mot Etat civil*, § 2, *sur l'art.* 45) paraît penser que cet article a le double objet d'exprimer la foi due aux originaux et la foi due aux extraits : nous ne pouvons partager cette opinion : car 1º le texte est muet sur les actes; 2º le projet imprimé du Code civil (*liv.* 1er, *tit.* 2, *art.* 18), et l'art. 14 du projet soumis à la discussion du conseil d'Etat (*séance du 6 fruct. an IX*) parlaient *des actes* inscrits aux registres et *des extraits* qui en seraient délivrés, et, dans la rédaction définitive, ce qui concernait les actes a disparu de l'article; 3º si les motifs de cette suppression ne sont pas exprimés aux procès-verbaux, il est cependant évident qu'appliqués aux actes originaux, les termes de l'art. 45 seraient trop étendus, puisque l'article ne limite en rien la foi qu'il accorde, sans distinguer entre ce qui est direct ou énonciatif, ni entre ce qui est de l'essence de l'acte ou ce qui lui est accidentel; mais en ne les appliquant qu'aux extraits, ces termes présentent ce sens naturel que, certifiés par le dépositaire, les extraits remplacent absolument le registre, et font pleine foi d'une parfaite conformité (*V.* DELAPORTE, *Pandect. franç. t.* 2, *p.* 262. *V.* aussi l'opinion *contraire de* M. DURANTON, *t.* 1, *nº* 299). Dans tous les cas, la publicité du registre permettrait aux parties intéressées de s'assurer si l'extrait est erroné.

7. L'art. 45 exige encore que, pour faire pleine foi de son contenu, l'extrait soit légalisé, non que la légalisation soit une condition constitutive de l'authenticité (*Cass. sect. crim.* 22 *oct.* 1812), mais parce qu'elle est la preuve de la vérité de la signature de l'officier public auprès des personnes qui ne la connaîtraient pas (M. MERLIN, *Répert. mot Faux, sect.* 1re. § 2 *bis*).

On peut induire de là que cette formalité est inutile quand on produit la pièce au tribunal même dont un des membres devrait apposer la légalisation, si elle était requise. Mais on va plus loin; et par une induction de la loi du 25 ventôse an XI sur le notariat, on décide que si l'on se sert d'un acte de l'état civil dans l'arrondissement où il a été délivré, il n'y a jamais lieu à légalisation (*séance du 22 fruct. an IX*; DELAPORTE, *sur l'art.* 45; M. TOULLIER, *t.* 1, *nº* 307; M. HUTTEAU, *tit.* 3, *ch.* 3, § 1er, *nº* 15). M. Duranton (*t.* 1, *nº* 299 *à la note*) exprime une opinion contraire, parce que la signature des maires et adjoints n'est pas aussi connue que celle des notaires. Nous pensons avec lui que quiconque ne connaît pas la signature d'un officier de l'état civil a le droit d'exiger la légalisation de l'acte qu'on lui produit, quoique passé dans l'arrondissement.

RENVOIS AUX ARRÊTISTES.

CASS. *Sect. crim.*, 22 *oct.* 1812. — S. 1813, 1. 185. — P. t. 2e de 1813, p. 600. — N. D. t. 8, p. 361

COLMAR, 14 *juin* 1814. — S. 1815, 2, 135. — N. D t. 5, p. 702.

ARTICLE 46.

Lorsqu'il n'aura pas existé de registres, ou qu'ils seront perdus, la preuve en sera reçue tant par titres que par témoins; et dans ces cas, les mariages, naissances et décès pourront être prouvés tant par les registres et papiers émanés des pères et mères décédés, que par témoins.

SOMMAIRE.

1. *Foi générale due aux registres.*
2. *Objet de l'art. 46 : division de la matière.*

I. Faits à prouver préalablement.

3. *Cas où les registres ont été détruits ou n'ont jamais été tenus.*
4. *Registres faits après coup ou sans ordre de date.*
5. *Feuillet arraché ou perdu. Distinctions.*
6. *Omissions sur les registres. Renvoi.*
7. *Si l'article 46 ne s'applique qu'aux naissances, mariages et décès.*
8. *Comment l'appliquer aux divorces, aux adoptions et aux reconnaissances d'enfans naturels.*

§ II. Mode de la preuve préalable.

9. *Comment elle se fait.*
10. *Ce qu'on entend par titres.*
11. *Nécessité de conclure à la preuve, même en produisant des certificats administratifs.*
12. *Si la preuve par témoins peut être refusée.*

§ III. Preuve du fond.

13. *Si la preuve testimoniale peut être admise seule.*
14. *Si l'on peut produire d'autres titres que ceux indiqués dans l'article.*
15. *Papiers des pères et mères vivans.*
16. *Preuve par témoins; sa forme; preuve contraire.*
17. *Si les parens et alliés peuvent y être entendus.*
18. *L'admission de la preuve testimoniale est facultative.*
19. *Opinions de MM. Duranton et Toullier sur les omissions.*
20. *Elles peuvent être prouvées par témoins, et pourquoi.*
21. *Limitation.*

§ IV. Mesures pour remplacer les registres.

22. *Loi du 2 floréal an III.*
23. *Ordonnance relative aux registres de Soissons.*
24. *Circulaire du chancelier du 4 novembre 1814.*

1. Les lois antérieures au Code disaient nettement que les actes contenus dans les registres constateraient les naissances, mariages et décès, et en feraient foi et preuve en justice (*Ord. de* 1667, *tit.* 20, *art.* 7; *L. du* 20 *sept.* 1792, *tit.* 1er, *art.* 1er, *et tit.* 2, *art.* 1er *et* 6). Les mêmes mots ne se trouvent pas dans le Code civil, mais l'idée qu'ils expriment y est clairement manifestée par l'art. 46 : si les naissances, mariages et décès ne peuvent être prouvés par les papiers domestiques et par témoins qu'en cas d'absence des registres publics, la conséquence nécessaire est que les registres publics, lorsqu'ils existent, suffisent pour constater légalement les naissances, les mariages et les décès (M. Merlin, *Quest. de droit*, *mot Maternité*).

Les registres publics sont donc l'unique preuve ordonnée par la loi. C'est une preuve *authentique*, puisqu'elle est reçue par des officiers publics préposés pour la constater; elle fait donc foi en justice jusqu'à inscription de faux, sauf l'application de l'art. 327 du Code civil, 1° de tout ce qui s'est passé devant l'officier-rédacteur, 2° et de la vérité des déclarations nécessaires à la substance de l'acte, quand elles sont émanées de personnes à qui la loi donne mission de les faire (*V. notamment l'art.* 57); mais elle ne fait pas foi complète des énonciations que, par sa nature, l'acte n'a pas pour objet de prouver (*V. le même art. et l'art.* 79). Ces principes trouveront plus tard leur application. Ainsi, en général, quand il existe des registres, la foi qui leur est due ne peut être combattue par des preuves extérieures.

2. Mais des événemens imprévus peuvent avoir empêché l'établissement de registres, peuvent avoir anéanti les registres établis; il faut donc que la loi permette alors le retour au droit naturel, et la preuve, même par témoins, des faits dont elle exigerait, sans cette circonstance, un monument public.

C'est l'objet de l'art. 46 emprunté à l'art. 14 du titre 20 de l'ordonnance de 1667. « Si les registres « sont perdus, ou qu'il n'y en ait jamais eu, la « preuve en sera reçue tant par titres que par té« moins; et en l'un et en l'autre cas, les baptêmes, « mariages et sépultures pourront être justifiés « tant par les registres ou papiers domestiques des « pères et mères décédés que par témoins, sauf à « la partie à vérifier le contraire... »

Nous avons à voir sur cet article,

Ce qui doit être prouvé avant que d'être admis à la preuve des mariages, naissances et décès;

Comment se fait la preuve préalable de la perte ou du défaut d'existence des registres;

Quel est le mode de la preuve du fond, et si elle est toujours recevable;

Enfin, quelles mesures ont été prises pour réparer, en diverses circonstances, la perte des registres de l'état civil.

§ 1. *Faits à prouver préalablement.*

3. L'économie de l'article indique la gradation que nous venons de suivre. Pour être admis à prouver l'état civil autrement que par registres publics, il faut au moins établir que la preuve par registres manque.

Pas de difficulté s'il *n'existait pas de registres* à l'époque du mariage, de la naissance ou du décès; pas de difficulté non plus si les registres *ont été perdus* depuis. Ces deux faits sont littéralement prévus par l'art. 46; ils peuvent donc tomber en preuve.

4. On peut demander également à prouver qu'au temps auquel se réfère l'acte de l'état civil qu'il s'agit de constater, les registres de la commune étaient sans ordre de dates, et faits évidemment *après coup*, soit de mémoire, soit sur des notes et documens; ce cas se rapporte à celui où il n'existe pas de registres (M. MERLIN, *Répert. mot Etat civil*, § 2, *n°* 1 *sur l'art.* 46); car, dit un arrêt de Riom, des registres évidemment et matériellement faux ne peuvent être considérés que comme toute absence de registres, puisque c'est la même chose de n'exister pas ou de n'exister que dans une forme contraire à la raison et à la loi (*V. Arrêts d'Agen du* 9 *germ. an XIII*, 19 *juin* 1821, *et de Riom*, 30 *janv.* 1810, qui le jugent ainsi pour des mariages pendant la survivance d'un des époux; *Bordeaux*, 29 *août* 1811, 9 *mars* 1812).

5. On peut être aussi admis à prouver qu'un feuillet du registre a été perdu, ou qu'il en a été arraché, soit par accident, soit par malveillance: car chaque partie n'a intérêt qu'à la feuille qui regarde la naissance, le décès ou le mariage dont il s'agit, et la feuille qui l'intéresse est tout le registre pour elle (M. MERLIN, *ibid. et mot Mariage, sect.* 4, § 3, *n°* 6, *réquisitoire dans l'affaire Saboùès*; RODIER, *sur l'art.* 14 *du tit.* 20, *quest.* 3e; MALLEVILLE, *sur l'art.* 46; M. TOULLIER, *t.* 1, *n°* 349; M. DURANTON, *t.* 1, *n°* 296; DELVINCOURT, *note* 3 *sur la page* 35 *du* 1er *vol.*; *Rej. sect. civ.* 21 *juin* 1814), et sans qu'il soit besoin de diriger des poursuites contre le dépositaire (*même arrêt et réquisitoire*).

Cette doctrine reçoit une nouvelle force de l'art. 5 de la loi du 13 janvier 1817. « La preuve testimoniale du décès (des militaires) *pourra* être ordonnée, *conformément à l'art.* 46 *du Code civil*, s'il est PROUVÉ, soit par l'attestation du ministre de la guerre ou de la marine, soit par toute autre voie légale, qu'il n'y pas eu de registres, ou qu'ils ont été *perdus* ou *détruits* en tout OU EN PARTIE, ou que leur tenue a éprouvé des INTERRUPTIONS. Cette disposition, loin d'être une exception au droit commun, n'est qu'une interprétation de l'art. 46 appliquée à un cas spécial, laquelle doit s'étendre aux autres (M. MERLIN, *Etat civil, lieu cité*).

Mais lorsqu'il y a lacération d'un ou de plusieurs feuillets, il faut apprécier les causes de l'événement, et s'il apparaissait qu'il dût être attribué à la partie demanderesse, et que ce fût un moyen pour arriver à prouver un état différent de celui constaté par le feuillet enlevé, la demande serait repoussée (RODIER, MM. MERLIN *et* TOULLIER, *aux lieux cités*).

6. L'article est encore applicable quand l'inscription d'un acte a été omise sur un registre tenu d'ailleurs régulièrement. Nous examinerons cette proposition plus loin, n° 20, en recherchant si les omissions peuvent être prouvées par témoins; car on voit clairement que, dans ce cas extraordinaire, la preuve de l'omission et celle de l'état doivent se faire simultanément. Ce n'est que l'existence prouvée du fait de la naissance, du mariage ou du décès qui puisse en établir le défaut d'inscription.

7. Est-il permis de prouver que les registres qui devaient contenir des actes de l'état civil autres que les mariages, naissances et décès, sont perdus ou n'ont jamais existé? M. Merlin (*Répert. mot Etat civil*, § 2, *n°* 5 *sur l'art.* 46) cite un arrêt dont voici l'espèce.

L'Irlandais Macdermott avait obtenu, le 27 septembre 1807, un décret de naturalisation, et reçu, le 17 octobre, une lettre du préfet de la Seine qui l'invitait à se présenter à la municipalité du 12e arrondissement de Paris pour y prêter le serment de fidélité, et lui annonçait qu'après l'accomplissement de cette formalité, le maire lui remettrait expédition du décret pour lui servir de titre de naturalisation. Après sa mort, arrivée le 21 novembre 1813, on trouva dans ses papiers, outre l'expédition du décret, la lettre du préfet avec cette note de la main du défunt: « J'ai prêté le serment exigé ci-dessus le 22 octobre 1807. » Il avait de plus obtenu, en 1809, des degrés dans la faculté des lettres de Paris, et ses diplômes le qualifiaient de *citoyen français*. Etait-il décédé Français ou étranger; ce qui changeait l'ordre de sa succession?

Les parens français produisaient attestation du maire que, recherches faites dans les archives de la mairie, il *n'y avait pas trouvé de registres* ayant servi à inscrire le serment de fidélité exigé des étrangers admis à jouir des droits de citoyen français. Cependant la Cour royale de Paris décida, le 8 juin 1819, que Macdermott était resté Anglais, à défaut de l'acte authentique et légal de prestation de serment, nécessaire pour la formation du contrat de naturalisation.

Mais cet arrêt fut cassé, parce que, « en écartant les actes produits, non comme insuffisans et « non probans (*), mais comme inadmissibles, d'a-

(*) La Cour de cassation aurait sans doute jugé tout autrement, si la Cour royale avait décidé que le certificat du maire

« près *la supposition erronée* que *la preuve résultant du registre* dans lequel l'acte de prestation « de serment avait dû être inséré, *ne pouvait être* « *remplacée* par aucune autre, la Cour royale avait « violé l'art. 46 du Code civil conforme aux anciens principes » (*Cass. 4 févr.* 1822).

8. Il résulte bien de cet arrêt que l'art. 46 n'est pas borné aux actes de l'état civil qu'il énumère. Cependant il n'en faut faire l'application que suivant la nature et l'objet des actes. Ainsi, on pourra prouver que les registres où devraient se trouver un divorce, une adoption, une reconnaissance de paternité sont perdus, en tout ou en partie : la négligence d'un administrateur ne peut enlever un état civil acquis.

Quant à leur omission sur des registres régulièrement tenus, elle serait irréparable et ne pourrait tomber en preuve (M. MERLIN, *ibid.*; M. LOCRÉ, *Esp. du C. civ. sur les art.* 47 *et* 48). Pour les divorces, la loi a laissé aux époux la faculté de ne le pas consommer, et a fait une condition irritante de leur présentation devant l'officier de l'état civil (*C. civ.* 264, 266, 294) : c'est donc à eux de veiller à la constatation d'un fait qu'ils sont libres de ne pas accomplir. Pour les adoptions, la loi regarde le défaut d'inscription sur les registres dans les trois mois comme la preuve d'un changement de volonté : or l'inscription est un fait important et matériel dont la vérification peut être facilement exigée par elles (*C. civ.* 359). Enfin, pour les reconnaissances, on parviendrait ainsi à violer la règle qui interdit la recherche de la paternité (*C. civ.* 340).

Les mêmes raisons portent à croire qu'il ne serait pas permis, pour ces trois actes, de prouver qu'il n'a pas été tenu de registres, hormis peut-être le cas où leur inscription aurait été faite sur feuilles volantes : il faudrait des circonstances au-dessus de toute prévision pour admettre une décision contraire.

§. II. *Mode de la preuve préalable.*

9. L'art. 46 dit que la preuve du défaut de registres sera reçue tant par titres que par témoins. D'où il suit que les deux genres de preuve peuvent être cumulés, ou que le tribunal peut se contenter de l'une ou de l'autre (RODIER, *quest.* 5e *sur l'art.* 14; JOUSSE, *note* 1re, *in fin.*, *sur le même art.*; M. TOULLIER, *t.* 1, *n.* 346; M. DURANTON, *t.* 1, *n*o 294; nonobstant DELAPORTE, *Pand. franç. n*o 24, *sur l'art.*).

10. On entend ici *par titres* les écrits qui prouvent la perte, la non-existence ou la mauvaise tenue des registres, telles que les décisions de l'autorité administrative sur ce fait, les demandes en rétablissement d'actes non inscrits à une époque contemporaine par d'autres parties ou par le ministère public, les registres eux-mêmes quand les magistrats en ordonnent l'apport pour les vérifier.

11. M. Duranton *n*o 293 et M. Toullier *l. cit.* disent, d'après Rodier (*quest.* 1re), qu'il faut produire la déclaration du greffier du tribunal et de l'officier de l'état civil, ou un procès-verbal de recherches, constatant qu'on ne trouve ni au greffe ni aux archives de la commune les registres de l'époque; et l'on fera sagement de s'en munir, parce qu'en pareille matière on ne doit pas négliger de frapper l'esprit des juges par la probabilité du succès de l'instruction : mais il faut bien remarquer que de pareils certificats ne prouvent qu'autant qu'ils ne sont pas contredits (*Toulouse*, 24 *juin* 1820); et si la partie ne passe pas condamnation sur ce point, il faut conclure à l'admission de la preuve; autrement on courrait le danger de voir déclarer insuffisans les certificats produits, et l'on se fermerait ainsi toute voie pour compléter la preuve. C'est ce qu'on peut induire de l'arrêt Macdermott (*Cass. 4 févr.* 1822).

12. La preuve offerte, même par témoins, de la perte ou de l'inexistence des registres, doit être admise par les tribunaux toutes les fois que les faits articulés sont pertinens; car la première partie de l'art. 46 est impérative, et le sens en est d'autant plus certain que, dans la seconde partie et pour l'admission de la preuve du fond, les termes sont purement facultatifs (*Argum. d'un arrêt de rejet*, 12 *déc.* 1827, *et de l'arrêt* Macdermott, *Cass.* 4 *févr.* 1822; nonobstant RODIER, *quest.* 4e *sur l'art.* 14).

Mais cette disposition impérative ne peut s'étendre au cas où il s'agit d'inexactitudes ou d'omissions, parce que la preuve n'en a été admise que par une sage extension de la jurisprudence. Le refus que feraient dans ce cas les tribunaux d'admettre la preuve préalable, ne constituerait donc pas la violation du texte de la loi.

§ III. *Preuve du fond.*

13. L'absence des registres, leur destruction totale ou partielle, le désordre matériel de leur tenue une fois établi, rien n'est encore prouvé que l'absence de preuve légale de l'état; mais le fait du mariage, de la naissance ou du décès demeure incertain : ils pourront être prouvés, dit notre article, tant par les registres et papiers émanés des pères et mères décédés, que par témoins. C'est la règle générale; mais pour n'en pas faire une fausse application, il faut la limiter par les exceptions que lui impose la loi : par exemple, par les règles de la preuve en matière de filiation (*art.* 323).

Dans cette seconde partie de l'article comme

ne prouvait pas complètement l'absence des registres, et qu'elle eût repoussé l'appel, faute de demande en admission de preuve. *V. le n*o 11.

dans la première, les deux genres de preuve dont la loi s'occupe peuvent être employés, soit séparément, soit cumulativement (RODIER, *quest.* 5e *sur l'art.* 14; M. TOULLIER, *t.* 1, *n°* 346; M. DURANTON, *t.* 1, *n°* 294; DELVINCOURT, *note* 3 *sur la p.* 35; M. MERLIN, *Rép. mot Etat civil*, § 2, *n°* 3, *sur l'art.* 46). L'exposé des motifs paraît contraire: « Les ordonnances ont voulu, dit-il, qu'en cas « de perte des registres publics, on ait recours « aux registres et papiers domestiques des pères « et mères décédés, pour ne pas faire dépendre uni- « quement l'état, la filiation, l'ordre et l'harmonie « des familles, de preuves équivoques et dange- « reuses, *telles que la preuve testimoniale seule*, « dont l'incertitude a toujours effrayé les législa- « teurs. L'ordonnance de 1667 avait, par une ju- « risprudence formelle, consacré ces principes; la « jurisprudence y a toujours été conforme, *et l'ar- « ticle les rappelle.* » Mais, comme le fait observer M. Merlin, cette pensée serait diamétralement opposée au texte. M. Thibaudeau avait à la fois présentes à l'esprit et la règle générale et les exceptions, et sa pensée se reportait au titre *de la Paternité et de la Filiation*.

14. La preuve se fait *par les registres et papiers émanés des pères et mères décédés.* Rodier disait sur ces mots de l'ordonnance, *registres et papiers domestiques des pères et mères décédés*: « Ce sont les « meilleurs titres, et, quoique ce ne soient que « des notes privées, on doit y ajouter beaucoup « de foi; mais ce ne sont pas les seuls titres qu'on « puisse employer: il peut y avoir d'autres actes « publics ou privés qui concourent à cette preuve (*quest.* 6e). » Doit-on aujourd'hui admettre d'autres titres? Ce qui peut faire difficulté, c'est que, dans la rédaction présentée par le Tribunat (M. LOCRÉ, *Législ. civ. et com. t.* 3, *p.* 181), on lisait: tant par les registres et papiers domestiques *ou autres écritures publiques et privées*, que par témoins; et les mots soulignés ont été retranchés au conseil d'Etat, sans qu'il soit resté à ce sujet aucune trace de discussion. M. Merlin (*au lieu cité*) fait remarquer que les mots *papiers émanés* sont beaucoup plus généraux que les mots *papiers domestiques* de l'ordonnance et de la rédaction du Tribunat, et doivent, par cela seul, être entendus de tout écrit authentique ou privé que les pères et mères ont laissé. Mais cela ne résout pas tout-à-fait la difficulté.

Peut-on admettre des actes qui ne sont pas émanés des pères et mères? Peut-on, en un mot, sortir des termes de l'article? Nous le croyons; et des actes émanés d'autres parens, même de personnes étrangères (*), peuvent, suivant les circonstances, et quand ils ne sont pas suspects de collusion et de fraude, concourir à former la preuve. Tout, dans l'art. 46, est plutôt énonciatif que restrictif; partout le législateur a indiqué le genre de preuve qu'il préfère, plutôt que celui qu'il permet. D'ailleurs (a dit le Tribunat dans ses observations), cette latitude ne présente aucun danger dans une matière sur laquelle on peut offrir la preuve par témoins.

15. L'article met une condition à la production de papiers émanés des pères et mères; c'est que ceux-ci soient décédés. Lors de la rédaction de l'ordonnance, le projet portait *vivans ou* décédés. On supprima les deux premiers mots (*Procès-verb. de l'ord. p.* 229); c'était retirer aux parens les moyens de changer ou de supprimer l'état de leurs enfans (*V.* RODIER, *quest.* 6e; JOUSSE, *note* 3 *sur l'art.* 14; DELVINCOURT, *note* 2 *de la p.* 35 *du* 1er *vol.*). Dans la rédaction du Tribunat, il n'était point question de l'existence ou du décès: la section de législation du conseil d'Etat est revenue aux termes de l'ordonnance. Cependant les papiers émanés des pères et mères *encore vivans* semblent devoir faire foi contre eux (*Arg. de l'art.* 324).

16. Passons à la preuve par témoins. Elle ne peut se faire que par une enquête dans la forme prescrite par le Code de procédure, et non par un simple acte de notoriété reçu ou dressé en l'absence de tout contradicteur légitime (*Trèves*, 12 *janv.* 1807; *Toulouse*, 24 *juin* 1820); et l'adverse partie a droit de faire la preuve contraire, quoique les mots qui l'indiquaient dans l'ordonnance et dans le projet de loi aient été supprimés lors de la rédaction définitive (*C. Pr. art.* 256; DELAPORTE, *Pandect. franç. n°* 28 *sur l'art.*; M. TOULLIER, *t.* 1, *n°* 346).

17. Les parens et alliés peuvent-ils être témoins en pareille matière? On n'en doutait pas sous l'ancien droit (MORNAC, *in leg.* 7, *C. de in integ. rest.*; RODIER, *quest.* 5e *sur l'art.* 14). Ils sont admis comme témoins aux actes mêmes; on doit donc recevoir leur témoignage dans les enquêtes faites pour réparer la perte des registres. D'ailleurs, ils sont mieux instruits que tous autres, ajoute Rodier. Nous pensons aussi qu'à l'exception des descendans, dont l'intérêt est le même que celui de la partie qui réclame un état, et des ascendans qui ne peuvent être entendus, puisque la loi rejette leurs écrits tant que l'auteur en existe encore, les collatéraux peuvent être admis comme témoins, sauf aux juges à apprécier les reproches qui seraient dirigés contre eux (*C. Pr.* 283).

18. Mais quand il est certain que les registres n'ont jamais existé, qu'ils sont perdus, déchirés, la preuve testimoniale de la naissance, du mariage ou du décès n'est pas imposée aux tribunaux; il est laissé à leur prudence de l'admettre ou de la refuser, selon les circonstances dont ils sont juges

(*) C'est ainsi qu'une des preuves de la naissance de la demoiselle de Choiseul a été tirée du registre que tenait le chirurgien Leduc des accouchemens qui avaient lieu chez lui (*V. Nouveau Denisart*, *Etat*, § 5).

souverains. La seconde partie de l'article est conçue en termes facultatifs qui font rentrer ici dans le droit commun (*C. Pr. civ.* 253; *Rejet*, 12 *déc.* 1827; M. Toullier, *t.* 1, *n*° 347).

19. M. Duranton (*t.* 1, *n.* 297) pense que les juges ne doivent jamais admettre la preuve testimoniale pour le cas où l'on prétendrait seulement que de simples négligences ou des omissions ont été commises dans la tenue des registres. Cette opinion est trop absolue et ne tend à rien moins qu'à rendre irréparables des omissions qui ne sont pas plus le fait de la partie que l'absence même des registres.

M. Toullier (*t.* 1, *n*° 350 *et suiv.*) professe, d'une manière en apparence moins rigoureuse, la même opinion, qu'il limite par des exceptions : mais comme ces exceptions ou ne méritent pas ce nom, ou sont formellement écrites dans la loi, et que M. Duranton les admet dans les passages où il s'en occupe spécialement, l'opinion de ces deux savans professeurs est dans le fond la même.

20. Malgré ces graves autorités, nous pensons que les omissions commises peuvent être réparées, et qu'elles peuvent l'être par la simple preuve testimoniale, à moins que la loi n'ordonne spécialement que tel genre de preuve ou de commencement de preuve soit joint à la preuve par témoins, ou que la nature de l'acte n'y résiste.

Un exemple où la nature de l'acte y résiste formellement, c'est l'adoption. Les parties étaient tenues de faire inscrire l'arrêt, si elles persistaient dans leur volonté (*V. suprà*, *n*° 8).

Un exemple où la loi subordonne la preuve testimoniale à une condition, c'est l'art. 323 : il veut que l'enfant qui n'a ni titre ni possession constante de légitimité ne puisse prouver par témoins que s'il offre un commencement de preuve par écrit, ou qu'il réunisse en sa faveur des présomptions ou indices résultant de faits dès lors constans et assez graves pour déterminer l'admission.

Mais ces exemples sont eux-mêmes des exceptions à la règle générale qui s'est fait jour dans l'art. 46, et qui doit exercer son empire dans les cas non exceptés. Cette règle générale, c'est que les faits peuvent être prouvés par tous les genres de preuves.

Pourquoi donc une omission ne serait-elle pas réparée? Elle n'est pas l'œuvre de la partie ni dans l'acte de naissance ni dans l'acte de décès, et dans le mariage, le contrat n'est pas formé par l'acte civil, mais par le consentement et la prononciation : il subsiste indépendamment de sa preuve. Nous en avons un exemple remarquable sous l'ancien droit dans un arrêt du conseil souverain d'Alsace, du 2 décembre 1719, qui maintint Sophie Jœguer, fille d'un aubergiste de Weissembourg, en l'état et qualité de femme et légitime épouse du marquis de Lionne, quoique son acte de mariage ne fût pas porté sur le registre, qui ne contenait ni blanc ni lacune (*Arrêts d'Alsace*, *t.* 1er; *Code matrimonial*, *t.* 2, *p.* 784, *in-4°*). Dans l'espèce, le marquis avait écrit au père; il avait dressé de sa main la supplique pour obtenir dispense des trois bans, et signé un contrat de mariage; la bénédiction nuptiale avait été donnée en présence d'un grand nombre de personnes par le curé de l'église paroissiale, et l'acte avait été rédigé sur une feuille volante signée seulement du curé, des témoins et d'un notaire, de sorte qu'il y avait commencement de preuve par écrit et publicité. Cet arrêt constate qu'avant le Code les omissions n'étaient pas irréparables.

Le Code civil a-t-il changé cette doctrine? La question s'est élevée au conseil d'Etat (*séance du* 6 *fruct. an IX*), et si M. Regnier y dit que les omissions ne peuvent être réparées, M. Thibaudeau y a professé les vrais principes, en disant qu'il serait très-dangereux que la loi prévît les cas de l'omission, et qu'il était plus convenable que les contestations auxquelles elles pourraient donner lieu fussent portées devant les tribunaux, qui y statueraient suivant les circonstances. Et la preuve que telle était la doctrine du conseil d'Etat, c'est qu'avant l'émission du Code, il l'a professée dans un avis du 12 nivôse an X, approuvé le 13 (*Bull.* 225), et qu'il l'a professée depuis dans un avis du 8 brumaire an XI, approuvé le 12, inséré au même Bulletin, et dans celui du 28 frimaire an XII, approuvé le 30, non inséré au *Bulletin des lois* (*V.* M. Locré, *Législ. civ. et comm. t.* 3, *p.* 304), en reconnaissant le droit qu'ont les tribunaux de réparer, en connaissance des causes, *les omissions* des registres.

Si les omissions peuvent être réparées, la preuve par témoins sera-t-elle admissible? Oui; car, en établissant la preuve par écrit de l'état civil, la loi n'a pas procédé de la même manière qu'en l'ordonnant pour les conventions. Quant aux actes du commerce ordinaire de la vie, elle a, en réglant les moyens de les constater soit par actes privés, soit par actes authentiques, défendu d'une manière générale de les prouver par témoins (*Ord. de Moulins en* 1566, *art.* 54; *Ord. de* 1667, *tit.* 20, *art.* 2; *C. civ. art.* 1341). Cette preuve ne pourra donc être admise que dans les circonstances où la loi lève elle-même la défense générale qu'elle a faite; et les dispositions législatives qui permettent de prouver par témoins une convention, par exemple s'il y a commencement de preuve par écrit, destruction de titres, impossibilité pour le créancier de s'en être procuré (*Ord. de* 1667, *m. tit. art.* 3 *et* 4; *C. civ.* 1347 *et* 1348), ne pourront être étendues, et seront en elles-mêmes limitatives. Mais pour les actes de l'état civil, la loi, en établissant des registres authentiques pour *éviter* les preuves par témoins (*Ord. de Blois*, *art.* 181) des faits qui y seraient consignés et dont ils feraient foi, *n'a pas prohibé* la preuve par témoins des faits qui n'y seraient pas constatés. Ainsi, quand l'art. 46 admet la preuve testimoniale, il n'a pas en vue de la limiter aux cas qu'il exprime : il prévoit et ne défend pas ; et, dans l'absence de toute prohibition, le mode de preuve de l'omission demeure dans le domaine du juge (*V. le procès-verbal de l'ord. de* 1667, *tit.* 17, *art.* 9; *le plaidoyer de M. l'av.-gén. Gilbert des Voisins*, affaire de Choiseul, *au Nouveau Denisart*, *mot Etat*, § 5, *p.* 34 *et suiv. et au Répert. de* M. MERLIN, *mot Etat civil*, § 2, *n*o 3, *sur l'art.* 46, *et surtout le réquisit. de* M. MERLIN, 2 *févr.* 1809, *Quest. de droit*, *mot Décès*, § 1). Or, si l'art. 46 admet la preuve testimoniale, s'il l'admet seule et indépendamment de commencement de preuve par écrit, et qu'il ne soit pas limitatif, il est applicable aux omissions comme aux autres causes de silence des registres.

Tel est aussi l'esprit général de la jurisprudence moderne constatée par plusieurs arrêts (*Rejet*, 12 *mars* 1807, affaire Desmée, pour prouver au profit des créanciers de la femme la mort de son mari ; — *Rejet*, 2 *févr.* 1809, affaire Sainte-Colombe, pour établir, par suite d'omission sur les registres de l'Hôtel-Dieu, si le mari était décédé avant sa femme, et avait recueilli une donation mutuelle ; — *Bordeaux*, 9 *mars* 1812, affaire Guillet, pour admettre la femme d'un militaire à convoler à de secondes noces ; — *Rejet*, *sect. civ.* 22 *déc.* 1819, affaire Monsarrat, pour un acte de mariage que l'officier de l'état civil avait remis au lendemain, et totalement négligé ensuite).

21. Au surplus les juges, étant arbitres de l'admission de la preuve testimoniale (*V. n*o 18), peuvent la rejeter, si les faits déjà constans au procès ne leur paraissent ni assez graves ni assez probans (*Bruxelles*, 29 *mars*, 7 *juin* 1806; *Paris*, 7 *fév.* 1809; *Colmar*, 12 *août* 1814; *Paris*, 6 *févr.* 1819; *Rej.* 1er *juin* 1830). D'ailleurs, la faculté générale d'admettre la preuve peut se trouver limitée par des cas particuliers, si l'acte prétendu omis tendait à prouver un fait dont la loi interdirait la recherche, tel qu'une paternité naturelle, une naissance adultérine, ou si, dans l'espèce, la loi imposait à l'admission de la preuve des conditions préalables. On n'a pu examiner ici que la règle générale : les exceptions trouveront leur place sous les articles spéciaux qui les régissent.

§ IV. *Mesures pour remplacer les registres.*

22. Souvent, au milieu des désastres et des commotions publics, le gouvernement s'est efforcé de réparer la perte des registres.

La révolution avait détruit les registres de l'état civil dans plusieurs départemens, surtout dans l'ouest de la France. Une loi du 2 floréal an III ordonna que, s'il en restait des doubles, le directoire de département en ferait tirer des copies collationnées par deux de ses membres ; et que, si les deux originaux étaient perdus ou détruits, il serait formé, pour chaque commune et par des commissaires, des listes doubles des naissances, des mariages et divorces, et des décès, d'après les renseignemens résultant des papiers de famille, des déclarations des parens ou des étrangers. Chacun pouvait prendre communication de ces listes pendant deux mois, et faire les réclamations et observations nécessaires à leur rectification ; une lecture publique en assemblée générale devait en appeler de nouvelles, et les articles qui n'en auraient souffert aucune, étaient, suivant l'art. 10, *arrêtés* par le commissaire du district, qui les signait avec un officier municipal, et *devenaient dès lors* AUTHENTIQUES. Quant aux articles qui donnaient lieu à réclamation, ils étaient envoyés au greffe du tribunal de district, qui devait prononcer à la diligence du commissaire national, après avoir entendu les parties intéressées, ou elles dûment appelées. Ce n'était qu'après acquiescement ou après les délais d'appel que l'acte avait force probante (*art.* 13 *et* 14). Cette loi a éprouvé des obstacles insurmontables dans son exécution (*Avis du* 13 *nivôse an X*), et l'on ne doit pas s'en étonner.

23. Une ordonnance royale du 9 janvier 1815 a aussi ordonné la recomposition des registres de l'état civil de l'arrondissement et de la ville de Soissons : mais, en imitant une partie de la loi du 2 floréal an III, elle s'est sagement gardée de déroger au Code civil. Elle prescrit de faire des expéditions des doubles encore existans dans les communes, lesquelles, avant d'être déposées au greffe, seront collationnées par le procureur du roi (*art.* 2). Dans le cas de perte des deux originaux, elle institue des commissions dans chaque commune pour dresser en double des registres *conservatoires* de l'état civil (*art.* 3 *à* 6). Les renseignemens ont dû être pris sur les papiers de famille, les registres de paroisses, les documens des dépôts publics, les déclarations des ascendans, des époux, des frères et sœurs, des autres parens ou des anciens de la commune. Les déclarations ont dû être signées par les déclarans (*art.* 7). Enfin, ces registres, déposés au greffe du tribunal de Soissons et aux archives de la commune (*art.* 8), doivent tenir lieu des registres perdus ou détruits, *toutes les fois qu'un acte ne sera pas contesté*; dans le cas contraire, les réclamations seront portées devant les tribunaux (*art.* 9) : de sorte que, par cette ordonnance, on a recueilli tous les renseignemens existans, prévenu, *par la signature* des déclarans, des procès à venir, et cependant ces nouveaux registres ne sont qu'un monument respectable, mais qui ne fait pas une foi complète.

24. M. Hutteau d'Origny (*tit.* 3, *chap.* 2, § 4, *n*o 6 *et suiv.*) rapporte une circulaire du chancelier, du 4 novembre 1814, pour la recomposition des registres détruits. Dans la première partie, ce fonctionnaire s'occupe du cas où l'un des deux doubles est détruit, et l'ordre qu'il donne d'en faire une expédition n'a rien que de conservatoire: néanmoins, s'il existe des registres de cette espèce, les greffiers n'en doivent pas délivrer extrait, si l'original existe dans une commune de leur ressort, car ce ne serait que *copie de copie*, ou du moins, ils sont tenus d'annoncer que leurs extraits sont tirés d'un *registre-copie*. La seconde partie de la circulaire trace, pour la recomposition des registres dont les doubles sont perdus, une procédure judiciaire modelée sur la procédure administrative de la loi de floréal. Il est aisé de comprendre que ce mode, qui consistait à mettre en cause toute une population, et contraignait les réclamans à interjeter appel d'un jugement qu'ils n'avaient actuellement aucun intérêt à provoquer, n'a pas dû trouver plus d'approbateurs que la loi de l'an III.

RENVOIS AUX ARRÊTISTES.

Agen, 9 *germ. an XIII*. — S. an XIII, 2. 145. — P. t. 3e de 1806, p. 12. — N. D. t. 1, 171.
Bruxelles, 29 *mars* 1806. — P. t. 1er de 1807, p. 108.
Bruxelles, 7 *juin* 1806. — S. 1806, 2. 350. — P. t. 1er de 1807, p. 1807, p. 110. — N. D. t. 10, p. 79.
Trèves, 12 *janv.* 1807. — S. 1807, 2. 1120. — P. t. 1er de 1807, p. 428. — N. D. t. 1er, p. 185, où il attribue l'arrêt à la cour de Turin.
Rejet, 12 *mars* 1807. — S. 1807, 1. 261. — D. 1807, 1. 261. — P. t. 2e de 1807, p. 209.
Rejet, 2 *février* 1809. — S. 1809, 1. 221. — D. 1809, 1. 70. — P. t. 1er de 1809, p. 417. — N. D. t. 1, p. 177. M. Merlin date cet arrêt du 2 et les arrêtistes du 5.
Paris, 7 *février* 1809. — P. t. 1er de 1809, p. 281.
Riom, 30 *janvier* 1810. — D. 1811, 2. 78.
Bordeaux, 29 *août* 1811. — S. 1812, 2. 39. — P. t. 1er de 1813, p. 142. — N. D. t. 1er, p. 174.
Bordeaux, 9 *mars* 1812. — S. 1812, 2. 421. — N. D. t. 1er, p. 174.
Rejet, *sect. civ.* 21 *juin* 1814. — S. 1814, 1. 291. — D. 1814, 1. 348. — P. t. 3e de 1814, p. 369. — N. D. t. 1er, p. 180.
Colmar, 12 *août* 1814. — S. 1815, 2. 242. — D. 1815, 2. 110. — P. t. 2e de 1815, p. 280. — N. D. t. 1er, p. 16.
Paris, 6 *février* 1819. — P. t. 1er de 1819, p. 523.
Rejet, *sect. civ.* 22 *déc.* 1819. — S. 1820, 1. 281. — D. 1820, 1, 3. — P. t. 2e de 1820, p. 161. — N. D. t. 1er, p. 178.
Toulouse, 24 *juin* 1820. — S. 1820, 2. 280, — D. 1821, 2. 65. — P. t. 1er de 1821, p. 310.
Agen, 19 *juin* 1821. — P. t. 3e de 1821, p. 398.
Cassation, 4 *fév.* 1822. — S. 1822, 1. 242. — D. 1822, 1. 213. — P. t. 3e de 1822, p. 5. — N. D. t. 1er, p. 184.
Rejet, 12 *déc.* 1827. — S. 1828, 1. 172. — D. 1828, 1. 55. — P. t. 2e de 1828, p. 332.
Rejet, 1er *juin* 1830. — S. 1830, 1. 213. — D. 1830, 1. 278. — P. t. 3e de 1830, p. 137.

ARTICLE 47.

Tout acte de l'état civil des Français et des étrangers, fait en pays étranger, fera foi, s'il a été rédigé dans les formes usitées dans ledit pays.

SOMMAIRE.

1. *Ce que prouvent les actes faits à l'étranger.*
2. *Jurisprudence. Renvoi.*

1. Cet article règle la foi due aux actes de l'état civil, soit des Français entre eux, soit des étrangers seulement, soit des Français avec les étrangers, reçus par les officiers étrangers.

Revêtus des formes exigées par la loi ou par l'usage du pays où ils ont eu lieu, ils sont *authentiques* en France, en ce sens qu'ils font pleine foi de leur contenu (M. Merlin, *Quest. de droit, mot Authentique*, § 2, *et Mariage*, § 7, où il cite Mornac *in leg.* 8. *de rit. nupt.*, Boullenois, *Stat. réels et pers. t.* 1, *p.* 495, et Bouhier *sur Bourgogne, ch.* 28, *n*o 59; *Rép. mot Etat civil*, § 2, *sur l'art.* 47, *n*o 1).

Mais la loi ne dit pas, comme dans l'article suivant, que les actes *seront valables*, parce que la validité des actes ne dépend pas uniquement de l'observation des formes; elle dépend aussi de l'observation des lois *personnelles* de la patrie des contractans. L'axiome *locus regit actum* est une règle du droit des gens, qui ne peut atténuer le pouvoir que la loi française conserve hors son territoire sur l'état et sur la capacité personnelle des Français (*C. civ. art.* 3); ainsi, il est permis en France de contester la validité d'un acte de l'état civil passé en pays étranger, quoiqu'il fasse pleine foi du fait qu'il certifie (M. Merlin, *Répert. Etat civil*, § 2, *n*o 4 *sur l'art.* 47, *et Jugement*, § 7 *bis*).

2. Donc, si aucune loi personnelle n'empêche la validité de l'acte passé en pays étranger par un officier de ce pays, il faudra consulter uniquement les lois locales pour statuer sur sa validité; ainsi ont été déclarés valables, parce que les lois du pays n'en prononçaient pas la nullité, un mariage contracté en Suisse suivant le rit protestant, malgré le défaut de publications et l'absence de témoins (*Trèves*, 2 *déc.* 1811); un mariage célébré en Prusse (*Colmar*, 25 *janv.* 1823); un autre célébré à la Havane (*Rej.* 16 *juin* 1829), quoique les actes n'étaient signés ni des parties ni des témoins. Il y a plus: si l'usage du pays a fait obstacle à ce que ces actes fussent rédigés par écrit, ou consignés sur des registres, on rentre dans les termes de l'art 46, et l'impossibilité d'avoir eu un acte écrit une fois prouvée, on peut être admis à prouver par registres et papiers des pères et mères décédés, ou par témoins, l'existence des naissances, mariages et décès (M. Merlin, *ibid. Rejet*, 8 *juin*

1809, 7. *sept.* 1809, *Paris*, 9 *août* 1813). On reviendra spécialement sur cette matière sur l'art. 170 au titre *du Mariage*.

RENVOI AUX ARRÊTISTES.

TRÈVES, 2 *déc.* 1811. — P. t. 2e de 1812, p. 427.
PARIS, 9 *août* 1813. — S. 1813, 2. 310. — P. t. 3e de 1813, — p. 419.
REJET, 8 *juin* 1809. — S. 1809, 1. 373. — D. 1809, 1. 263. — P. t. 2e de 1809, p. 173. — N. D. t. 10, p. 74.
REJET, 7 *sept.* 1809. — S. 1807, 2. 927. — N. D. t. 10, p. 75.
COLMAR, 25 *janv.* 1823. — S. 1824, 2. 156. — D. 1824, 2. 36. — P. t. 2e de 1823, p. 118. — N. D. t. 1. 192.
REJET, 16 *juin* 1829. — S. 1829, 1. 261. — D. 1829, 1. 272.

ARTICLE 48.

Tout acte de l'état civil des Français en pays étranger sera valable, s'il a été reçu, conformément aux lois françaises, par les agens diplomatiques ou par les consuls.

SOMMAIRE.

1. *Deux modes pour constater l'état civil des Français à l'étranger.*
2. Quid, *avant le Code civil?*
3. *Cas où un étranger est partie à l'acte.*
4. *Obligations des agens diplomatiques et commerciaux à l'étranger.*

1. Les Français ont à l'étranger deux moyens de faire constater leur état civil, ou par les officiers du pays, ou par les agens diplomatiques et commerciaux de leur nation. Dans l'un et l'autre cas, quand il ne s'agit de l'état civil que des Français, les actes sont également valables (M. THIBAUDEAU, *Exp. des motifs*; M. SIMÉON, *Rapp.*; M. CHABOT, *Disc. au C. législ.*; M. MERLIN, *Rép. mot Mariage, sect.* 4, § 2, *n°* 9, *in fin.*; M. TOULLIER, *t.* 1, *nos* 310 *et* 576; M. DURANTON, *t.* 2, *n°* 234; nonobstant FAVARD DE LANGLADE, *Répert. mot Mariage, sect.* 3, § 2, *n°* 11); mais devant les ambassadeurs et les consuls français, ils doivent être reçus conformément aux lois françaises.

2. Avant le Code civil, aucune loi n'avait conféré textuellement aux agens diplomatiques et commerciaux le droit de recevoir les actes de l'état civil : cependant l'usage s'en était introduit depuis la loi de 1792, et n'était qu'une suite de celui des Français résidans dans les pays non catholiques de faire bénir leurs mariages par l'aumônier de la chapelle de l'ambassadeur de leur nation (POTHIER, *Cont. de mariage*, *n°* 363) qui tenait le registre des naissances, mariages et décès (DELAPORTE, *Pand. franç. sur l'art. V.* en outre *arrêt du P. de Paris du* 15 *mars* 1672, cité par BRODEAU *sur Louet, lett. M. som.* 6, *n°* 48). Le conseil d'Etat, consulté, avant l'émission du Code civil, sur la validité des actes reçus par les commissaires des relations commerciales de la république (les consuls seulement), fut d'avis que l'ordonnance de 1681 et les lois et règlemens qui ont déterminé les attributions des agens commerciaux de France à l'étranger, n'y avaient pas compris les actes de l'état civil, parce qu'alors les ministres des cultes étaient exclusivement chargés de les recevoir; mais que depuis, la loi du 20 septembre 1792 ayant confié à l'autorité civile la rédaction de ces actes, LES AGENS de la république à l'étranger (ce qui comprend les ambassadeurs et les consuls) avaient PU ET DU les recevoir suivant les formes et les conditions prescrites par les lois, par trois motifs : 1° parce que l'obstacle qui s'y opposait dans l'ancienne législation ne subsistait plus; 2° que cette attribution résultait assez de l'étendue et de la nature de leurs fonctions, qui comprennent la juridiction et la réception de tous actes et contrats; 3° qu'il est juste et conforme aux lois sur la liberté des cultes de faire jouir les Français qui se trouvent en pays étranger du bénéfice de la loi civile nationale (*Avis du* 4 *frim. an XI, approuvé le* 11, *S. an XI*, 2. 97; *D. an XIII*, 2. 96). Cet avis ne peut être consulté que comme raison écrite, et n'a pas été inséré au *Bulletin des lois*, peut-être parce que sa solution est rétroactive, et qu'on a préféré laisser aux tribunaux à se prononcer.

3. En aucun cas, les ambassadeurs ni les consuls ne peuvent recevoir les actes de l'état civil des étrangers, ni un acte de l'état civil entre Français et étrangers, nos lois et nos agens n'ayant de pouvoir que sur les nationaux (*Cass.* 10 *août* 1819, affaire Gaudin, *et* en outre M. MERLIN, *Rép. Etat civil*, § 2, *n°* 3 *sur* 47; M. DURANTON, *t.* 2, *n°* 235).

4. Quant aux formes, les agens diplomatiques et les consuls sont en général assujettis à toutes celles prescrites par le Code civil pour les officiers de l'état civil en général; ils inscrivent les actes, non sur les registres ordinaires des chancelleries diplomatiques et consulaires, mais sur des registres particuliers tenus doubles, cotés et paraphés par eux (*Circul. du min. des aff. étr. du* 8 *août* 1814); un des doubles registres reste à la chancellerie; l'autre est envoyé chaque année au ministre des affaires étrangères. Enfin, le ministre a prescrit aux agens extérieurs de lui adresser une expédition des actes qu'ils auraient reçus pour être par lui transmise aux officiers de l'état civil du domicile de chaque partie (*même circul.*; M. HUTTEAU D'ORIGNY, *tit.* 3, *ch.* 5, *n°* 16 *et suiv.*).

RENVOI AUX ARRÊTISTES.

CASS. 10 *août* 1819. — S. 1819, 1. 492. — D. 1819, 1. 478. — P. t. 1er de 1820, p. 193

ARTICLE 49.

Dans tous les cas où la mention d'un acte relatif à l'état civil devra avoir lieu en marge d'un autre acte déjà inscrit, elle sera faite, à la requête des parties intéressées, par l'officier de l'état civil, sur les registres courans ou sur ceux qui auront été déposés aux archives de la commune, et par le greffier du tribunal de première instance, sur les registres déposés au greffe; à l'effet de quoi l'officier de l'état civil en donnera avis, dans les trois jours, au procureur du roi près ledit tribunal, qui veillera à ce que la mention soit faite d'une manière uniforme sur les deux registres.

SOMMAIRE.

1. *Mode d'exécution.*

1. Cet article est purement réglementaire.

Les mentions marginales ont pour objet principal d'indiquer, auprès d'un acte qui contenait une erreur ou une omission, l'existence de l'acte rectificatif, et le registre et le feuillet où il est inscrit (*V. l'art.* 101). Elles ont encore pour objet de faciliter la recherche des actes qui ont entre eux quelque corrélation (*V. l'art.* 62).

Les motifs qui ont déterminé le législateur à faire tenir en double les registres de l'état civil s'appliquent nécessairement aux notes marginales: en conséquence, si la mention doit avoir lieu sur les registres de l'année courante, le maire la portera dans les mêmes termes sur les deux doubles qui sont en sa possession; si c'est sur un registre antérieur, le maire fera la rectification sur le double déposé aux archives de la commune, et enverra dans les trois jours, au procureur du roi, une copie littéralement exacte de la mention qu'il a opérée, afin que ce magistrat exerce la surveillance prescrite par l'art. 49 sur la mention qui en sera faite au greffe (LAGARDE, *Inst. gén. n°* 366).

ARTICLE 50.

Toute contravention aux articles précédens de la part des fonctionnaires y dénommés, sera poursuivie devant le tribunal de première instance, et punie d'une amende qui ne pourra excéder cent francs.

SOMMAIRE.

1. *Les officiers du parquet sont-ils compris dans cet article?*
2. *Pourquoi l'article ne parle pas des dommages-intérêts des parties.*
3. *Quel est le tribunal compétent.*
4. *Les officiers de l'état civil peuvent être assignés sans autorisation préalable.*

1. De quels fonctionnaires entend parler l'art. 50? Selon nous, des officiers de l'état civil seulement, des personnes qui en remplissent les fonctions et des dépositaires des registres. Selon M. Toullier (*t.* 1, *n°* 312), M. Malleville (*sur l'art.* 53), et M. Hutteau d'Origny (*tit.* 10, *ch.* 1er, § 1er, *n°* 7, *et* § 2, *n°* 14), les procureurs du roi eux-mêmes y sont compris, ce qui résulterait de ce que *ces fonctionnaires sont dénommés* dans l'art. 49, et de ce qui s'est passé au conseil d'Etat (*séance* INÉDITE *du* 22 *fruct. an X*). M. Lacuée y fit remarquer que les termes absolus de l'article paraîtraient s'appliquer aux commissaires du gouvernement à raison des fonctions qui leur sont confiées par l'art. 49, et exprima la crainte qu'une telle disposition ne portât atteinte à la dignité du caractère dont ils sont revêtus. Le consul Cambacérès dit que, suivant les anciennes ordonnances, les juges étaient soumis à des amendes lorsqu'ils se montraient négligens dans l'exercice de leurs fonctions; M. Béranger ajouta que la loi perdrait sa force par une dispense de l'exécuter, et l'article fut adopté.

D'après cette discussion, il n'est pas permis de douter que telle ait été l'intention des interlocuteurs; mais M. Lacuée n'avait fait aucune proposition; et les autres membres du conseil ont pu penser que l'article n'avait pas une portée aussi étendue. En effet, le ministère public est indépendant du pouvoir judiciaire, et le magistrat auquel un tribunal ne peut adresser une injonction descendrait de son siége pour entendre, par le tribunal même où il porte la parole, sa condamnation à une amende civile, faute de vigilance dans une mention! Cette solution a quelque chose de ridicule en soi qui force à y résister.

Ce n'est pas tout: puisqu'on tire cette solution des termes rigoureux de l'article, il faudra donc condamner à cent francs d'amende le président du tribunal qui aura omis de parapher une partie du registre, car il est au nombre des fonctionnaires dénommés dans les articles précédens; et, à l'égard du procureur du roi, il faudra borner l'amende au cas exprimé par l'art. 49, et ne pas l'appliquer à l'art. 53 qui le suit, et qui traite d'une surveillance générale bien plus étendue. D'ailleurs, aux termes de l'art. 53, c'est le procureur du roi qui dénonce les contraventions et requiert la condamnation aux amendes. Qui le dénoncera et requerra contre lui?

Il faudrait du moins, pour constituer une contravention de sa part, qu'il fût chargé *de faire faire* la mention. Or, il résulte de l'art. 49 qu'elle doit être faite sur *les deux* registres à la requête de la partie intéressée. Tout ce que doit faire le procureur du roi, c'est de transmettre au greffier l'extrait qu'il a reçu de l'officier local ou sa copie. L'article n'exige ni ne pouvait exiger qu'il assistât en personne à la rectification. Si le greffier l'a faite d'une manière inexacte, soit parce qu'il n'aura pas pris sur ce point les instructions du parquet, soit parce qu'il ne s'y sera pas conformé, le greffier seul encourra l'amende.

2. Dans cet article il s'agit plus de discipline que d'intérêts privés (DELAPORTE, *Pand. franç. sur l'art.*) : ce qui nous semble la vraie raison pour laquelle on n'a pas parlé ici des dommages-intérêts des parties. Leur donner textuellement une action, c'eût été préjuger que les contraventions des officiers de l'état civil leur pouvaient être préjudiciables, et entrer dans la doctrine des nullités qu'on a voulu éviter. Aussi l'amendement, « sans préjudice de peines plus graves, s'il y a lieu, et des « dommages-intérêts des parties », adopté d'abord au Conseil (*séance du 6 fruct. an IX*), a-t-il été reporté à l'art. 52 dans la rédaction définitive.

3. Les poursuites ont lieu devant le tribunal civil, et non devant le tribunal de police correctionnelle : c'est ce qui résulte du texte et d'un avis du conseil d'État du 4 pluviôse an XII, d'où la conséquence que ces contraventions sont de véritables contraventions *civiles*, ne sont en rien réglées par le Code pénal, pas même pour la prescription, et que l'action du ministère public en condamnation de ces amendes dure trente ans (Analogie : *Rejet, 30 juin* 1814, pour amendes encourues par contraventions à la loi sur le notariat).

4. Les maires, comme administrateurs, ne peuvent être cités en justice qu'avec l'autorisation du gouvernement : mais ils perdent cette garantie comme officiers de l'état civil; car, sous ce rapport, ils ne sont point agens du gouvernement (*Avis du 28 juin* 1806; *Cass. 3 sept.* 1807). Cette décision ne se borne pas au cas de l'art. 50; elle s'étend à toutes les demandes qui sont formées contre les officiers de l'état civil en leur qualité, soit par les parties intéressées, soit par le procureur du roi. Cependant un avis du conseil d'État du 31 juillet 1806 autorise le ministre de la justice à arrêter les poursuites intentées par les procureurs impériaux qui n'auraient pas pour objet des négligences vraiment coupables par leur gravité : de sorte que l'exécution de la loi est sacrifiée au besoin de ne pas rebuter les maires chargés de cette fonction gratuite.

ARTICLE 51.

Tout dépositaire des registres sera civilement responsable des altérations qui y surviendront, sauf son recours, s'il y a lieu, contre les auteurs desdites altérations.

SOMMAIRE.

1. *Objet de l'article.*
2. *A quels faux s'étend la responsabilité.*

1. Veiller à la garde de la chose déposée est une obligation commune à tous les dépositaires; mais elle est plus étroite encore pour les dépositaires publics, dont le ministère est nécessaire. Il s'agit dans l'article de *toute espèce d'altérations*, même de celles qui proviendraient d'un accident que la prudence de l'officier public aurait dû prévenir. Il n'a que la faible ressource d'un recours incertain contre l'auteur des altérations.

2. L'expression générique *altérations* comprend nécessairement les faux qui auront été commis sur les registres depuis la confection des actes : mais comme l'art. 51 ne s'occupe que des circonstances dans lesquelles l'officier de l'état civil est responsable du fait d'autrui, il n'a pas dû se servir du mot *faux*, qui s'étendrait aux fausses déclarations, dont le dépositaire ne peut répondre.

ARTICLE 52.

Toute altération, tout faux dans les actes de l'état civil, toute inscription de ces actes faite sur une feuille volante et autrement que sur les registres à ce destinés, donneront lieu aux dommages-intérêts des parties, sans préjudice des peines portées au Code pénal.

SOMMAIRE.

1. *Dommages-intérêts; faux. Jurisprudence*, à la note.
2. *De l'inscription sur feuille volante ou sur d'autres registres : peines.*
3. *Quelle foi est attachée aux actes en ces circonstances. Renvoi.*

1. L'art. 52 prévoit à la fois la culpabilité de l'officier de l'état civil et des tiers. Les altérations et les faux donnent lieu aux dommages-intérêts des parties contre l'auteur du crime quand il est connu, et contre le dépositaire des registres, lorsqu'il est civilement responsable aux termes de l'art. 51 (*V. le n° 2 sur l'art. précéd.*). Le faux est d'ailleurs puni conformément aux art. 145, 146, 147 et 148 du Code pénal, des travaux forcés à perpétuité contre l'officier public, et des travaux forcés à temps contre les particuliers qui l'auront commis ou qui auront fait sciemment usage de l'acte faux (*).

2. L'art. 42 ordonne d'inscrire les actes sur les registres; l'art. 52 soumet aux dommages-intérêts des parties les officiers de l'état civil pour toute inscription de ces actes faite sur une feuille volante ET *autrement que* sur les registres à ce destinés.

Ce sont ici deux fautes différentes.

L'inscription sur une feuille volante est un véritable délit que les lois ont toujours réprimé : la déclaration de 1736 (*art.* 9), par des procédures extraordinaires contre les curés et une condamnation à l'amende ou à plus grande peine, suivant l'exigence des cas; la loi de 1792 (*tit.* 2, *art.* 5), par une amende de 100 livres, la destitution de l'officier et la privation pendant dix ans de la qualité et des droits de citoyen actif, genre de peine analogue au délit qui a compromis l'état d'autrui; et le Code pénal (*art.* 192), par un emprisonnement d'un mois au moins et de trois mois au plus, et par une amende de 16 fr. à 200 fr.

L'inscription faite *autrement* que sur les registres à ce destinés n'est qu'une contravention du nombre de celles prévues et réprimées par l'art. 50. Ces mots ont été introduits dans la loi à cause des inconvéniens que produisait, sous la loi de 1792, la multiplicité de registres dans les petites communes. Il en est résulté des lacunes, parce que les actes d'une nature étaient souvent portés sur des registres destinés à recevoir d'autres actes (*V. l'art.* 40; DELAPORTE, *Pand. franç. n*° 36, *sur l'art.* 52).

3. Quelle sera la foi due aux actes portés sur une feuille volante ou sur des registres qui devraient contenir une autre classe d'actes? La loi garde encore le silence sur ce point, d'après le système du conseil d'Etat de ne point toucher à la matière des nullités.

Il semble que les actes portés sur des registres

(*) La matière du faux n'entre pas dans le plan de cet ouvrage; elle appartient au droit criminel : cependant tout s'enchaîne dans la science du droit, et nous ne pouvons passer ici sous silence de nombreux arrêts rendus sur les faux commis relativement aux actes de l'état civil, et qui caractérisent l'étendue de la foi qui leur est due.

Pour qu'il existe un faux en écritures authentiques, il ne suffit pas qu'un acte contienne une falsification, une énonciation mensongère : il faut encore que cette falsification, cette énonciation contraire à la vérité, ait été faite frauduleusement, et qu'elle soit de nature à nuire à quelqu'un : ce qui ne peut arriver que lorsque la falsification ou l'énonciation fausse devrait prouver par elle-même le fait qu'elle énonce, si la fausseté n'en était pas découverte.

De ces principes ont découlé les décisions suivantes :

L'antidate dans la publication de mariage d'un conscrit rappelé par un sénatus-consulte ne constitue pas en soi un faux, puisque la seule publication ne suffisait pas pour le dispenser de service (*Cass. sect. crim.* 13 *oct.* 1809). L'antidate dans l'acte de célébration en eût été un, parce que la célébration antérieure à la publication des sénatus-consultes de rappel dispensait du service militaire. En général, la date des actes est un des faits substantiels qui les constituent, et l'altération de cette date est un faux (*Cass. int. de la loi, sect. crim.* 25 *juin* 1812).

On n'a pas prononcé les peines du faux contre un homme qui, voulant épouser sa parente à un degré prohibé, avait fabriqué de fausses dispenses ecclésiastiques (*Cass. sect. crim.* 28 *avril* 1809); contre un individu qui, voulant faire passer pour légitime un commerce scandaleux, avait représenté un faux acte de bénédiction nuptiale (*Cass. sect. crim.* 13 *oct.* 1809, affaire Gabriel); contre une femme qui, impatiente de l'absence de son mari militaire, avait produit un acte de décès signé du nom d'un prétendu prêtre desservant un hôpital français en Espagne, ni contre l'auteur de ce faux certificat (*Cass. sect. crim.* 17 *août.* 1813); car les dispenses ecclésiastiques étaient sans force contre les prohibitions de la loi civile, et les directeurs des hôpitaux militaires à l'étranger ont seuls caractère pour constater les décès qui y arrivent (*art.* 97); tandis que la fabrication d'un acte civil de mariage par un conscrit réfractaire pour se mettre à l'abri des recherches (*Cass. sect. crim.* 24 *mars* 1806), ou l'insertion sur les regisntres de l'état civil, par le maire, de l'acte d'un mariage non existant pour dérober le conscrit à l'appel (*Rej. sect. crim.* 4 *mai* 1810) étaient des faux en écriture publique.

Aucun texte n'exigeant que dans l'acte de naissance il soit déclaré si le père et la mère sont unis par les liens du mariage, et cet acte devant servir de preuve à la filiation et non à la légitimité, il n'y a pas de faux dans la déclaration faite par le père d'un nouveau-né que la mère de l'enfant est son épouse, quoiqu'elle ne soit que sa concubine (*Cass. sect. crim.* 18 *brum. an XII*; *Rej.* 5 *févr.* 1808); ni de la part d'une mère qui donne mission à une sage-femme de déclarer que l'enfant est fils légitime d'elle et d'un tel, quoique le père prétendu fût marié à une autre femme (*Cass. sect. crim.* 20 *juillet* 1809). Mais l'époux adultère qui déclare né de lui et de son épouse l'enfant qu'il a eu d'une autre femme est coupable de faux (*Arg. de deux arrêts de rejet, sect. crim.* 10 *messid. an XII, et* 9 *févr.* 1810; M. DURANTON, *t.* 1, *n*° 307 *à la note*), car cette déclaration donne authentiquement à l'enfant une filiation autre que la véritable. C'est encore un faux que de déclarer, même à la prière d'une fille récemment accouchée, que son enfant est né d'une autre personne (*Rej. sect. crim.* 30 *prair. an X*; M. MERLIN, *Rép. mot faux*, *sect.* 1re, § 2; mais *V.* M. DURANTON, *n*° 307).

Par la même raison, comme l'énonciation des rapports de parenté entre la personne décédée et sa famille n'est pas d'une nécessité substantielle dans les actes de décès, la fausseté de ces énonciations ne serait pas un faux criminel (*Cass sect. crim.* 28 *juillet* 1808), surtout si elles eussent été faites sans intention coupable : mais la fausse déclaration du décès d'une personne pour une autre serait un faux punissable.

Il est encore évident qu'il y a faux toutes les fois qu'on comparait aux actes de l'état civil sous le nom d'un autre, car ils sont destinés à constater la présence des comparans. Ainsi, il y a faux en écritures publiques de la part de celui qui, en faisant inscrire l'acte de naissance d'un enfant, prend et signe faussement le nom du mari de la mère (*Rej. sect. crim.* 28 *déc.* 1809); de celui qui, dans l'acte de naissance de son enfant naturel, prend et signe, à dessein de nuire, le prénom de son frère (*Rej. sect. crim.* 5 *févr.* 1808), et des personnes qui comparaîtraient à un acte de mariage sous le nom des père et mère de l'un des époux, pour y donner consentement (*Cass. sect. crim.* 12 *juin* 1807; *Rej. sect. crim.* 7 *juillet* 1814).

de l'état civil autres que ceux destinés à les recevoir doivent faire foi par eux-mêmes; car l'erreur et le désordre n'enlèvent pas à l'officier son caractère public, et les actes n'en sont pas moins confiés à des registres authentiques dont il est impossible de les séparer.

La question est plus délicate relativement aux actes portés sur des feuilles volantes : car on manque alors de la garantie de date certaine que donne la succession des actes dans un registre public, et ce n'est qu'aux extraits *conformes aux registres* que la loi a ajouté foi (*art.* 45). Mais nous avons vu que le législateur n'avait voulu prononcer aucune nullité pour l'omission des formalités, même substantielles, qu'il avait abandonné à la prudence des magistrats tout ce qui s'écarterait des prescriptions de la loi, et nous pensons qu'il en est de même pour cette inscription irrégulière. Evidemment, la présence d'un acte inscrit sur une feuille détachée est, tant qu'il n'est pas soupçonné de faux, une preuve de son omission sur le registre, et nous avons vu (*Comm. sur l'art.* 46, *n*o 19 *à* 21) que les omissions n'étaient pas irréparables. Cette doctrine ne paraît pas susceptible de difficultés sérieuses pour les naissances et les décès; mais à l'égard des mariages, les art. 194 et suivans compliquent la difficulté : c'est aussi le lieu où nous l'examinerons.

RENVOIS AUX ARRÉTISTES.

Rejet, *sect. crim.* 30 *prair. an X.* — Rép. de M. Merlin, mot *faux*, sect. 1re, § 2.

Cass. *sect. crim.* 18 *brum. an XII.* — S. an XII, 2. 44. — D. an XII, p. 135. — P. t. 1er de l'an XIII, p. 43. — N. D. t. 8, p. 337.

Rejet, *sect. crim.* 10 *mess. an XII.* — S. an XII, 2. 281. — P. t. 1er de l'an XIII, p. 180. — N. D. t. 8, p. 599.

Cass. *sect. crim.* 24 *mars* 1806. — S. 1806, 2. 562. — D. 1806, 1. 411. — P. t. 2e de 1806, p. 420. — N. D. t. 8, p. 343.

Cass. *sect. crim.* 12 *juin* 1807. — S. 1807, 2. 253. — N. D. t. 8, p. 347.

Rejet, *sect. crim.* 5 *févr.* 1808. — S. 1809, 1. 88. — D. 1808, 1. 306. — P. t. 2e de 1808, p. 342. — N. D. t. 8, p. 349.

Cass. *sect. crim.* 28 *juillet* 1808. — S. 1812, 1. 176. — D 1809, 2. 101. — N. D. t. 8, p. 351.

Cass. *sect. crim.* 28 *avril* 1809. — S. 1809, 1 428. — P. t. 3e de 1809, p. 423. — N. D. t. 8, p. 353.

Cass. *sect. crim.* 20 *juillet* 1809. — S. 1810, 1. 216. — D. 1810, 1. 143. — N. D. t. 8, p. 354.

Cass. *sect. crim.* 13 *oct.* 1809. — S. 1817, 1. 94.

Cass. *sect. crim.* 13 *oct.* 1809, affaire Gabriel. — S. 1810, 1. 306. — D. 1810, 1. 413. — N. D. t. 8, p. 398.

Rejet, *sect. crim.* 28 *déc.* 1809. — S. 1811, 1. 14. — D. 1811, 1. 119. — P. t. 2e de 1811, p. 73. — N. D. t. 8, p. 355.

Rejet, *sect. crim.* 9 *févr.* 1810. — S. 1811, 1. 57. — N. D. t. 8, p. 600.

Rejet, *sect. crim.* 4 *mai* 1810. — S. 1811, 1. 249.

Cass. *sect. crim.* 25 *juin* 1812. — S 1813, 1. 62. — P. t. 1er de 1813, p. 587. — N. D. t. 8, p. 359.

Rejet, *sect. crim.* 7 *juillet* 1814. — S. 1814, 1. 274. — P. t. 3e de 1814, p. 405. — N. D. t. 8, p. 359.

Cass. *sect. crim.* 17 *août* 1815. — S. 1815, 1. 297. — D. 1815, 1. 540. — P. t. 1er de 1816, p. 81. — N. D. t. 8, p. 365.

ARTICLE 53.

Le procureur du roi au tribunal de première instance sera tenu de vérifier l'état des registres lors du dépôt qui en sera fait au greffe; il dressera un procès-verbal sommaire de la vérification, dénoncera les contraventions ou délits commis par les officiers de l'état civil, et requerra contre eux la condamnation aux amendes.

SOMMAIRE.

1. *Ordonnance qui règle le mode de vérification.*
2. *Si les procureurs du roi peuvent faire réparer les actes par les parties intéressées.*
3. *Quel tribunal connaît des délits commis dans la tenue des registres.*

1. Cette vérification doit être faite dans les quatre premiers mois de chaque année. Le procès-verbal qui la constate est divisé par cantons, et subdivisé par communes et par nature de registres; il désigne les actes défectueux par le numéro correspondant du registre dont ils font partie, et indique les contraventions en énonçant les articles du Code civil dont les dispositions ont été violées (*Ord. du* 26 *nov.* 1823, *art.* 1er, *B.* 640). Les procès-verbaux de vérification doivent être adressés dans la première quinzaine du mois de mai aux procureurs-généraux, qui les transmettent avec leurs observations au garde-des-sceaux dans la première quinzaine du mois suivant (*art.* 2). Aussitôt que la vérification est terminée, le procureur du roi adresse aux officiers de l'état civil de son arrondissement des instructions sur les contraventions commises dans les actes de l'année précédente, et sur les moyens de les éviter, et envoie copie de ces instructions au procureur-général (*art.* 3). Les procureurs du roi pourront, lorsqu'ils le jugeront nécessaire, se transporter sur les lieux et vérifier les registres de l'année courante; ils pourront, dans le même cas, déléguer le juge de paix du canton dans lequel sera située la commune dont les registres devront être vérifiés (*art.* 5). A cette ordonnance est annexé un modèle de procès-verbal qui énumère les diverses contraventions, et dont la clôture annonce que le procureur du roi, par une lettre d'instruction, « a indiqué à l'officier

de l'état civil celles des irrégularités commises qui *peuvent* et DOIVENT être réparées, tant par son fait que par celui des parties, déclarans et témoins, sans nuire à la substance de l'acte. Une note ajoutée à ce modèle porte en outre que si le procureur du roi s'est transporté dans la commune, le procès-verbal énoncera qu'il a fait appeler près de lui l'officier de l'état civil et les personnes intéressées auxdits actes, tant comme parties que comme déclarans et témoins, et fait réparer et régulariser en leur présence ceux des actes défectueux qui ont pu être régularisés par leur fait et sans nuire à la substance des actes. »

2. De pareilles prescriptions sont au moins imprudentes. Si elles étaient exécutées, elles bouleverseraient tout le système des actes de l'état civil; elles transformeraient les membres du parquet en juges souverains tant des irrégularités substantielles et de celles qui ne le sont pas, que des personnes qui doivent être ou n'être pas appelées à cette réparation *officieuse* d'actes prétendus irréguliers. Quand un acte est clos, que les parties, les déclarans et les témoins se sont retirés, rien n'y peut plus être changé, même du consentement des parties.

Et si l'on remarque que, dans l'hypothèse du transport du procureur du roi sur les lieux, la clôture indiquera généralement qu'il y a eu des changemens opérés, sans désigner ni quels actes ont été corrigés, ni quelles corrections ont été faites, on reconnaîtra qu'un pareil mode jettera de l'incertitude sur tous les actes d'un registre vérifié ; tous les renvois deviendront suspects : les signatures elles-mêmes auront-elles été apposées lors de la rédaction, ou seront-elles dues à l'influence d'un magistrat toujours puissant?

« Cette vérification ne donne pas au procureur « du roi ni au tribunal le droit de rien changer « d'*office* à l'état des registres; ils doivent demeu- « rer avec leurs *omissions*, leurs *erreurs* et leurs « *imperfections* : il serait du plus grand danger « que, même SOUS LE PRÉTEXTE de *régulariser*, de « *corriger* ou de *perfectionner*, aucune autorité pût « porter la main sur les registres (M. THIBAU- « DEAU, *Exp. des motifs*). » — « Le commissaire « du gouvernement dénoncera et poursuivra les « contraventions, non pour les faire réparer : *il* « *faut*, dans une matière aussi délicate, *attendre* « la réquisition des parties intéressées; mais il « fera punir l'officier négligent, pour le ramener à « l'observance de ses devoirs (M. SIMÉON, *Rapp.*). »

Si les contraventions sont poursuivies devant les tribunaux civils (*v. n*o 3, *sur l'art.* 50), il n'en est pas de même des délits qui sont de la compétence des tribunaux correctionnels.

3. M. Duranton (*t.* 1, *n*o 281) attribue aux Cours royales la connaissance des délits commis dans la tenue des registres. Le savant professeur n'indique pas le texte sur lequel il appuie sa décision : ce ne peut être ni l'art. 10 de la loi du 20 avril 1810 qui s'arrête aux préfets dans la nomenclature qu'elle présente de hauts fonctionnaires auxquels elle applique l'art. 479 du Code d'instruction criminelle; ce ne peut être cet art. 479, qui ne parle que des délits commis hors de l'exercice de leurs fonctions par des membres de l'ordre judiciaire; ce ne peut être enfin l'art. 483 du même Code, qui attribue à la Cour royale la connaissance des délits que les juges de paix ou de police..... et les officiers de police judiciaire sont prévenus d'avoir commis dans l'exercice de leurs fonctions; car, si les maires sont juges de police en certains cas, s'ils sont officiers de police judiciaire, leur qualité d'officiers de l'état civil est totalement indépendante de ces fonctions. C'est donc le tribunal de première instance, jugeant correctionnellement, qui seul doit connaître des délits à eux imputés dans la tenue des registres.

ARTICLE 54.

Dans tous les cas où un tribunal de première instance connaîtra des actes relatifs à l'état civil, les parties intéressées pourront se pourvoir contre le jugement.

SOMMAIRE.

1. *Qu'entend l'article par* parties intéressées?
2. *Les officiers de l'état civil peuvent appeler des jugemens sur les contraventions.*

1. Les parties intéressées sont celles avec qui le jugement est rendu, puisqu'il ne peut être opposé aux autres (*art.* 100). Le sens de l'article est donc que le jugement est susceptible d'appel, pourvu qu'il soit interjeté dans les délais (DELAPORTE, *Pand. fr. sur l'art.*).

2. Par sa généralité, l'art. 54 paraît embrasser même le cas où l'officier de l'état civil est poursuivi en condamnation de l'amende de 100 francs pour contravention (M. TOULLIER, *t.* 1, *n*o 312, 1er *alin.*; M. DURANTON, *t.* 1, *n*o 281; DELAPORTE, *Pand. fr. sur l'art.*). En effet, pour prononcer l'amende, le tribunal doit juger principalement que l'acte contient une contravention, et par conséquent connaître d'un acte de l'état civil, au moins quant à la forme.

CHAPITRE II.

Des Actes de naissance.

ARTICLE 55.

Les déclarations de naissance seront faites, dans les trois jours de l'accouchement, à l'officier de l'état civil du lieu : l'enfant lui sera présenté.

SOMMAIRE.

1. *Lois successives sur le délai des déclarations.*
2. *Le jour* à quo *n'est pas compris dans le délai.*
3. *Peut-on recevoir la déclaration après le délai, sans jugement préalable?*
4. *La déclaration tardive fait-elle foi du jour de la naissance,*
5. *Et des autres énonciations?*
6. *Présentation de l'enfant.*

1. L'ordonnance de 1667 n'avait pas fixé de délai pour les déclarations de naissance; mais les protestans, qu'une fiction légale supposait convertis, ne présentant pas leurs enfans au baptême des prêtres catholiques, une déclaration du 14 mai 1724, registrée le 31, ordonna à *tous* les sujets du roi de faire baptiser leurs enfans dans les églises des paroisses où ils demeuraient, dans les vingt-quatre heures après leur naissance, à peine contre les contrevenans de condamnations d'amende, même de plus grandes peines, suivant l'exigence du cas. La loi du 20 septembre 1792 (*tit.* 3, *art.* 5) prononça aussi la peine de deux mois de prison contre les personnes chargées de faire la déclaration, mais ne détermina pas de délai. On reconnut bientôt que la loi était incomplète, et le décret du 19 décembre même année fixa ce délai à trois jours, et porta la peine jusqu'à deux mois de prison pour la première fois et à six mois en cas de récidive. Les rédacteurs du Code civil pensèrent que les dissensions religieuses et politiques qui avaient fait dissimuler tant de naissances n'existant plus, on pouvait fixer le délai sans établir une peine (*Exp. des motifs et Disc. de* M. CHABOT). Mais la crainte de voir leurs enfans enlevés par la conscription inspira bientôt aux parens les mêmes dissimulations; en conséquence, le Code pénal (*art.* 346) punit d'un emprisonnement de six jours à six mois, et d'une amende de seize francs à trois cents francs, toute personne qui, ayant assisté à un accouchement, n'aura pas fait la déclaration à elle prescrite par l'art. 56 du Code civil, et *dans les délais fixés* par l'art. 55 du même Code (M. MERLIN, *mot Déclaration de naissance*, § 1 *au Rép.*; M. TOULLIER, *t.* 1, *nos* 313 *et* 314; M. DURANTON, *t.* 1, *no* 311).

2. Le jour de l'accouchement ne compte pas dans le délai : ainsi un accouchement survenu le 1er du mois peut être déclaré utilement le 4 (LAGARDE, *no* 417; M. HUTTEAU D'ORIGNY, *tit.* 4, *ch.* 1er, § 1, *no* 9; nonobstant M. LEMOLT, *Manuel*, *ch.* 2, *sect.* 1re, § 1).

3. Passé le délai de trois jours, l'officier de l'état civil ne peut plus recevoir, sans un jugement qui le lui ordonne, une déclaration de naissance, disent tous les auteurs (M. DURANTON, *t.* 1, *no* 313; M. HUTTEAU D'ORIGNY, *tit.* 4, ch. 1er, § 1, *no* 12; LAGARDE, *Inst. gén. no* 417 *et no* 652; *l'Éditeur, en* 1825, *du Répert. de M. Merlin, mot Naissance*, § x *in fin.*; M. LEMOLT, *Manuel, chap.* 2, *p.* 38; M. GARNIER-DUBOURGNEUF, *Nouv. Manuel*, *no* 101). Cette opinion s'appuie sur un avis du conseil d'État du 8 brumaire an XI, approuvé le 12 (*Bull.* 125, *no* 2067), et sur un arrêt de Colmar du 25 juillet 1828.

Malgré ces autorités, cette jurisprudence paraît contraire à l'esprit du Code civil. Si on lit attentivement le texte de l'article, on n'y trouvera pas un mot qui exprime un *délai fatal*: si l'on consulte les orateurs du gouvernement, M. Thibaudeau, dans l'*Exposé des motifs*, dit formellement qu'on n'a pas dû établir de peine, parce que, faute de déclaration au temps prescrit par des circonstances que le législateur ne peut prévoir, on continuerait à dissimuler la naissance plutôt que de s'exposer à subir une peine en faisant une déclaration tardive, et qu'ainsi les précautions que l'on croirait prendre pour assurer l'état des hommes ne feraient que le compromettre. M. Duchesne, dans le premier rapport au Tribunat, ajoute que, par des circonstances imprévues, il pourrait souvent arriver que cette déclaration, dans un bref délai, serait absolument impossible; et MM. Siméon (*Rapp. au Tribunat*) et Chabot (*Disc. au C. législ.*) ont fait une distinction heureuse, en annonçant qu'on n'avait pas voulu que la crainte du châtiment devînt un motif de persévérer dans la faute; mais que néanmoins on n'avait pas entendu laisser impunis des retards et un silence qui dégénéreraient en suppression d'état.

Or, il résulte bien de ces discours officiels que la déclaration tardive, qui, par ses circonstances, n'indique pas l'intention de supprimer l'état, ne doit pas être rejetée. Si elle n'est pas faite dans les trois jours, elle ne sera pas non-recevable le quatrième : car les orateurs sont ici d'accord avec le texte de la loi, qui a procédé par voie de *précepte* et non de *défense*.

La publication de l'art. 346 du Code pénal n'a rien changé aux dispositions du Code civil; car punir une omission, ce n'est pas défendre de la réparer : elle n'a donc pas empêché l'officier de l'état civil de recevoir une déclaration tardive s'il la pouvait recevoir auparavant. En vain dirait-on avec MM. Hutteau et Lemolt que du moment où les peines sont encourues, il ne dépend pas d'un officier public d'en arrêter l'effet et l'application. La réponse est facile : l'inscription tardive n'arrêtera ni l'effet ni l'application de la peine encourue; au contraire, elle constatera le fait punissable, et le procureur du roi, instruit ou par le maire ou par la vérification annuelle, requerra les peines.

Ce qui paraît mériter une réfutation plus sérieuse, c'est l'avis du conseil d'Etat du 8—12 brumaire an XI sur la question de savoir « si l'officier « de l'état civil peut rédiger et inscrire, d'après « les déclarations des parties, les actes de l'état « civil non inscrits sur les registres dans les délais « prescrits par la loi, ou s'il est nécessaire que « cette inscription soit autorisée par un juge« ment; » il statue que « les principes sur la rec« tification des actes de l'état civil sont, à plus « forte raison, applicables au cas de l'*omission de « ces actes sur les registres*, puisque la rectification « n'a pour objet que de substituer la vérité à une « erreur dans un acte déjà existant, et que lors« qu'on demande à réparer une omission d'acte, « il s'agit évidemment de donner un état; que, s'il « était permis à l'officier de l'état civil de recevoir, « sans aucune formalité, des déclarations tardives « et de leur donner de l'authenticité, on pourrait « introduire des étrangers dans les familles, et que « cette faculté serait la source des plus grands dés« ordres; que les actes omis ne peuvent être in« scrits sur les registres qu'en vertu de jugemens « rendus en grande connaissance de cause de l'o« mission, contradictoirement avec les parties in« téressées, ou elles appelées, et sur les conclu« sions du ministère public; et que ces jugemens (*) « peuvent même être attaqués, en tout état, par « les parties qui n'y auraient pas été appelées. »

D'abord, cet avis est antérieur au Code civil; il a donc été abrogé par sa publication, et ne peut plus être consulté que comme raison écrite et non comme disposition législative.

Ensuite, dit-il bien ce qu'on lui fait dire? Les avis du conseil d'Etat sont de véritables rescrits : il faut donc, pour en saisir l'esprit, rechercher les occasions qui leur ont donné naissance. Or, nous avons déjà vu que la loi de 1792 avait été souvent éludée par des motifs d'opposition religieuse ou politique; nous avons vu aussi que les registres de l'état civil ont été négligés en France depuis la révolution jusqu'au Code civil, ce qui avait tenu au mauvais choix et à l'ignorance des officiers municipaux. Or, dans le premier cas, et si le conseil d'Etat était consulté sur les omissions volontaires des parties qui voulaient les réparer, il s'agissait de retards qui remontaient à plusieurs années, et rentraient précisément dans l'hypothèse prévue par MM. Siméon et Chabot, constitutive de la suppression d'état, et non de simples négligences à faire les déclarations; et dans le second cas, celui de l'omission par l'officier public de porter les actes sur le registre, délit si fréquent qu'il a donné lieu à la loi du 2 floréal an III, à l'avis du 12—13 nivôse an X, et à un autre avis du 28 frimaire an XII, on se trouve placé dans une espèce toute différente de celle de la question.

Ce n'est donc point un avis donné avant le Code civil et sur une question générale nécessitée par le mauvais état des registres du temps (ce qu'indique suffisamment la circonstance que le ministre de l'intérieur concourait avec celui de la justice à le demander) qui peut aggraver la disposition de l'art. 55 du Code civil : il faut donc revenir à la distinction des tribuns Siméon et Chabot, et conclure que si le retard est modique, s'il n'y a rien de suspect dans la déclaration, l'officier civil doit la recevoir, sauf au procureur du roi à requérir la peine correctionnelle prononcée par l'art. 346; qu'au contraire, si les circonstances pouvaient lui faire soupçonner une supposition d'état, l'officier de l'état civil pourrait refuser de prêter son ministère, et attendrait qu'il y fût contraint.

L'arrêt de Colmar ne nous a pas fait changer d'opinion. En voici l'espèce : un sieur Dietschy avait omis de faire la déclaration de naissance de son fils dans les trois jours. Il fut condamné correctionnellement à 16 francs d'amende. Le procureur du roi s'adressa au tribunal civil de Béfort pour faire ordonner l'inscription de la naissance sur les registres. Il fut déclaré non-recevable, parce que rien n'empêchait l'officier de l'état civil de recevoir une déclaration tardive. Nous pensons que le motif était valable, ce qui n'empêchait pas le jugement d'être erroné dans son dispositif, puisque le procureur du roi qui requérait l'inscription à cause du sexe de l'enfant, soumis à un âge déterminé au service militaire, n'était pas au nombre des déclarans dénommés dans l'art. 56, et ne pouvait requérir l'inscription qu'en vertu d'un jugement rendu contradictoirement avec le père. Sur l'appel, le procureur-général paraît s'être borné à combattre l'unique motif du jugement de première instance, et comme Dietschy père *laissait défaut*, la doctrine n'a pu être approfondie. La base de l'arrêt est l'avis du 8—12 brumaire an XI, et l'on croit avoir démontré combien cette base est fragile.

4. Mais si l'acte de naissance est reçu après les délais, fera-t-il foi du jour de naissance qui y sera indiqué? Ne constatera-t-il la naissance qu'à partir du jour de sa date? Pour cette dernière opinion,

(*) Le *Bulletin des Lois* porte NE PEUVENT, ce qui est une faute d'impression. La proposition serait contraire à tous les principes anciens et nouveaux.

on cite l'arrêt rendu dans l'affaire Alstorphius (*Paris, 9 août* 1813; M. DURANTON, *t.* 1, *n°* 313); mais cet arrêt a encore été rendu sur une espèce singulière. Texier, après un voyage de long cours, désavouait Virginie-Clémentine, née de la demoiselle Alstorphius, sa femme; la naissance n'ayant été inscrite à Paris que le 20 octobre 1807, avec déclaration que l'enfant était né à Amsterdam le 6 septembre 1802, de sorte que la conception aurait remonté à une époque qui n'admettait pas d'impossibilité physique de rapprochement entre les époux. L'arrêt porte en effet que l'acte du 20 octobre 1807 ne prouvait la naissance que du jour de sa date; mais ces expressions signifient seulement qu'avant cette époque il n'y avait pas de certitude légale du jour de la naissance, et non que l'acte faisait foi de la simultanéité de sa date et de la naissance, puisque l'arrêt admet le tuteur de Virginie-Clémentine à la preuve par témoins de sa naissance à l'époque de septembre 1802. Il faut remarquer de plus que cet acte, reçu dans un autre lieu que celui de l'accouchement, n'avait été rédigé sur la réquisition d'aucune des personnes auxquelles les art. 2, 3 et 4 de la loi du 20 septembre 1792 (en cela semblable à l'art. 56 du Code civil) confiaient le soin de la déclaration: de sorte que ce n'était pas un véritable acte de naissance.

Mais si la déclaration tardive est faite par le père ou par une personne qui en a reçu mission de la loi, dans un temps rapproché, devant l'officier compétent, avec les solennités requises, pourquoi l'acte ne ferait-il pas preuve de la date de la naissance qui y aurait été déclarée, toujours sauf le cas de suppression d'état, qui peut infecter l'acte en apparence le plus régulier? Sur ce point, comme en tout ce qui concerne les nullités et les omissions de forme dans les actes de l'état civil, le plus sûr, le plus conforme aux principes généraux, c'est d'accorder foi à l'acte, et de laisser les tribunaux juges des irrégularités d'après les circonstances particulières et leur importance.

5. La solution que nous avons donnée sous le numéro précédent doit s'appliquer à toutes les énonciations requises. C'est une conséquence des mêmes principes. Un arrêt d'Angers, du 20 août 1821, paraît opposé à cette doctrine: mais c'est encore une espèce singulière dans laquelle un acte constatant à la fois la naissance et le décès d'un enfant avait été rédigé cinq jours après ce double événement, sans que l'enfant eût été présenté vivant ou mort à l'officier de l'état civil.

6. L'enfant sera présenté à l'officier qui doit exiger cette présentation, quoique la loi n'ait pas attaché à son défaut la peine de nullité (*Bruxelles*, 4 *juillet* 1811, affaire Denoker). Pour avoir par lui-même la certitude qu'un enfant est né, si l'enfant était en danger, le maire devrait se transporter près de lui avec les registres (*Arg. de la loi du* 20 *sept.* 1792, *tit.* 3, *art.* 6; M. THIBAUDEAU, *Exp. des motifs;* M. TOULLIER, *t.* 1, *n°* 313 *à la note;* DELVINCOURT, *t.* 1, *note* 2 *de la p.* 36; MALLEVILLE, *sur l'art.*), et indiquer dans l'acte le lieu où il a été dressé (M. HUTTEAU D'ORIGNY, *tit.* 4, *ch.* 1er, § 3, *n°* 12).

RENVOIS AUX ARRÊTISTES.

BRUXELLES, 4 *juillet* 1811. — S. 1812, 2. 274. — P. t. 1er de 1812, p. 215. — N. D. t. 8, p. 641 où l'arrêt est incomplet.

PARIS, 9 *août* 1813. — S. 1813, 2. 310. — P. t. 3e de 1813, p. 419. — N. D. t. 8, p. 558.

ANGERS, 20 *août* 1821. — S. 1823, 2. 105. — D. 1823, 2. 76. — P. t. 3e de 1822, p. 519. — N. D. t. 1, p. 196.

COLMAR, 25 *juillet* 1828. — S. 1829, 2. 28. — D. 1829, 2. 33. — P. t. 1er de 1829, p. 532.

ARTICLE 56.

La naissance de l'enfant sera déclarée par le père, ou, à défaut du père, par les docteurs en médecine ou en chirurgie, sages-femmes, officiers de santé ou autres personnes qui auront assisté à l'accouchement; et lorsque la mère sera accouchée hors de son domicile, par la personne chez qui elle sera accouchée.

L'acte de naissance sera rédigé de suite, en présence de deux témoins.

SOMMAIRE.

1. *Division.*
2. *Les personnes désignées par l'article ne sont pas chargées simultanément de la déclaration.*
3. *Ordre dans lequel elles en sont chargées.*
4. *Déclaration faite par d'autres.*
5. *Quel degré de foi y doit-on ajouter?*

1. Après avoir fixé les délais de la déclaration de naissance, la loi donne à des personnes déterminées mission de la faire.

Sont-elles chargées simultanément ou à défaut de présence de l'une d'elles?

Dans quel ordre sont-elles chargées?

D'autres personnes peuvent-elles faire la déclaration?

La foi due à l'acte est-elle la même, quel que soit le déclarant?

Telles sont les questions que présente cet article.

2. Le Code civil a fondu en un seul article les art. 2, 3 et 4 du titre 3 de la loi du 20 septembre 1792, qui en sont le commentaire anticipé.

Il n'a point imposé aux personnes qu'il nomme

une obligation simultanée et en quelque sorte solidaire ; on ne peut donc appliquer l'art. 346 du Code pénal qu'à la personne présente à qui la loi conférait plus spécialement cette mission (M. DURANTON, *t.* 1, *n°* 312 *à la note*). M. Hutteau d'Origny (*tit.* 4, *ch.* 1er, § 1er, *n°* 11) exprime une opinion contraire ; mais la comparaison analytique de l'ancienne et de la nouvelle loi suffit pour la réfuter.

3. Au premier rang, la loi charge le père de ce devoir. « EN QUELQUE LIEU que la femme accouche, si le « *mari* est présent et en état d'agir, il sera tenu de « faire la déclaration (*L. de* 1792, *art.* 2) ». Quand le père est présent à la naissance hors de son domicile, la personne chez qui la femme est accouchée est dégagée de l'obligation de faire la déclaration ; car le Code civil commence aussi par l'imposer au père. Les mots, *ou à défaut du père*, se rapportent donc également aux deux parties de l'article qui s'occupent et des personnes qui assistent la femme, et de l'étranger qui l'a reçue chez lui.

Le Code ne dit plus le mari, mais le père : ce qui comprend le père de l'enfant naturel quand il l'a reconnu avant la naissance ou qu'il veut le reconnaître dans l'acte. Le mode de constatation de la naissance des enfans naturels est le même que celui des enfans légitimes (M. SIMÉON, *Rap.*).

A défaut du père, c'est-à-dire « lorsque le mari « sera absent ou ne pourra agir, ou que la mère ne « sera pas mariée (*L. de* 1792, *art.* 3) et que le « père ne se fera pas connaître », l'accoucheur ou la sage-femme et toute autre personne qui, *en leur absence* (M. DURANTON, *ibid.*), aurait donné des soins à la femme, est tenue de faire la déclaration.

Le mot *assister*, soit dans l'art. 56 du Code civil, soit dans l'art. 346 du Code pénal, n'est pas synonyme d'*être présent*, et ne s'entend pas des personnes qu'une circonstance fortuite a rendues témoins d'un accouchement, mais de celles qui ont porté aide et secours : c'est une extension des mots de la loi précédente « qui ont fait l'accouchement (*L. de* 1792, *art.* 3). »

Enfin, quand la femme accouche hors de son domicile, en l'absence du père de l'enfant, c'est par la personne chez qui elle est accouchée que doit être faite la déclaration, et ceux qui ont assisté la femme, même le chirurgien-accoucheur, sont déchargés de cette obligation (M. MERLIN, *Rep. Déclaration de naissance*, *n°* 1, *in fin.*; *Rejet*, *sect. crim.* 7 *sept.* 1823. *Lyon*, 19 *juillet* 1827). NOTA. Cet arrêt décide, mais en doctrine seulement, que la personne qui a reçu la mère est tenue principalement, même en présence du père : nous avons déduit les motifs de l'opinion contraire.

4. Les termes de l'art. 56 sont limitatifs en ce sens que le défaut de déclaration ne peut être imputé comme délit aux personnes que la loi n'en charge pas ; ils sont démonstratifs, en ce que l'article ne défend pas que la présentation et la déclaration soient faites par des personnes qu'il ne dénomme pas (DELAPORTE, *Pand. franç. sur l'art.*). Au nombre des cas singuliers qui peuvent se présenter, on peut imaginer celui où une mère accouche dans un isolement absolu. Il faudra bien que le maire se contente de sa déclaration (M. HUTTEAU D'ORIGNY, *tit.* 4, *ch.* 1er, § 1er, *n°* 5 ; LAGARDE, n° 418).

5. Mais l'acte qui constaterait une déclaration faite par une personne non désignée dans l'article ferait-il la même foi ? Nous ne pouvons le penser. Le législateur a exigé que les déclarans aux actes de naissance eussent une connaissance personnelle du fait qu'ils viennent attester. C'est de la mission spéciale qu'il leur a donnée que l'acte tire sa force probante. S'ils font une déclaration fausse, c'est sciemment et criminellement : les déclarans étrangers peuvent de très-bonne foi faire une déclaration inexacte et fausse sur des faits dont ils n'ont point été témoins oculaires ; avec eux, pas de certitude morale qu'il n'y ait pas supposition de part : ils peuvent être les instrumens d'une intrigue ourdie à leur insu. La déclaration de la mère ne mérite pas plus de confiance pour d'autres motifs. Si l'acte n'est pas nul par le défaut de mission spéciale du déclarant, la foi en sera cependant plus facilement attaquée, car l'authenticité pleine et entière ne peut résulter que de la réunion des conditions auxquelles la loi l'a attachée. Au surplus, nous verrons plus tard qu'un titre de cette nature devient inattaquable par la possession d'état (*V. l'art.* 322).

Ni l'usage, ni les modèles donnés par le gouvernement n'ont introduit la formalité de constater si le déclarant était présent à la naissance : d'où il suit que dans le silence de l'acte, la présomption est que le déclarant est au nombre des personnes comprises dans l'art. 56 (M. DURANTON, *t.* 1, *n°* 310). L'officier de l'état civil doit donc mentionner avec soin la déclaration contraire, pour que l'acte n'ait pas un degré de foi plus étendu que le comparant n'a eu l'intention de lui donner.

RENVOIS AUX ARRÊTISTES.

REJET, *sect. crim.* 7 *sept.* 1823. — S. 1824, 1. 420. — D. 1824, 1. 114. — N. D. t. 1, p. 198.

LYON, 19 *juillet* 1827. — S. 1827, 2. 243. — P. t. 3e de 1827, p. 300.

ARTICLE 57.

L'acte de naissance énoncera le jour, l'heure et le lieu de la naissance, le sexe de l'enfant, et les prénoms qui lui seront donnés, les prénoms, noms, profession et domicile des père et mère, et ceux des témoins.

SOMMAIRE.

1. *Division de l'article.*
2. *Du jour de la naissance. Résultat de l'omission.*
3. *Indication de l'heure. Jumeaux.*
4. *Du lieu.*
5. *Si l'officier public doit vérifier le sexe.*
6. *Prénoms donnés à l'enfant. Législation sur les noms et les prénoms*, à la note.
7. *Désignation des père et mère.*
8. *Enonciations défendues.*
9. *Conséquences des déclarations prohibées.*
10. *Le nom de la mère doit être déclaré, mais ne peut être exigé.*

1. L'article se divise en deux parties : ce qui est individuel à l'enfant, ce qui établit ses rapports avec la famille dans laquelle le place sa naissance.

2. L'acte de naissance prouve surtout l'âge des individus : il doit donc énoncer *le jour* précis de la naissance. Si cette désignation manquait, la présomption serait que l'enfant est né du jour même de sa présentation : ainsi arrêt qui casse un jugement criminel auquel avait participé un juré le 20 janvier 1804, en se fondant sur son extrait de baptême du 21 janvier 1774, qui n'exprimait pas le jour de la naissance, de sorte que le juré fut présumé n'avoir pas atteint trente ans au jour de l'ouverture des débats (*Note de l'éditeur de* M. Merlin, *Répert., mot Naissance*, § 2; *Cass., sect. crim.*, 19 *prair. an XII*).

C'était en effet au ministère public à prouver complètement l'âge du juré. Mais la présomption ne pourrait-elle pas céder à la preuve contraire? On doit le penser, car l'inscription sur le registre, sans indication du jour, ne prouve pas en soi que l'enfant n'est pas né antérieurement, et l'omission du jour serait véritablement une lacune dans le registre qui doit en contenir la mention. Pourquoi donc, selon les circonstances, n'admettrait-on pas la preuve du fait qu'il a omis de constater? Certes, c'était une jurisprudence vicieuse que celle de supposer l'enfant né dans la huitaine avant le jour du baptême (Rodier, *quest.* 1re *sur l'art.* 9 *du tit.* 20), parce que les ordonnances synodales permettaient de le différer pendant huit jours, et il serait également vicieux de supposer l'enfant né trois jours avant celui de l'inscription à l'état civil : présomption pour présomption, on doit préférer celle qui résulte du jour de l'acte. Mais si l'enfant avait intérêt à prouver que sa naissance a précédé de plusieurs jours la déclaration, et qu'il existât des commencemens de preuve par écrit, par exemple des lettres du père décédé, des lettres de félicitation de la partie engagée dans la contestation, un extrait de baptême signé de parens, nous ne concevrions pas que la preuve fût refusée. Ce ne serait pas là prouver contre le titre de naissance (*V.* Rodier, *ibid. arrêts de Catelan, liv.* 1, *ch.* 20; Boiceau, 2e *part., ch.* 8, *no* 16, *et* Danty *sur Boiceau, sur l'art.* 55 *de l'ord. de Moulins*). C'est donc encore aux circonstances à guider les magistrats.

3. L'indication de *l'heure* de la naissance est exigée : elle peut être utile à écarter ou à faire reconnaître les fraudes qui se pratiqueraient (M. Hutteau d'Origny, *tit.* 4, *ch.* 1er, § 2, *no* 1). Elle est nécessaire pour distinguer l'aîné de deux jumeaux (M. Fourcroy, *au Cons. d'Etat, séance du* 6 *fruct. an IX*). En jurisprudence, le premier né d'entre eux a toujours été réputé l'aîné (Henrys, *t.* 2, *liv.* 6, *quest.* 46 *avec les observ.*; Ferrière, *Dict. de dr., mot Aîné*; Denisart, *mot Aîné*, *no* 58; M. Hutteau d'Origny, *ibid*, § 3, *no* 9).

4. Le *lieu* de la naissance est encore requis par la loi, moins pour fixer la compétence que pour faciliter les vérifications. Nous pensons donc que par ces mots la loi entend plutôt la désignation de la maison que le nom de la commune où la naissance est arrivée. On sent cependant que l'omission ne peut en elle-même entraîner la nullité (*Bruxelles*, 4 *juillet* 1811). Dans l'espèce de l'arrêt, le père avait signé l'acte de naissance.

5. Le *sexe* de l'enfant doit être déclaré; mais doit-il être vérifié par l'officier de l'état civil? Oui, selon M. Hutteau d'Origny (*tit.* 4, *ch.* 1er, § 1er, *no* 16) et M. Garnier-Dubourgneuf (*no* 108 *et note* 3), « en exigeant que l'enfant fût présenté, « le Code a voulu nécessairement tirer de cette « formalité toutes les garanties qu'elle pouvait pro- « curer, et ne laisser à la foi du déclarant que ce « qu'il n'était pas possible à l'officier public de vé- « rifier par lui-même. » Ce motif ne paraît pas suffisant pour imposer à l'officier de l'état civil un devoir sur lequel la loi garde le silence, et qui, négligé ou mal rempli, causerait des erreurs contre lesquelles l'inscription de faux serait l'unique ressource. Au Conseil d'Etat, M. Réal disait qu'en général la présentation de l'enfant était inutile, parce que l'acte ne tire sa force que de la déclaration; M. Regnier répondit que l'officier doit se convaincre par ses yeux de *l'existence* de l'enfant (*Séance du* 6 *fruct. an IX*). Ce n'est donc qu'afin de donner à l'officier public la certitude d'une naissance que l'enfant lui est présenté.

6. Enfin, l'officier civil constate les prénoms donnés à l'enfant par le père ou par le déclarant. Ces prénoms ne peuvent être pris que parmi les noms en usage dans les différens calendriers ou

dans ceux des personnages connus de l'histoire ancienne (*).

7. La seconde partie de l'article est relative aux rapports de l'enfant avec la famille : l'acte doit énoncer les noms, profession et domicile des père et mère et ceux des témoins. Quant aux témoins, *v. le Comm. sur l'art.* 37, *p.* 18 *et suiv.* Quand l'enfant est légitime, on déclare ordinairement le nom du père et de la mère, et leur qualité d'époux. Cette dernière désignation n'est pas substantielle.

8. C'est à cet article que se fait la plus fréquente application de l'art. 35 du Code civil, qui défend à l'officier de l'état civil de constater autre chose que ce qui DOIT être déclaré par les comparans (M. MERLIN, *Rép. mot Déclaration de naissance. V. l'art.* 35, *note* 1, *p.* 15).

(*) La législation sur les noms et sur les prénoms tient à la matière des actes de l'état civil; mais comme elle est en dehors du Code, nous réunissons dans une note ce que nous avons à dire de spécial à ce sujet.

L'exagération des idées révolutionnaires faillit bouleverser l'état civil. Le 24 brumaire an II, la Convention nationale reconnut que chaque citoyen a le droit de se nommer comme il lui plaît; en conséquence, elle renvoya par-devant la municipalité de son domicile, pour y déclarer le nouveau nom qu'elle adoptait, en se conformant aux formes ordinaires, la citoyenne Goux, à qui une société populaire avait décerné le nom de *Liberté*, et passa à l'ordre du jour sur la proposition d'un de ses membres qu'il fût défendu à tout citoyen de prendre pour nom propre ceux de *Liberté* et *Egalité*.

Si les décrets du 24 brumaire an II amenèrent une confusion dans les noms de famille et dans les prénoms des Français qui pouvaient les choisir eux-mêmes à cette époque, en permettant à chacun d'en changer, la persécution religieuse introduisit l'odieux et le ridicule dans les prénoms des nouveau-nés, auxquels leurs parens imposèrent tantôt des noms d'êtres abstraits ou de choses inanimées, tantôt les noms de personnages existans.

Le premier de ces abus était intolérable; la Convention elle-même le réforma par la loi du 6 fructidor au II.

« Art. 1er. Aucun citoyen ne pourra porter de nom ni « de prénom autres que ceux exprimés dans son acte de nais« sance. Ceux qui les auraient quittés seront tenus de les re« prendre. » Ainsi cette loi eut un effet rétroactif nécessaire pour effacer les traces du désordre causé par le décret de brumaire.

« Art. 2. Il est également défendu d'ajouter aucun surnom « à son nom propre, à moins qu'il n'ait servi jusqu'ici à dis« tinguer les membres d'une même famille, sans rappeler des « qualifications féodales ou nobiliaires. » La dernière partie de cet article est modifiée par l'art. 62 de la Charte constitutionnelle.

« Art. 3. Ceux qui enfreindraient les dispositions des deux « articles précédens, seront condamnés à six mois d'emprison« nement et à une amende égale au quart de leurs revenus. « La récidive sera punie de la dégradation civique.

« Art. 4. Il est expressément défendu à tous fonctionnaires « publics de désigner les citoyens dans les actes autrement « que par le nom de famille, les prénoms portés en l'acte de « naissance, ou les surnoms maintenus par l'art. 2, ni d'en « exprimer d'autres dans les expéditions et extraits qu'ils dé« livreront à l'avenir.

« Art. 5. Les fonctionnaires qui contreviendraient aux dispo« sitions de l'article précédent seront destitués, déclarés inca« pables d'exercer aucune fonction publique, et condamnés à « une amende égale au quart de leurs revenus.

« Art. 6. Tout citoyen pourra dénoncer les contraventions « à la présente loi à l'officier de police, dans les formes ordi« naires. »

C'est seulement en l'an XI que, par une loi du 11 germinal (1er avril 1803), le gouvernement a réformé les abus auxquels pouvaient donner lieu les prénoms imposés aux enfans, et réglé la procédure judiciaire ou administrative pour parvenir à un changement de prénoms ou de nom. Le titre 1er s'occupe *des Prénoms*.

« Art. 1er. A compter de la publication de la présente loi, « les noms en usage dans les différens calendriers, et ceux « des personnages connus de l'histoire ancienne, pourront « seuls être reçus, comme prénoms, sur les registres de l'état « civil destinés à constater la naissance des enfans; et il est « interdit aux officiers publics d'en admettre aucun autre » dans leurs actes. » Cette loi n'a pas, comme la précédente, d'effet rétroactif. Chacun a pu garder le prénom, même bizarre, qu'il portait; et l'interdiction adressée aux officiers publics ne concerne que les officiers de l'état civil pour les actes de naissance seulement. L'opinion contraire, professée par Delaporte (*Pand. franç. sur l'art.* 57), est une erreur (*V.* M. HUTTEAU D'ORIGNY, *tit.* 4, *ch.* 1er, § 2, *n°* 4).

« Art. 2. Toute personne qui porte actuellement comme « prénom, soit le nom d'une famille existante, soit un nom « quelconque qui ne se trouve pas compris dans la désigna« tion de l'article précédent, pourra en demander le change« ment, en se conformant aux dispositions de ce même ar« ticle. » L'article est facultatif.

« Art. 3. Le changement aura lieu d'après un jugement du « tribunal d'arrondissement, qui prescrira la rectification de « l'acte de l'état civil.

« Ce jugement sera rendu, le procureur du roi entendu, « sur simple requête présentée par celui qui demandera le « changement, s'il est majeur ou émancipé; et par ses père et « mère ou tuteur, s'il est mineur. » Conforme à l'art. 99 du Code civil et aux art. 855 et suiv. du Code de procédure. Les art. 100 et 101 du Code civil y sont applicables.

Le titre II traite *des Changemens de noms*, non plus pour les personnes qui avaient abdiqué leurs noms et en avaient pris d'autres pendant les premiers temps de la révolution; la loi du 6 fructidor an II avait tout réglé à leur égard : mais pour celles qui auraient une raison quelconque de changer leur nom primitif.

« Art. 4. Toute personne qui aura quelque raison de chan« ger de nom, en adressera la demande motivée au gouver« nement. » Si les prénoms distinguent les membres de la famille, et ne sont entre eux qu'une propriété privée, un jugement devait suffire pour faire connaître ces changemens : le nom distingue les familles entre elles, et l'on peut trouver dans la société entière des personnes intéressées à ce que leur nom ne soit pas porté par d'autres. Le nom est donc une sorte de propriété publique, et caractérise l'état public de l'individu. On ne peut donc changer ce signe caractéristique qu'avec le concours et l'autorité de la puissance publique (DELAPORTE, *Pandect. franç. sur l'art.* 57) : c'est pourquoi on est revenu aux anciens principes, qui ne permettaient ces commutations de nom qu'en vertu de lettres-patentes et sauf les droits des tiers (*Ord. d'Amboise, du 26 mars* 1555).

M. Hutteau d'Origny (*tit.* 9, *chap.* 2, *n°* 2) dit que, pour qu'un changement de nom soit accordé, il faut que le déshonneur ait été attaché à ce nom, et que, s'il s'agit d'un surnom à ajouter au nom de famille, il faut qu'il ait servi depuis longues années à désigner l'individu. Le gouvernement n'accueillerait pas la demande en d'autres cas. Nous concevons que l'ad-

De la disposition de l'ar. 35 combinée avec le principe que la recherche de la paternité non avouée est interdite (*C. civ.* 340), il suit que, dans l'acte de naissance d'un enfant dont la mère n'est pas mariée, l'officier de l'état civil ne peut insérer le nom de l'homme auquel les comparans imputent la paternité, si celui-ci ne se fait pas connaître; car *ce qui doit être déclaré* par eux, c'est un père certain ou par le mariage ou par son aveu; ce n'est point un père qui se cache et dont la loi ne permet pas la recherche (M. Siméon, *Rapp. au Trib.*; M. Toullier, *t.* 1, *n°* 316; M. Duranton, *t.* 1, *n°* 284, *et tous les auteurs*).

Combinée avec le principe que les reconnaissances d'enfant naturel ne peuvent avoir lieu qu'en vertu d'actes authentiques (*C. civ.* 334, 340), il en

ministration se montre difficile sur ces demandes; mais il y a d'autres raisons qui paraissent pouvoir motiver un changement de nom, telles que la bizarrerie d'un nom ridicule, la condition imposée par un testateur à ses bienfaits, etc. La force des raisons naît des espèces elles-mêmes.

L'administration exige avec raison que le pétitionnaire donne avis, dans la partie officielle du *Moniteur*, de la demande qu'il veut former; qu'il fasse pareille insertion dans un journal d'affiches du département de sa résidence et du lieu de sa naissance; qu'il justifie de ces insertions par les numéros des journaux (*V. l'art.* 683 *du Code de proc.*); et qu'il y joigne les pièces qui établissent la nécessité de changer de noms ou la possession du surnom (M. Hutteau, *ibid.*).

« Art. 5. Le gouvernement prononcera dans la forme prescrite pour les règlemens d'administration publique; » mais seulement après trois mois du jour de l'insertion au *Moniteur*, et après avoir pris l'avis du procureur du roi près le tribunal civil du domicile du réclamant (M. Hutteau, *ibid.*).

« Art. 6. S'il admet la demande, il autorisera le changement de nom par un arrêté rendu dans la même forme, mais qui n'aura son exécution qu'après la révolution d'une année, à compter du jour de son insertion au *Bulletin des Lois*.

« Art. 7. Pendant le cours de cette année, toute personne y ayant droit sera admise à présenter requête au gouvernement pour obtenir la révocation de l'arrêté autorisant le changement de nom; et cette révocation sera prononcée par le gouvernement, s'il juge l'opposition fondée.

« Art. 8. S'il n'y a pas eu d'oppositions, ou si celles qui ont été faites n'ont point été admises, l'arrêté autorisant le changement de nom aura son plein et entier effet à l'expiration de l'année. »

Ainsi, l'ordonnance du roi qui autorise le changement de nom n'est pas provisoirement exécutoire. Le nom nouveau n'appartiendra à l'impétrant que s'il ne survient pas d'opposition. Mais, l'année révolue depuis l'insertion au *Bulletin des Lois*, le droit est irrévocablement acquis.

L'ordonnance se termine ordinairement par l'injonction à l'impétrant de se pourvoir devant le tribunal civil, à l'effet de faire faire les rectifications convenables sur les registres de l'état civil. Ce n'est qu'à l'expiration des délais, et sur un certificat du secrétaire-général du conseil d'État, constatant l'absence ou le rejet de toute opposition, que le tribunal peut prononcer, dans les formes prescrites pour les rectifications d'actes de l'état civil (*V.* M. Hutteau d'Origny, *ibid.* n° 3 *et* 4).

Quand un changement de nom est devenu irrévocable, l'affectation d'employer le premier nom peut constituer l'injure, surtout si une cause morale a déterminé ce changement. Le fils du procureur *Rollet*, si malheureusement immortalisé par un seul vers de Boileau, était capitaine dans les mousquetaires. Les railleries que lui attirait son nom et les duels qui en étaient la suite le forcèrent d'obtenir des lettres de commutation de nom; il prit celui de *Saint-But*. Dans un procès qu'il eut à soutenir, un arrêt du Grand Conseil du 3 décembre 1715 lui adjugea les dépens contre un procureur qui avait persisté à le nommer *Rollet*, dit *Saint-But*, dans tous les actes de procédure (Brillon, *Dictionn. mot Nom*).

« Art. 9. Il n'est rien innové, par la présente loi, aux dispositions des lois existantes relatives aux questions d'état entraînant changement de noms, qui continueront à se poursuivre devant les tribunaux dans les formes ordinaires. » On sent la distance immense des changemens de noms dont la rectification se fait par voie administrative, et des rectifications judiciaires des noms de famille. Dans les cas prévus par la loi du 11 germinal an XI, le signe de l'état change, mais l'état demeure immuable; et le nom nouveau, fût-il semblable au nom d'une autre famille, ne communiquerait aucun des droits de famille et de parenté : dans les questions d'état, on demande à changer un nom sous lequel on est connu, contre un nom que nous prétendons nous appartenir; on ne revendique le nom que pour jouir des droits de famille dont il est le signe.

Les Juifs, seulement tolérés en France avant la révolution, n'y avaient pas d'état civil; un grand nombre d'entre eux n'avaient ni noms ni prénoms fixes. Souvent ils portaient le nom de la ville qu'ils habitaient, et le perdaient en changeant de résidence; plus souvent des noms tirés de l'Ancien-Testament : ce qui occasionait une déplorable confusion. Cependant ils étaient appelés à jouir des droits de citoyens français depuis la loi du 28 septembre — 13 novembre 1791, et se trouvaient soumis aux lois françaises. Il fallut donc un règlement particulier pour faire cesser le désordre : ce fut le *décret du 20 juillet 1808*.

« Art. 1er. Ceux des sujets de notre empire qui suivent le culte hébraïque, et qui jusqu'à présent n'ont pas eu de nom de famille et de prénoms fixes, seront tenus d'en adopter dans trois mois de la publication de notre présent décret, et d'en faire la déclaration par-devant l'officier de l'état civil de la commune où ils sont domiciliés. » L'analogie indique que ces actes doivent être inscrits sur les registres des naissances. Si cette disposition transitoire est aujourd'hui entièrement exécutée, elle aura son effet pour les Israélites dont s'occupe l'art. 2. Lors de ces déclarations, le fils majeur doit adopter le même nom de famille que son père vivant; et les frères et sœurs majeurs, n'ayant plus ni père ni mère, le même nom de famille (*Circul. du min. de l'intérieur*, 8 *sept.* 1808; Dumont, *Manuel des maires*, *mot Nom*).

« Art. 2. Les Juifs étrangers qui viendraient habiter dans le royaume, et qui seraient dans le cas prévu par l'article premier, seront tenus de remplir la même formalité dans les trois mois qui suivront leur entrée en France.

« Art 3. Ne seront point admis, comme noms de famille, aucun nom tiré de l'Ancien-Testament, ni aucun nom de ville. Pourront être pris, comme prénoms, ceux autorisés par la loi du 11 germinal an XI. » Par la première disposition, on a voulu éviter l'inconvénient résultant de l'ancien état des choses; mais pour les prénoms, les Israélites peuvent les puiser dans la Bible, qui fait partie de l'histoire ancienne (*Circul. du min. de l'intér. du* 28 *sept.* 1813; M. Hutteau d'Origny, *tit.* 4, *chap.* 1er, § 2, *n°* 5).

« Art. 4. Les consistoires, en faisant le relevé des Juifs de résulte qu'en recevant l'acte de naissance d'un enfant né d'une fille, l'officier public doit refuser d'insérer le nom du père, même sur la représentation de lettres évidemment émanées de lui ou de procuration sous signature privée. Il faut ou la présence du père naturel, ou sa reconnaissance authentique, ou un jugement qui établisse la paternité.

En rapprochant cette disposition du principe que l'enfant conçu pendant le mariage a pour père le mari (*C. civ.* 312), il est défendu aux officiers de l'état civil d'insérer, même avec l'aveu ou le consentement authentique, soit de la mère, soit du prétendu père, toute déclaration qui aurait pour objet d'attribuer à l'enfant un autre père que celui indiqué par le mariage (DELVINCOURT, *t.* 1, *note* 9 *de la p.* 31; M. DURANTON, *n°* 285). Par une conséquence nécessaire, la Convention a approuvé le refus de recevoir la déclaration faite par une femme, que l'enfant dont elle était devenue mère avait un autre père que le mari, et décrété que l'acte de naissance serait rédigé sans faire mention de cette déclaration, laquelle serait rayée, si elle avait été insérée aux registres (*Décret du* 19 *flor. an II*). Il y a arrêt dans les mêmes principes (*Besançon*, 4 *août* 1808).

Enfin, en la combinant avec le principe que la reconnaissance ne peut avoir lieu au profit des enfans nés d'un commerce incestueux ou adultérin (*C. civ.* 335), il résulte qu'on doit rejeter les déclarations de paternité faites même en présence ou en vertu des procurations authentiques du prétendu père, et dont l'objet serait d'attribuer l'enfant d'une fille-mère à un homme engagé dans les liens du mariage (M. DURANTON, *ibid.*), ou à un parent légitime, adoptif ou naturel de la mère aux degrés prohibés (*C. civ.* 161, 162, 163, 348; *V.* M. HUTTEAU, *tit.* 4, *ch.* 1er, § 4, *n°* 4).

9. De pareilles déclarations ne pourraient participer à la foi due à l'acte (M. DURANTON, *t.* 1, *nos* 306 *et* 316); car ni les comparans n'ayant reçu mission de les faire, ni l'officier de les recevoir, l'acte ne peut être authentique en cette partie. Néanmoins, il en résulterait une diffamation pour ceux à qui on aurait imputé une paternité non avouée, une liaison incestueuse ou adultère; et ces personnes auraient droit de requérir la rectification du registre et des dommages-intérêts tant contre l'officier de l'état civil que contre le déclarant (M. TOULLIER, *t.* 1, *n°* 316; DELVINCOURT, *t.* 1, *note* 7 *sur la p.* 36; M. MERLIN, *Répert. mot Naissance*, acte de, § 2; M. HUTTEAU D'ORIGNY, *tit.* 4, *ch.* 1er, § 4, *n°* 7). Un arrêt a condamné aux frais de l'instance en rectification, un maire qui avait reçu une déclaration de paternité naturelle non avouée, et la mère elle-même par qui il avait fait signer l'acte de naissance (*Besançon*, 3 *juin* 1808).

10. Si le père d'un enfant naturel ne doit être nommé qu'autant qu'il se dévoile lui-même, la mère, quand elle est connue, doit toujours être déclarée (M. TOULLIER, *t.* 1, *n°* 317; M. DURANTON, *n°* 315); car en cacher le nom, de la part du comparant, serait une suppression de l'état de l'enfant, et lui donner un autre nom serait un faux.

Mais si la mère cache son nom, s'il n'est pas connu de la personne chez qui elle est accouchée, celle-ci doit respecter son secret, et l'officier de l'état civil est sans qualité pour en pénétrer le mystère. Il ne

« leur communauté, seront tenus de vérifier et de faire connaître à l'autorité qu'ils ont individuellement rempli les « conditions prescrites par les articles précédens.

« Ils seront également tenus de surveiller et de faire connaître à l'autorité ceux des Juifs de leur communauté qui « auraient changé de nom sans s'être conformés aux dispositions de la susdite loi du 11 germinal an XI.

« Art. 5. Seront exceptés des dispositions de notre présent « décret les Juifs de nos Etats, ou les Juifs étrangers qui viendraient s'y établir, lorsqu'ils auront des noms et prénoms « connus, et qu'ils ont constamment portés, encore que lesdits noms et prénoms soient tirés de l'Ancien-Testament, ou « des villes qu'ils ont habitées. » En effet, dès que l'individu était constamment connu sous le nom qu'il avait pris, la longue possession en avait fait sa propriété.

« Art. 6. Les Juifs mentionnés à l'article précédent, et qui « voudront conserver leurs noms et prénoms, seront néanmoins tenus d'en faire la déclaration; savoir : les Juifs de « nos Etats, par-devant la mairie de la commune où ils sont « domiciliés, et les Juifs étrangers par-devant celle où ils se « proposeront de fixer leur domicile; le tout dans le délai « porté en l'art. 1er.

« Art. 7. Les Juifs qui n'auraient pas rempli les formalités « prescrites par le présent décret, et dans les délais y portés, « seront renvoyés du territoire français; à l'égard de ceux qui, « dans quelque acte public ou quelque obligation privée, auraient changé de nom arbitrairement, et sans s'être conformés aux dispositions de la loi du 11 germinal, ils seront « punis conformément aux lois, et même comme faussaires, « suivant l'exigence des cas. »

D'autres décrets à peu près semblables furent rendus le 18 août 1811 pour les habitans de la Hollande, des Bouches-du-Rhin, des Bouches-de-l'Escaut et de l'arrondissement de Bréda, et le 12 janvier 1813 pour ceux des départemens des Bouches-de-l'Elbe, des Bouches-du-Weser, de l'Ems-Supérieur et de la Lippe, qui jusqu'alors n'avaient pas eu de noms et de prénoms fixes. Nous ne rapporterons ici que l'art. 6 du décret de 1811, qui, pour le cas où une famille entière viendrait s'établir en France avant que d'avoir adopté un nom distinctif pourrait servir d'interprétation à la difficulté signalée par la circulaire du 8 septembre 1808, et dont nous avons parlé ci-dessus. Il dispose : « Le nom de famille que le père, ou l'aïeul « paternel, à défaut de père, aura déclaré vouloir prendre ou « qui lui sera conservé, sera donné à tous les enfans, qui *seront tenus* de le porter et de le prendre dans les actes : à cet « effet, le père, ou l'aïeul à défaut de père, comprendra les « enfans et petits-enfans existans dans sa déclaration, et le lieu « de leur domicile; et ceux de nos sujets qui auront leur père, « ou, à défaut de leur père, leur aïeul encore vivant, se borneront à déclarer qu'ils existent, et le lieu de leur domicile. »

Voir au surplus *l'excellent article* Nom *de* M. HENRION DE PANSEY, *au Répert. de jurisprud.*, *et les autorités qu'il cite.*

doit jamais aller au-delà de la déclaration qui lui est faite (M. TOULLIER, *ibid.*; DELVINCOURT, *t.* 1, *note 4 de la p.* 36; M. HUTTEAU D'ORIGNY, *tit.* 4, *ch.* 1er, § 4, *n°* 10). Les principes généraux (*V. le Comm. sur l'art.* 35, *n°* 4, *p.* 16) l'exigent, et la rigueur sur ce point conduirait à l'infanticide et aux fausses déclarations. En ce cas, l'enfant sera enregistré comme *né de père et mère inconnus*.

RENVOI AUX ARRÉTISTES.

CASS. *sect. crim.* 19 *prair. an XII.* — S. an XII, 2. 140. — D. an XII, 2. 140. — P. t. 1er de l'an XIII, p. 163, où il est daté du 24. — N. D. t. 4, p. 280.

BESANÇON, 3 *juin* 1808. — N. D. t. 1, p. 202.

BESANÇON, 4 *août* 1808. — S. 1809, 2. 264. — N. D. t. 1, p. 304 où la partie essentielle de l'arrêt ne se trouve pas.

BRUXELLES, 4 *juillet* 1811. — S. 1812, 2. 274. — P. t. 1er de 1812, p. 215.

ARTICLE 58.

Toute personne qui aura trouvé un enfant nouveau-né, sera tenue de le remettre à l'officier de l'état civil, ainsi que les vêtemens et autres effets trouvés avec l'enfant, et de déclarer toutes les circonstances du temps et du lieu où il aura été trouvé.

Il en sera dressé un procès-verbal détaillé, qui énoncera en outre l'âge apparent de l'enfant, son sexe, les noms qui lui seront donnés, l'autorité civile à laquelle il sera remis. Ce procès-verbal sera inscrit sur les registres.

SOMMAIRE.

1. *Enfans trouvés. Définition.*
2. *Si celui qui trouve un enfant peut le déposer immédiatement à l'hospice.*
3. *Renseignemens que doit contenir le procès-verbal.*
4. *Noms et prénoms de l'enfant.*
5. *L'enfant est remis à l'autorité administrative.*
6. *Sanction de l'article.*

1. L'article traite de l'acte de naissance des enfans *trouvés*, c'est-à-dire de ceux qui, nés *de pères et mères inconnus*, ont été trouvés exposés dans un lieu quelconque ou portés dans les hospices destinés à les recevoir (*Décret du* 19 *janvier* 1811, *art.* 2).

2. Celui qui trouve un enfant nouveau-né n'est tenu de le remettre à l'officier de l'état civil qu'autant qu'il ne le déposerait pas aussitôt dans l'hospice destiné à recevoir les enfans trouvés : car en permettant le dépôt de ces enfans dans *le tour*, l'art. 3 du décret ne distingue pas entre les personnes que la misère ou la honte contraint d'abandonner leurs enfans, et celles qui les trouvent exposés. Souvent même la conservation de l'enfant imposera l'obligation de prendre ce parti (LAGARDE, *instr. gén.*, *n°* 430); et c'est alors aux administrateurs de l'hospice à pourvoir à l'exécution de ce que la loi prescrit pour constater l'état civil de l'enfant.

Mais si les besoins apparens de l'enfant contraignent une personne étrangère à son exposition de le remettre sur-le-champ à l'hospice, elle doit se faire connaître, afin d'être appelée au procès-verbal, et de ne pas priver l'enfant de renseignemens que le hasard peut lui rendre utiles.

3. Si l'enfant est présenté au maire, celui-ci doit rédiger l'acte de suite, même quand le comparant ne serait pas assisté de témoins (LAGARDE, *n°* 432; M. HUTTEAU D'ORIGNY, *tit.* 4, *ch.* 2, *n°* 9). Régulièrement, dans ce cas, ce serait à l'officier de l'état civil à choisir des témoins, puisqu'il n'y a pas de partie intéressée, et que ces témoins n'attestent que le fait de la déclaration, et non sa véracité. *V. le Comm. sur l'art.* 37, *n°* 7. Le maire doit énoncer avec soin tous les renseignemens indiqués dans l'article. « Si une rigueur justement adoptée pour l'intérêt et le repos des familles, interdit à ces enfans la recherche de leur père, la loi n'en prescrit pas moins de décrire avec exactitude tout ce qui leur a été laissé dans leur abandon. Un simple vêtement, un baillon pourra quelquefois aider à un retour de tendresse ou de remords, et à rendre des enfans à des parens qui les voudraient retrouver, ou auxquels un heureux hasard les ferait reconnaître : ici la loi n'est pas seulement prévoyante; elle est affectueuse et paternelle (M. SIMÉON, *Rapp. au Trib.*). » Le maire doit donc, dans la rédaction du procès-verbal, partager la sollicitude du législateur. Ainsi, il désignera avec précision le lieu de la commune où l'enfant aura été trouvé; énoncera le jour et l'heure; fera avec exactitude le signalement de l'enfant, et ne négligera l'indication d'aucune des marques qu'il pourrait avoir sur le corps, naturelles, accidentelles, ou même factices; il en indiquera le sexe et l'âge apparent; il décrira les vêtemens ou langes dont l'enfant était couvert et les marques qu'ils pourront porter, ainsi que tous autres effets, et surtout les papiers, quels qu'ils soient, qui auraient été trouvés avec lui. Ce procès-verbal contiendra donc tout ce que les circonstances pourront suggérer pour faciliter aux père et mère les moyens de reconnaître un jour l'enfant (LAGARDE, *n°* 431; M. HUTTEAU, *lieu cité*, *n°* 8; DELAPORTE, *Pand. fr. sur l'art.* 58, *n°* 51 *et à la note*). Mais l'officier devra en même temps ne pas y consigner le nom de la personne qu'on lui désignerait comme mère de l'enfant : car il n'aurait pas, comme dans les cas ordinaires, la garantie d'un déclarant chargé par la mère et présent à l'accouchement (M. DURANTON, *t.* 1er, *no* 317 *à la note*).

4. Quant aux *noms* de l'enfant, ils ne lui sont pas donnés par la personne qui le présente. C'est au maire à qui il est remis de les choisir ; et si l'enfant est présenté par les administrateurs d'un hospice, c'est à ceux-ci de le nommer (*Circul. du min. de l'intér. du* 30 *juin* 1812), puisqu'il se trouve sous la tutelle de la commission administrative des hospices (*Décr. du* 19 *janv.* 1811, *art.* 15. M. HUTTEAU, *l. cit. no* 5 ; LAGARDE, *no* 435).

Dans ce cas, on ne se contente pas de donner un prénom à l'enfant trouvé ; on lui donne aussi un nom patronymique qu'il transmettra à la famille dont il deviendra la souche. Il faut éviter, dans le choix, ceux qui le désigneraient comme enfant trouvé, et ceux connus pour appartenir à des familles existantes. On cherchera ces noms, soit dans l'histoire des temps passés, soit dans les circonstances particulières à l'enfant, comme sa conformation, ses traits, son teint, le pays, le lieu, l'heure où il a été trouvé. Il convient d'ailleurs que les noms soient différens pour les divers individus d'un même lieu (*Mêmes circul. et autorités*).

5. Le Code civil ne détermine pas à quelle autorité civile doit être remis l'enfant. C'était un objet réglementaire (*V. la séance du C. d'Etat*, 6 *fructidor an IX*). C'est à l'autorité administrative qu'il sera confié d'après le décret de 1811 ; et le mode d'envoi du nouveau-né à l'hospice est réglé par les instructions locales.

6. L'art. 347 du Code pénal contient la sanction de l'art. 58, comme son art. 346 contient celle de l'art. 57 du Code civil. Il punit d'un emprisonnement de six jours à six mois, et d'une amende de seize francs à trois cents francs, « toute personne « qui, ayant trouvé un enfant nouveau-né, ne l'aura « pas remis à l'officier de l'état civil, ainsi qu'il est « prescrit par l'art. 58 du Code civil ; » et ajoute que « cette disposition n'est pas applicable à celui « qui aurait consenti à se charger de l'enfant, et « qui aurait fait sa déclaration à cet égard devant « la municipalité du lieu où l'enfant a été trouvé. » On voit que ni la loi civile ni la loi pénale ne fixent de délai. Pourquoi ? Parce que trouver un enfant est un événement qui exige une déclaration prompte et pour ainsi dire instantanée. Donc, selon les circonstances, la peine pourrait être encourue avant les trois jours (M. HUTTEAU D'ORIGNY, *l. cité*, *no* 3), comme elle pourrait n'être pas prononcée pour retard, s'il y avait bonne foi et empêchemens légitimes.

Enfin, il ne faut pas induire de la dernière partie de l'art 347 du Code pénal que quiconque aura trouvé un enfant ait le droit de le garder et d'en prendre soin. Le mot *consenti*, qu'emploie l'article, suppose une volonté corrélative, c'est celle de l'administration, protectrice des enfans sans famille. La déclaration n'a donc qu'un effet provisoire ; et si l'autorité supérieure croyait le bienfaiteur indigne par ses mœurs d'être chargé de ce soin (M. LAGARDE, *no* 437), celui-ci serait tenu de remettre l'enfant à la disposition du maire.

ARTICLE 59.

S'il naît un enfant pendant un voyage de mer, l'acte de naissance sera dressé dans les vingt-quatre heures, en présence du père, s'il est présent, et de deux témoins pris parmi les officiers du bâtiment, ou, à leur défaut, parmi les hommes de l'équipage. Cet acte sera rédigé, savoir, sur les bâtimens du roi, par l'officier d'administration de la marine ; et sur les bâtimens appartenant à un armateur ou négociant, par le capitaine, maître ou patron du navire. L'acte de naissance sera inscrit à la suite du rôle d'équipage.

SOMMAIRE.

1. *Ancienne législation.*
2. *Délai de rédaction. Peines en cas de négligence.*
3. *Qualités des témoins. Qui les choisit.*
4. *Rôle d'équipage.*

1. Le Code civil étend les précautions qu'avait prises l'ordonnance de la marine. Elle donnait foi en justice au registre tenu par l'écrivain du vaisseau (*Ord. de* 1681, *liv.* 2, *tit.* 3, *art.* 6), où il devait inscrire les décès arrivés en mer, et les noms des passagers (*art.* 2), ce qui comprenait implicitement les naissances qui en augmentaient le nombre. Aucune loi n'ordonnait le dépôt de ce registre à l'arrivée en France (DELAPORTE, *Pand. franç. sur l'art.*, *no* 54).

2. L'acte doit être dressé dans les vingt-quatre heures, et la loi ne parle pas ici de déclaration, parce qu'il s'agit d'un fait patent et à la connaissance de tout le navire. C'est à l'officier d'administration, capitaine, maître ou patron, auxquels la loi délègue en cette partie les fonctions d'officier de l'état civil, à rédiger l'acte, même d'office. Aussi M. Hutteau d'Origny (*tit.* 4, *ch.* 3, § 1er, *nos* 1 *et* 2) pense-t-il avec raison que, selon les circonstances, il pourrait y avoir lieu à des dommages-intérêts contre celui qui aurait négligé de dresser l'acte, si, après l'expiration du délai

prescrit, il survenait un accident qui en empêchât la rédaction; et que l'art. 346 du Code pénal n'est jamais applicable aux naissances sur mer. »

3. En appelant en premier ordre les officiers du bâtiment comme témoins, et ne prenant qu'*à leur défaut* les hommes de l'équipage, la loi paraît n'avoir pas laissé d'une manière absolue le choix des témoins au père, s'il est présent, ou à la mère (nonobst. M. Hutteau, *ibid.*, *n°* 4). Elle a évidemment voulu accroître la confiance due à l'acte par le caractère des témoins. L'officier de l'état civil en mer a donc le droit de les choisir, si ceux présentés ne sont pas de la qualité requise.

4. Le projet portait que l'inscription se ferait sur le *livre-journal* : sur l'observation de M. Fleurieu, on préféra au Conseil le rôle d'équipage, parce qu'il n'y avait pas de livre-journal sur les bâtimens de l'Etat (*Séance inéd. du 8 brumaire an X*). Le dépôt qui en est ordonné par l'art. 61, en fait un registre public.

ARTICLE 60.

Au premier port où le bâtiment abordera, soit de relâche, soit pour toute autre cause que celle de son désarmement, les officiers de l'administration de la marine, capitaine, maître ou patron, seront tenus de déposer deux expéditions authentiques des actes de naissance qu'ils auront rédigés, savoir, dans un port français, au bureau du préposé à l'inscription maritime ; et dans un port étranger, entre les mains du consul.

L'une de ces expéditions restera déposée au bureau de l'inscription maritime, ou à la chancellerie du consulat; l'autre sera envoyée au ministre de la marine, qui fera parvenir une copie, de lui certifiée, de chacun desdits actes, à l'officier de l'état civil du domicile du père de l'enfant, ou de la mère, si le père est inconnu : cette copie sera inscrite de suite sur les registres.

SOMMAIRE.

1. *Objet de la première disposition.*
2. *Authenticité des expéditions ; pas de légalisation.*

1. La première partie de l'article a pour objet d'assurer la conservation des actes de l'état civil, pour le cas où un événement ultérieur ferait périr le bâtiment (*V. la discuss. au Cons. d'Etat, séance du 6 fruct. an IX, et les Observ. du Tribunat*).

2. Les expéditions sont authentiques, quand elles sont délivrées conformes au rôle d'équipage (*Voy. l'art.* 45) par l'officier d'administration, le capitaine, maître ou patron, officiers de l'état civil en cette partie. Mais ici elles n'ont pas besoin de légalisation (nonobst. M. Hutteau d'Origny, *ibid.*, *n°* 7); c'est l'officier civil du navire qui les remet directement au préposé ou au consul.

ARTICLE 61.

A l'arrivée du bâtiment dans le port du désarmement, le rôle d'équipage sera déposé au bureau du préposé à l'inscription maritime, qui enverra une expédition de l'acte de naissance, de lui signée, à l'officier de l'état civil du domicile du père de l'enfant, ou de la mère, si le père est inconnu : cette expédition sera inscrite de suite sur les registres.

SOMMAIRE.

1. *Différence entre cet article et le précédent.*
2. *Comment se fait l'inscription au domicile.*
3. *Pourquoi la double inscription ne doit pas être négligée.*

1. A cette seconde époque, le rôle d'équipage étant devenu inutile au vaisseau, les originaux demeureront dans le dépôt public que l'article indique. Le préposé à l'inscription maritime enverra alors directement à l'officier de l'état civil du domicile l'expédition qu'il aura faite sur le rôle : différence avec l'article précédent, où la copie ne parvient au domicile que par l'entremise du ministère de la marine.

2. L'inscription sur les registres du domicile se fait à la date de la réception : le maire, s'il a déjà reçu une copie du ministère, mentionnera en marge de ces deux inscriptions un renvoi de l'une à l'autre, et annexera à chacune l'expédition et la lettre d'envoi (M. Hutteau, *n°* 10; M. Lagarde, *n°* 623). Si les deux expéditions contiennent des différences de rédaction, le maire n'en devra à l'avenir délivrer expédition qu'en mentionnant ces différences jusqu'à rectification ordonnée par justice.

3. Les auteurs des Pandectes françaises regardent la seconde inscription comme inutile, quand la première a eu lieu (*Sur l'art.* 61, *n°* 60). C'est une erreur : outre que deux expéditions faites en divers temps et par des personnes différentes deviennent mutuellement garantes de la conformité de chacune d'elles à l'original, on pourrait ignorer l'époque de relâche, surtout si elle a eu lieu dans un port étranger, tandis que celle du dé-

sarmement, toujours connue, fixerait l'époque des recherches (M. HUTTEAU, *ibid.*, nº 13).

ARTICLE 62.

L'acte de reconnaissance d'un enfant sera inscrit sur les registres, à sa date; et il en sera fait mention en marge de l'acte de naissance, s'il en existe un.

SOMMAIRE.

1. *Formalités; témoins.*
2. *S'agit-il ici même de la reconnaissance des enfans légitimes?*
3. *Quel est l'officier compétent?*

1. L'article ne règle pas les formalités de l'acte de reconnaissance : il faut donc, quand elle est faite devant l'officier de l'état civil, car elle peut résulter d'autres actes authentiques (*V. l'article* 334), appliquer les règles du chapitre Ier, et la présence de deux témoins est nécessaire (DELAPORTE, *Pand. franç.*, *nº 61 sur l'art.*; PROUDHON, *Cours de dr. fr. t.* 1er, *p.* 116, et LAGARDE, nº 476; nonobstant MM. HUTTEAU D'ORIGNY, *tit.* 5, *ch.* 1er, § 2, *nº* 6, et GARNIER DUBOURGNEUF, *Manuel*, *nº* 140). M. Garnier appuie son opinion d'un arrêt de la Cour de Paris du 1er février 1812 (*S.* 1812, 2. 161; *P. t.* 1er *de* 1812, *p.* 433; *N. D. t.* 8, *p.* 645); mais cet arrêt ne peut être invoqué, même par argument, puisque l'acte reçu sans témoins par le maire était la conséquence d'une procuration notariée, laquelle contenait la reconnaissance et n'était point attaquée dans sa forme. Nous n'entendons pas cependant faire résulter une nullité de plein droit de l'absence de cette formalité (*V. l'Introduct.*, *nº* 10); mais, dans tous les cas, l'officier de l'état civil aurait encouru l'amende fixée par l'art. 50.

2. M. Delvincourt (*t.* 1, *note* 8 *sur la page* 36) applique cet article à la reconnaissance des enfans légitimes qu'un événement aurait enlevés à leurs parens, comme aux enfans naturels. Cette décision paraît hasardée, car elle donnerait les moyens d'introduire des étrangers dans la famille, et de créer des enfans aux époux par leur consentement mutuel. Tout est réglé pour la preuve de la filiation légitime par les art. 319 et suivans du Code civil; et si un enfant a été perdu et que ses parens le retrouvent, c'est dans les faits antérieurs qu'il faut chercher son identité, c'est dans les faits postérieurs que se trouvera la possession d'état. On ne saurait créer une preuve en matière d'état légitime. Si l'article contient le mot *reconnaissance* sans expliquer à qui elle s'applique, le doute est levé par l'exposé des motifs : « Comme au titre de « *la paternité* et de *la filiation*, il est traité de la « reconnaissance des enfans *nés hors mariage*, un « article statue que les *actes de reconnaissance* se« ront inscrits sur les registres. » MM. Duchesne et Siméon ont tenu le même langage dans leurs rapports successifs au Tribunat.

3. La loi n'a pas déterminé quel était l'officier de l'état civil compétent pour recevoir l'acte de reconnaissance. La conséquence de ce silence est que tout officier dans le ressort duquel se trouve le déclarant au moment où il en demande acte, est compétent pour recevoir la reconnaissance (*V. l'Introd. nº* 11, *p.* 6). M. Hutteau d'Origny, *tit.* 5, *chap.* 1er, § 2, *nº* 4, blâme avec raison les maires qui refusent ces déclarations des personnes étrangères à leur commune : des motifs graves peuvent déterminer des parens à assurer l'état d'enfans naturels, sans publier actuellement leur reconnaissance dans le lieu de leur domicile. Le doute sur l'identité du déclarant ou des témoins (*nº 7 sur l'art.* 37, *p.* 19) est la seule cause légitime de renvoi dans une autre commune.

CHAPITRE III.

Des actes de mariage.

OBSERVATIONS GÉNÉRALES.

SOMMAIRE.

1. *Pourquoi la loi de* 1792 *était plus complète que ce chapitre.*
2. *Renvoi général au titre* du Mariage.
3. *Division du chapitre.*

1. La loi du 20 septembre 1792 devait être sur le mariage plus complète que ce chapitre. Elle organisait ce principe de la constitution de 1791 (*tit.* 2, *art.* 7) : « La loi ne considère le mariage que comme contrat civil. » Elle avait donc à poser à la fois les règles du contrat et les formes auxquelles il serait assujetti. Le titre IV, divisé en cinq sections, y fut consacré : la première réglait l'âge requis pour le mariage, la nécessité du consentement du père, de la mère ou de la famille pour le mariage d'un mineur, et ne fixait pour empêchemens que le cas d'un premier mariage non dissous, la parenté en ligne directe et au degré de frère et de sœur en collatérale, et le défaut de consentement. Aussi le dernier article (13) de cette section porte-t-il que « les mariages faits contre la disposition des articles précédens seront nuls et de nul effet. » Article remarquable en ce qu'il trace une limite tranchée entre les conditions habilitantes du mariage nécessaires à peine de nullité, et les forma-

lités qui le précèdent ou l'accompagnent, dont la loi ordonne l'accomplissement sans s'expliquer sur l'effet de leur inexécution. Ces formalités font l'objet des trois sections suivantes : la deuxième traite des *publications*, la troisième des *oppositions*, et la quatrième des *formes intrinsèques* de l'acte de mariage : la cinquième réglait *le divorce*.

2. Le Code ne pouvait être aussi complet au titre *des Actes de l'état civil:* un titre spécial (*le titre* V) était entièrement réservé au mariage. Là seulement devaient être fixées les qualités et les conditions pour le contracter valablement; là seulement les nullités attachées à la violation de certaines formes pouvaient être prononcées; là seulement pouvaient être établies les fins de non-recevoir qui couvriraient les défauts de forme ou répareraient les vices du fond. Les articles qui vont suivre ne sont donc que la prescription sèche d'une suite de formalités détachées et des principes qu'elles mettent en action et de leurs conséquences légales. On a même à regretter que, sous le rapport des formes, le chapitre soit incomplet, et que souvent il faille recourir au titre *du Mariage* pour suppléer à son insuffisance.

3. Il est modelé à peu près sur les 2e, 3e et 4e sections de la loi de 1792. Les art. 63, 64 et 65 règlent les publications préalables; les art. 66 à 69, les oppositions et leurs mains-levées; les art. 70 à 73, l'énumération des pièces nécessaires; enfin, les art. 74, 75 et 76, les formalités intrinsèques à l'acte même.

ARTICLE 63.

Avant la célébration du mariage, l'officier de l'état civil fera deux publications, à huit jours d'intervalle, un jour de dimanche, devant la porte de la maison commune. Ces publications, et l'acte qui en sera dressé, énonceront les prénoms, noms, professions et domiciles des futurs époux, leur qualité de majeurs ou de mineurs, et les prénoms, noms, professions et domiciles de leurs pères et mères. Cet acte énoncera, en outre, les jours, lieux et heures où les publications auront été faites : il sera inscrit sur un seul registre, qui sera coté et paraphé comme il est dit en l'article 41, et déposé, à la fin de chaque année, au greffe du tribunal de l'arrondissement.

SOMMAIRE.

1. *Objet des publications. Leur origine. Division.*
2. *Par qui doivent être faites les publications. Du refus de l'officier de l'état civil.*
3. *Dispenses. Qui peut les accorder. Renvoi.*
4. *Consentement des parties, nécessaire pour les publications.*
5. *Dans quel cas il faut celui des parens.*
6. *Ce qui est exigé administrativement pour la publication des mariages des militaires.*
7. *Jours et intervalle des publications. L'opposition au mariage n'arrête pas la seconde.*
8. *Où les publications ont lieu.*
9. *Forme de l'acte qui les constate.*
10. *Du registre des publications, sa tenue, son dépôt au greffe.*
11. *Peines du défaut de publications. Renvoi.*

1. Les publications (appelées autrefois *bans*) sont l'annonce publique du mariage qui doit être contracté (M. Toullier, t. 1er, no 561). Elles ont pour objet d'appeler les oppositions des personnes qui auraient droit d'empêcher la célébration du mariage.

On peut voir dans Févret (*Tr. de l'abus*, *liv.* 5, *chap.* 2, *no* 15 *et suiv.*), et surtout dans Brodeau (*sur Louet, lettre M, somm.* 6, *nos* 3 *et* 4), les autorités qui établissent que l'institution si éminemment utile des publications de mariage est due à la France, et que c'est à l'imitation des sages coutumes de l'Église gallicane qu'Innocent III en fit le droit commun de l'Église catholique, en 1215, au quatrième concile général de Latran. Cet usage ne reçut cependant force de loi civile en France qu'en 1579 par l'art. 40 de l'édit de Blois.

Cet article peut donner lieu d'examiner qui doit faire les publications, quel est leur nombre, s'il peut être diminué par des dispenses, quand elles doivent être faites, où elles doivent avoir lieu; leur forme, la manière de les constater, les peines attachées à leur défaut ou à leurs irrégularités : mais plusieurs de ces questions devront être renvoyées au titre *du Mariage*.

2. Les publications doivent être faites par l'officier de l'état civil. Aucun autre officier public n'aurait qualité. Sous l'ancien droit, un sergent fut condamné, par arrêt du parlement de Paris du 12 mars 1614, à l'amende et à la suspension de sa charge pendant six semaines pour avoir publié des bans sur le refus du curé (Févret, *ibid.* no 24; Pothier, *Cont. de mariage*, no 71). Il en serait de même aujourd'hui. En cas de refus de l'officier de l'état civil, il faudrait donc le citer devant le tribunal civil pour qu'il eût à faire la publication; et à défaut par lui d'obéir au jugement, le tribunal pourrait ordonner que la publication serait faite dans la commune, soit par un autre membre du corps municipal, soit par l'officier de l'état civil d'une autre commune commis à cet effet (*V.* Pothier, *ibid.*), soit même par un huissier chargé de lire la grosse du jugement et d'en afficher une copie;

car aujourd'hui ce ne serait plus commettre à un laïc des fonctions curiales.

3. L'édit de Blois avait ordonné que les bans fussent publiés par trois divers jours de fête avec intervalle compétent, ce qui se réduisait quelquefois à vingt-quatre heures, quand les fêtes religieuses étaient rapprochées : la même loi laissait aux évêques le pouvoir d'accorder la dispense des deux dernières publications. On sait qu'elles étaient presque toujours rachetées; et souvent même, contre le texte de la loi, on dispensait de toutes les trois (POTHIER, *n*o 79). La loi du 20 septembre 1792 (*tit.* 4, *sect.* 2, *art.* 1 *et* 3) ne prescrivit plus qu'une seule publication. Le Code en demande deux : mais en même temps il permet de dispenser *pour cause grave* de la seconde (*C. civ. art.* 169). Le droit d'accorder cette dispense est délégué au procureur du roi près le tribunal dans l'arrondissement duquel les parties se proposent de contracter mariage (*Arrêté du* 20 *prair. an XI, art.* 3). L'examen de cet arrêté, des causes qui peuvent motiver les dispenses, et de leurs effets, appartient au titre *du Mariage*.

4. Quand les publications doivent-elles être faites? Cette question en comprend plusieurs : 1o Quand est-on en mesure d'exiger de l'officier de l'état civil l'accomplissement de la formalité? 2o Quel intervalle sépare les deux publications? 3o De combien de temps doivent-elles précéder le mariage?

Il faut, quoique l'usage paraisse contraire (M. HUTTEAU D'ORIGNY, *tit.* 7, *chap.* 3, § 2, *n*o 2), qu'avant de faire les publications, le maire ait la certitude du consentement des deux parties contractantes (POTHIER, *n*o 76; LAGARDE, *n*o 573). La loi de 1792 ne pouvait être entendue qu'en ce sens lorsqu'elle disait : « Les personnes majeures seront tenues de faire publier *leurs promesses réciproques* (*tit.* 4, *sect.* 2, *art.* 1er). » On aperçoit les graves inconvéniens qui naîtraient d'un système contraire; et telle publication de mariage pourrait, selon les circonstances, constituer une diffamation.

5. Si l'un des futurs époux n'est pas majeur pour le mariage (*art.* 148 *et* 160), la certitude du consentement des personnes sous l'autorité desquelles il est placé est nécessaire avant les publications (*Décl. du* 26 *nov.* 1639, *art.* 1er; POTHIER, *n*o 76; M. HUTTEAU D'ORIGNY, *tit.* 7, *chap.* 3, § 2, *n*o 3; LAGARDE, *n*o 573), non que la publication soit nulle dans ce cas, mais parce qu'agir autrement serait un outrage à la puissance paternelle qui, selon les circonstances, pourrait entraîner des dommages-intérêts contre l'officier public.

Cette opinion n'est pas toujours suivie dans la pratique. On dit pour la combattre que la défense contenue dans la déclaration de 1639 n'a pas été renouvelée par le Code civil, et que cette déclaration, due à des circonstances particulières, a été donnée pour empêcher le mariage du malheureux Cinq-Mars avec Marie de Lorme. On ajoute que l'art. 168, en exigeant que la publication ait lieu dans les communes où demeurent ceux sous la puissance desquels se trouvent les futurs, suppose que le consentement de ceux-ci n'est pas nécessaire pour les publications, et qu'un avis du conseil d'État du 30 mars 1808 porte que les publications doivent toujours être faites conformément aux *notes remises par les parties* aux officiers de l'état civil.

On répond que si la déclaration de 1639 n'a plus force législative, elle peut du moins être consultée comme raison écrite en ce qui n'est pas contraire au Code civil. Si une occasion particulière lui a donné naissance, elle était depuis longtemps désirée, et les célèbres Bignon et Talon n'avaient pas, depuis plusieurs années, laissé passer une occasion de représenter la nécessité d'obvier aux mariages clandestins (*Code matrimonial, t.* 1er, *p.* 121 *à la note*); d'ailleurs, en ce point, la déclaration porte formellement qu'elle n'est qu'interprétative de l'ordonnance de Blois, qui prescrivait les publications, sans dire par qui ni comment elles seraient requises. L'art. 168 ne s'oppose pas à cette interprétation : car les publications ont pour objet, non seulement d'appeler l'opposition des parens, mais aussi de faire obstacle à la bigamie; et la commune où habitent les parens sous la puissance desquels les enfans demeurent encore, est nécessairement celle où le premier mariage serait connu. Ce motif suffit pour que l'article ait un objet raisonnable; il est donc inutile de le convertir en une faculté donnée aux officiers de l'état civil de faire les publications sans le consentement des parens. Quant à l'avis du conseil d'État qui sera rapporté sous l'art. 73, son objet est de ne pas retarder les publications à cause de l'irrégularité matérielle de quelques pièces. Ainsi, reste toujours la raison dominante que la puissance paternelle serait blessée si on pouvait publier, sans le concours des parens, un mariage qui ne peut être contracté sans leur volonté.

Mais si les futurs époux sont majeurs pour le mariage, les publications peuvent avoir lieu, même avant les actes respectueux dont parlent les art. 152 et 153, quoiqu'il soit plus convenable d'attendre après.

Ainsi, en thèse générale, l'officier de l'état civil doit faire les publications dès qu'il en est requis par les parties majeures, ou par les parties mineures et leurs parens.

6. Cependant l'officier de l'état civil doit exiger des militaires, avant la publication de leurs bans, un certificat du conseil d'administration de leur corps, constatant la déclaration qu'ils lui ont faite de leur prochain mariage, et qu'il ne leur connaît pas d'autre engagement de cette nature (*Circ. du*

min. de la guerre du 5 therm. an VIII et lettre du même ministre au grand-juge du 30 pluv. an XIII, citées par M. Hutteau d'Origny, *tit.* 7, *chap.* 3, § 2, *n*° 18). Cette mesure administrative ne résulte d'aucune loi, mais elle est bonne en soi et peut prévenir des abus.

7. Les publications ne peuvent être faites qu'un jour de *dimanche*, car « elles ne produisent réellement la publicité que lorsqu'elles sont faites les jours où les citoyens se réunissent (M. Thibaudeau, *Exp. des motifs*). »

Ces mots : « *A huit jours d'intervalle* », sont une expression impropre, qui s'entend d'un dimanche et du dimanche suivant (M. Toullier, *t.* 1er, *n*° 564; M. Hutteau d'Origny, *lieu cité, n*° 4; Lagarde, *n*° 570; M. Vazeille, *t.* 1, *n*° 157).

Dès que la loi a voulu que les publications eussent lieu par deux dimanches consécutifs, il suit qu'une opposition au mariage, signifiée à l'officier de l'état civil après la première publication, ne doit pas empêcher la publication suivante : la loi n'a pas admis les oppositions à la publication, et, sous un autre rapport, comme elle a fait résulter la publicité de la succession des deux publications à huit jours d'intervalle, le défaut de la seconde forcerait à en faire plus tard deux consécutivement et avec l'intervalle requis, après main-levée de l'opposition, ce qui serait une nouvelle entrave au mariage (Lagarde, *n*° 577).

8. Les publications ont lieu à haute voix devant la porte de la maison commune. Dans les villages où il n'y en a pas, c'est ordinairement la demeure du maire qui en tient lieu; et dans les communes où un adjoint spécial est nommé pour la partie de commune qu'un obstacle sépare du chef-lieu, c'est à la porte de l'adjoint que se fait la publication, pendant l'interruption des communications (*L. du 18 flor. an X, art.* 3). L'affiche s'appose aux mêmes endroits. Quant aux diverses communes où la publication et l'affiche sont requises, elles sont déterminées par les art. 166, 167 et 168 du Code civil au titre *du Mariage*.

9. Rien de plus simple que l'acte qui constate les publications de mariage : il contient le jour, le lieu et l'heure de la publication, les prénoms, noms, professions et domiciles des futurs époux, c'est-à-dire tout ce qui est nécessaire pour que leur personne soit bien connue, leur qualité de majeurs ou de mineurs, car les pièces qui prouvent l'âge peuvent n'être pas encore rassemblées, et les prénoms, noms, domiciles et professions des pères et mères. La loi n'exige rien de plus; ainsi l'officier de l'état civil peut et doit même se dispenser d'y insérer des énonciations non requises qui seraient fâcheuses pour les parties : par exemple, si l'un des époux est enfant naturel reconnu par son père et sa mère, la publication peut porter qu'il est fils de *tel* et de *telle*, sans exprimer la nature de la filiation. Si ses parens ne l'ont pas reconnu, le rédacteur peut se dispenser de mettre dans l'acte qu'il est né de père et de mère inconnus; car l'obligation d'énoncer ce qui concerne les parens ne peut s'appliquer au cas où on ne les connaît pas.

Tout ce que la loi exige est utile, et comme l'officier public est ici guidé par les notes des parties, si la remise des pièces avant la célébration lui démontrait qu'il s'est glissé dans les bans une erreur suffisante pour avoir fait naître un doute dans le public sur l'identité de l'un des époux, il devrait exiger de nouvelles publications.

10. Ces actes sont, aussitôt après la publication et l'affiche, portés sur un registre particulier tenu simple, avec les formalités des autres registres, et déposé tous les ans au greffe, comme annexe du registre des mariages, après avoir été clos de la manière indiquée n° 1er sur l'art. 43, p. 22.

De ce que ce registre doit être tenu dans la même forme que les autres, il suit que chacune des deux publications doit y être portée à sa date, et c'est abusivement que quelques maires mentionnent simplement la seconde publication au pied ou en marge de la première (MM. Hutteau d'Origny, *tit.* 7, *chap.* 3, § 2, *n*° 8; Lagarde, *n*° 570).

11. *V.* sur les peines prononcées contre l'officier de l'état civil qui procède au mariage quand les deux publications n'ont pas eu lieu et quand les intervalles prescrits n'ont pas été observés, l'*art.* 192 *du Code civil*, et pour les effets du défaut de publications sur le mariage, les *art.* 170 *et* 193 *et les notes* au titre *du Mariage*.

ARTICLE 64.

Un extrait de l'acte de publication sera et restera affiché à la porte de la maison commune, pendant les huit jours d'intervalle de l'une à l'autre publication. Le mariage ne pourra être célébré avant le troisième jour, depuis et non compris celui de la seconde publication.

SOMMAIRE.

1. *Si la seconde publication est assujettie à l'affiche.*
2. *Délai entre la seconde publication et le mariage.*
3. *Délai quand il y a dispense de la seconde publication.*
4. *Départ du délai quand il y a publication dans plusieurs communes.*

1. L'usage est d'afficher l'acte de la seconde publication (Lagarde, *n*° 570; M. Hutteau d'Origny, *tit.* 7, *ch.* 3, § 2, nº 10), quoique le texte de la loi n'exige évidemment l'affiche que de la première. On ne saurait trop encourager cet usage, car les publications actuelles sont loin d'avoir la publicité des bans sous l'ancienne législation, proclamés au milieu de la messe paroissiale, lorsque les mœurs publiques et la même foi y réunissaient la majeure partie des habitans. Aujourd'hui, les promesses de mariage sont annoncées à la porte des maisons communes avec si peu de solennité et souvent dans une solitude si absolue, qu'il est peu de personnes dans les grandes villes qui se souviennent d'en avoir entendu. L'affiche de la seconde publication remédie un peu à ce défaut.

2. D'après la seconde partie de l'article, la seconde publication ayant eu lieu le dimanche, le mariage ne peut être célébré avant le mercredi suivant (MM. Toullier, *t.* 1, *nº* 566; Duranton, *t.* 2, *nº* 229; Vazeille, *nº* 157). MM. Hutteau d'Origny (*l. cité, nº* 25) et Lagarde (*nº* 587), en partageant cette opinion, induisent de ce que l'acte de publication et l'acte de mariage sont datés d'heure, que le mariage fait le troisième jour doit être célébré à une heure postérieure à celle constatée par la publication. Cette opinion est erronée. La loi ne compte pas les jours *de momento ad momentum* (*Arg. de l'art.* 2260). Le mariage peut avoir lieu à une heure quelconque du troisième jour.

3. L'analogie exige que lorsqu'il y a dispense de la seconde publication, le mariage n'ait lieu que trois jours après celui de la publication unique (M. Duranton, *ibid.*; M. Hutteau d'Origny, *lieu cité, nº* 25). Si le mariage n'avait lieu qu'après la huitaine de l'affiche, la dispense n'aurait pas d'objet; avant le troisième jour, la publication serait illusoire.

4. Lorsque les publications ont dû être faites dans plusieurs communes, et qu'elles portent des dates différentes, c'est de la plus tardive que court le délai.

ARTICLE 65.

Si le mariage n'a pas été célébré dans l'année, à compter de l'expiration du délai des publications, il ne pourra plus être célébré qu'après que de nouvelles publications auront été faites dans la forme ci-dessus prescrite.

SOMMAIRE.

1. *L'article est tiré d'un ancien usage.*
2. *Comment se compte l'année.*
3. *Du cas où les publications ont été faites en diverses communes à jours différens.*

1. La loi du 20 septembre 1792 ne contenait pas de disposition semblable. Elle a été empruntée de l'usage de divers diocèses qui déclarait inefficaces les publications de bans après des délais diversement réglés par les différens rituels (*V. Code matrimonial, page 65 et suiv.*). Le Code fixe une année. Après un aussi long délai, les publications sont oubliées, et le projet de mariage présumé abandonné.

2. Mais quel jour expire cette année? Selon M. Toullier (*t.* 1, *nº* 567, *à la note*), dont l'opinion est aussi celle de M. Delvincourt (*t.* 1, *note* 2 *de la p.* 69), si la seconde publication a été faite le dimanche 4 février 1809, le mariage a pu être célébré au plus tôt le mercredi 7 février, et pourra être retardé jusqu'au 7 février 1810 *inclusivement*. Pourquoi? Parce que le terme *à quo*, le terme du départ, ne se compte pas, et que ce terme est le premier jour où le mariage a pu être régulièrement célébré. M. Hutteau d'Origny dit au contraire que la surannation des publications sera acquise après l'expiration d'une année à compter du troisième jour *inclusivement*, qui aura suivi la seconde publication, et en appliquant sa décision à l'espèce posée par M. Toullier, on doit dire que le 7 février 1810, le maire ne pouvait plus procéder au mariage (*de l'État civil, tit.* 7, *ch.* 3, § 2, *nº* 25).

L'opinion de M. Hutteau d'Origny est la seule exacte : nous avouons, avec M. Toullier, que le terme *à quo* ne doit pas entrer dans la computation du délai; mais M. Toullier nous paraît se tromper sur le point de départ. En effet, qu'entend la loi par les mots *délais des publications?* le temps pendant lequel on est forcé de différer le mariage pour que les publications produisent leur effet. Or si, dès la première heure du troisième jour après la seconde publication, on peut passer outre au mariage, il faut donc convenir que dès lors on n'est plus dans le délai des publications, et qu'il est expiré dès la dernière heure du second jour. Le terme du départ est donc la dernière heure du jour qui a précédé le troisième après la dernière publication, et dans l'espèce le 6 février 1809; le 7 février 1809 étant le premier jour utile de l'année dans les bornes de laquelle il était permis de se marier, il suit qu'elle se terminera le 6 février 1810 à minuit : autrement on trouverait deux fois le 7 février dans la même année, ce qui est impossible.

3. Si les publications ont été faites dans plusieurs communes à diverses époques, et que les unes soient frappées de surannation, on ne peut procéder au mariage sans les renouveler, quoique les autres soient encore valables.

ARTICLE 66.

Les actes d'opposition au mariage seront signés sur l'original et sur la copie par les opposans ou par leurs fondés de procuration spéciale et authentique; ils seront signifiés, avec la copie de la procuration, à la personne ou au domicile des parties, et à l'officier de l'état civil, qui mettra son *visa* sur l'original.

SOMMAIRE.

1. *Renvoi au titre* du Mariage.
2. *Signature de l'opposant. Est-elle requise à peine de nullité?*
3. *De la signification aux parties,*
4. *Et à l'officier de l'état civil.*
5. *Visa.*

1. Le chapitre III du titre *du Mariage* est entièrement consacré à régler le droit d'opposition, les personnes qui peuvent l'exercer, les causes qui peuvent y donner lieu, les énonciations requises dans l'acte, à peine de nullité, la forme de la procédure et les suites du rejet de l'opposition. Nous devons nous borner ici à quelques observations sur le texte de l'art. 66.

2. L'opposition à un mariage est, par sa nature, du ministère des huissiers. Le Code, en exigeant, comme la loi du 20 septembre 1792, titre 4, section 3, art. 4, que l'acte d'opposition fût signé par la partie opposante ou par son fondé de procuration spéciale, a voulu de plus que la procuration fût *authentique*. Mais suit-il de là que l'opposition serait nulle faute de cette signature, comme le pense M. Dalloz (*mot Mariage, sect. 4, art. 2, n*o 5) d'après un arrêt de *Liége du 24 octobre* 1812? Non, selon nous : car les nullités de procédure n'existent que quand la loi les prononce, ou que la disposition violée est constitutive de la substance des actes. Or, ici la loi ne prononce pas la nullité. Il y a plus : l'art. 176, au titre *du Mariage*, prescrit d'autres formalités pour les oppositions, et les prescrit à peine de nullité; d'où il suit que, spécialement en cette matière, le Code civil a distingué les formalités irritantes et les formalités simplement requises. Et, sous un second rapport, on ne peut considérer la signature de l'opposant comme constitutive de la substance de l'opposition. Il est de la substance de l'acte d'être fait à la requête d'une personne déterminée; et quand le requérant est dénommé, les actes des huissiers font foi, jusqu'à désaveu, de la volonté du requérant : la formalité de la signature est donc un surcroît de garantie *ajouté* à celle qui résulte des principes généraux; c'est donc une formalité *accessoire* et *accidentelle*. Elle ne touche donc en rien à la susbtance de l'exploit, et son omission ne peut qu'entraîner des peines contre l'officier ministériel (*C. Pr.* 1030). M. Vazeille professe la même doctrine (*Tr. du mariage, t.* 1, *n*o 171).

3. Sous l'ancien droit, l'opposition se signifiait seulement au curé qui avait publié les bans (Pothier, *Mariage, n*o 82; Delaporte, *Pandect. franc. sur l'art.*); depuis la loi du 20 septembre 1792 (*tit.* 4, *sect.* 3, *art.* 5), elle est signifiée non seulement à l'officier de l'état civil, mais encore aux parties, c'est-à-dire aux deux futurs époux. Ainsi chacun d'eux peut éviter le fâcheux éclat d'un procès en renonçant au mariage projeté (Delvincourt, *note* 9 *de la p.* 62 *du* 1er *vol.*; M. Duranton, *t.* 2, *n*o 209; M. Vazeille, *t.* 1, *n*o 171).

Il n'y aurait pas nullité, si l'opposition n'était pas signifiée aux parties (Delaporte, *Pand. fr. n*o 73 *sur l'art.*); car la signification à l'officier public suffisant pour arrêter le mariage, le but principal de l'opposition est atteint. Mais l'huissier et la partie seraient exposés à des dommages-intérêts.

4. A quel officier de l'état civil doit être signifiée l'opposition? Il faut distinguer si les certificats de publication ont été délivrés ou ne l'ont pas été. Dans le premier cas, comme l'officier civil qui doit procéder au mariage ne peut le célébrer avant que ces certificats lui aient été remis sans mention d'opposition (*art.* 69), on peut former l'opposition dans l'une des communes où la loi exige la publication des bans (*V. les art.* 166, 167 *et* 168); dans le second cas, pour que l'opposition parvienne nécessairement à la connaissance de celui des officiers de l'état civil qui procédera, il faut signifier l'opposition dans chacune des communes (*art.* 74) où le mariage peut être célébré (M. Hutteau d'Origny, *tit.* 7, *ch.* 3, § 3, *n*o 12). Il est prudent de suivre toujours cette marche pour obvier aux erreurs.

5. L'officier de l'état civil n'est pas juge du mérite des oppositions qui lui sont notifiées : en conquence, il ne doit refuser son *visa* pour aucune des irrégularités qu'il remarquerait dans l'acte (nonobstant M. Lagarde, *n*o 575). Le visa est requis, non pour obtenir la certitude de l'accomplissement des formalités, mais afin que la foi authentique due aux actes des huissiers ne soit pas opposée à la dénégation de l'officier de l'état civil. S'il refuse le *visa*, l'huissier requerra celui du procureur du roi (*C. Pr.* 1039), qui doit prendre les mesures nécessaires pour que l'opposition produise son effet.

RENVOI AUX ARRÊTISTES.

Liége, 24 *oct.* 1812. — N. D. t. 10, p. 68.

ARTICLE 67.

L'officier de l'état civil fera, sans délai, une mention sommaire des oppositions sur le registre des publications : il fera aussi mention, en marge de l'inscription desdites oppositions, des jugemens ou des actes de main-levée dont expédition lui aura été remise.

SOMMAIRE.

1. *Comment se fait cette mention.*

1. La mention sommaire dont il s'agit ici n'est pas une annotation en marge de la publication, mais une relation dans le corps du registre, à la date même de l'opposition, de tout ce qu'il y a de substantiel dans cet exploit (M. HUTTEAU D'ORIGNY, *tit.* 7, *ch.* 3, *n°* 13; LAGARDE, *n°* 576) : c'est une garantie de plus que la date de l'acte est sincère; mais cette inscription de l'opposition à sa date ne dispense pas l'officier de l'état civil de faire en marge de la publication un renvoi à l'opposition : le soin avec lequel seront faites ces annotations le guideront dans la délivrance du certificat dont il s'agit en l'art. 69, et préviendra des erreurs irréparables.

ARTICLE 68.

En cas d'opposition, l'officier de l'état civil ne pourra célébrer le mariage avant qu'on lui en ait remis la main-levée, sous peine de trois cents francs d'amende, et de tous dommages-intérêts.

SOMMAIRE.

1. *Si l'officier de l'état civil peut passer outre, quand l'opposition est nulle pour vice de forme.*
2. *Si l'officier de l'état civil a procédé au mariage, peut-il invoquer les vices de l'opposition?*
3. *Formes de la main-levée. Renvoi.*

1. En défendant à l'officier de l'état civil de procéder au mariage *en cas d'opposition*, l'art. 68 ne lui laisse pas le droit d'examiner si l'opposition est régulière ou fondée : une opposition quelconque lui impose l'obligation de surseoir au mariage (DELAPORTE, *Pand. fr. n°* 75 *sur l'art.;* M. DURANTON, *t.* 2, *n°* 203; M. HUTTEAU D'ORIGNY, *tit.* 7, *ch.* 3, § 3, *n°* 2, où il cite *Lett. du min. de la just. du* 19 *niv. an XIII*, *et* M. DALLOZ, *sect.* 4, *art.* 2, *n°* 16). Un passage du rapport de M. Siméon au Tribunat ferait penser cependant que l'officier peut passer outre à la célébration, si un vice de forme entache l'opposition : « En vertu du principe que « les officiers de l'état civil en sont les ministres et « non les juges, les oppositions, *pourvu qu'elles* « *soient* EN FORME RÉGULIÈRE, les arrêteront. » M. Lagarde (*n°* 577), en disant que le maire doit s'arrêter dès qu'il y a opposition, ajoute, « *et que les* « *trois conditions imposées par l'art.* 66 *sont remplies;* » et M. Merlin (*Répert. mot Opposition à un mariage, n°* IV, *sous l'art.* 177 1°) que « l'acte « d'opposition qui ne renferme pas l'élection de « domicile, prescrite à peine de nullité par l'art. « 176, *ne devrait pas arrêter* l'officier de l'état ci- « vil ni l'empêcher de procéder à la célébration du « mariage. »

Cette opinion nous paraît contraire au texte et à l'esprit de l'art. 68. Elle offre l'inconvénient d'ériger les officiers de l'état civil en juges des oppositions. Déjà nous avons vu que les formalités de l'art. 66 (*n°* 2 *et suiv.*) ne sont pas prescrites, à peine de nullité, et que la doctrine de M. Lagarde prouve en soi le danger de l'interprétation du droit civil par un administrateur, même éclairé. Quant à l'élection de domicile, l'art. 176 est formel sur la nullité. Cependant si l'opposant demeurait dans la commune, l'élection de domicile serait superflue, et quoique l'article ne le dise pas, son omission ne pourrait vicier l'acte. Des nuances aussi délicates peuvent-elles être toujours parfaitement saisies par des hommes habitués à la régularité administrative? Nous ne le pensons pas.

Ces mots même de M. Siméon, « pourvu qu'elles soient en forme régulière », n'ont pas une portée bien étendue : ils peuvent indiquer qu'une défense verbale ou par lettre missive, en un mot, que tout mode autre qu'un acte émané d'un officier public ne saurait constituer une opposition. Si on veut en étendre le sens à l'appréciation des nullités, la comparaison du droit antérieur prouvera que c'est aller beaucoup trop loin.

En effet, sous l'ancien droit, rien n'était plus sévère que la défense de passer outre. Sa violation était punie canoniquement par trois ans de suspense du prêtre qui l'avait commise (*Cap. cùm inhibitio, extr. de cland. despons.*), et civilement, par les dommages-intérêts de la partie opposante (POTHIER, *n°* 82). Tous les jurisconsultes pensaient que quelque mauvaises et mal fondées que leur parussent les oppositions, ce n'était point aux prêtres appelés à célébrer les mariages à en juger (POTHIER, *ibid.;* DENISART, *mot Mariage*, *n°* 38). On se fondait sur un arrêt de règlement du parlement de Paris du 15 juin 1691, et dont les termes sont généraux comme l'art. 68 : « La Cour « fait défenses à tous curés, vicaires et prêtres, « lorsqu'il y aura des oppositions à des mariages, « de procéder à leur célébration, sans avoir au- « paravant mains-levées par écrit desdites opposi- « tions... » La loi de 1792 changea ce système; elle régla les oppositions sous le rapport de la capacité des opposans, des cas où elles seraient admises et de leurs formes; puis ajouta : « Toutes oppositions « formées hors les cas, les formes et par toutes « personnes autres que celles ci-dessus désignées,

« seront regardées *comme non avenues*, et l'officier public POURRA PASSER OUTRE à l'acte de mariage (*L. du 20 sept.* 1792, *tit.* 4, *sect.* 3, *art.* 9). » C'était constituer les officiers de l'état civil juges des oppositions : système dangereux, et contraire à leur rôle passif. Il nous paraît donc évident qu'en reproduisant des défenses générales dans l'art. 68, le Code civil a voulu rétablir l'ancien système de prohibition absolue, et, comme le dit fort bien M. Duranton, il a créé une garantie suffisante contre l'abus des oppositions dans les art. 176 et 179.

2. Néanmoins le mariage contracté au mépris d'une opposition mal fondée ne serait pas par cela seul frappé de nullité (D'HÉRICOURT, *Lois ecclés.* 3e *part. ch.* 5, *art.* 1er, *no* 23; POTHIER, *no* 82; DELAPORTE, *no* 76 *sur l'art.*; DELVINCOURT, *t.* 1, *note* 11 *sur la page* 62). L'officier de l'état civil, contre lequel on dirige l'action en réparation, peut donc, quoique passible de l'amende, peine de sa désobéissance, discuter les causes de l'opposition ou la qualité de l'opposant, pour échapper aux dommages-intérêts (DELAPORTE, *no* 76 *sur l'art.*).

On peut douter qu'il en soit de même si l'opposition est fondée au fond, quoique vicieuse en la forme : car le droit d'invoquer une nullité d'exploit paraît personnel à la partie litigante qui aurait pu y renoncer, même implicitement, par des défenses au fond.

3. La main-levée peut être donnée volontairement ou prononcée par justice.

Donnée volontairement, la loi n'en prescrit pas la forme d'une manière absolue; elle serait donc valablement signifiée par huissier dans la forme prescrite par l'art. 66 pour l'opposition elle-même (M. HUTTEAU D'ORIGNY, *lieu cité*, *no* 16; LAGARDE, *no* 579). On ne pourrait non plus contester la validité de celle qui serait donnée par la partie elle-même au pied de l'original qu'elle remettrait à l'officier de l'état civil. Néanmoins le vœu de la loi est que la main-levée soit reçue par-devant notaire *et en minute* : ce qui résulte des derniers mots de l'art. 67, qui veulent qu'une *expédition* en soit remise à l'officier de l'état civil.

Le mode de procéder pour obtenir la main-levée en justice est réglé par les art. 177 et 178 au titre *du Mariage*.

ARTICLE 69.

S'il n'y a point d'opposition, il en sera fait mention dans l'acte de mariage; et si les publications ont été faites dans plusieurs communes, les parties remettront un certificat délivré par l'officier de l'état civil de chaque commune, constatant qu'il n'existe point d'opposition.

SOMMAIRE.

1. *Objet de l'article : ce que contient le certificat.*

1. La loi multiplie les moyens d'assurer que les mariages ne sont pas faits au préjudice d'oppositions existantes : elle exige, en cas d'absence d'opposition, que l'acte de mariage énonce qu'il n'y en a pas eu, et réitère cette prescription dans l'art. 76 § 7o; et pour que l'officier qui procède au mariage l'atteste en connaissance de cause, elle ordonne aux parties de lui remettre le certificat des officiers de l'état civil de chaque commune où devaient se faire les publications, constatant qu'il n'y est pas survenu d'opposition. D'où il suit que les officiers des communes où ne se célèbre pas le mariage ne peuvent délivrer de certificat qu'après main-levée; et en combinant cet article avec l'art. 76 § 7o, qui exige que l'acte de mariage contienne mention des oppositions, on voit que les officiers des autres communes doivent, après main-levée, énoncer dans le certificat les oppositions et l'acte qui les a effacées.

ARTICLE 70.

L'officier de l'état civil se fera remettre l'acte de naissance de chacun des futurs époux. Celui des époux qui serait dans l'impossibilité de se le procurer, pourra le suppléer, en rapportant un acte de notoriété délivré par le juge de paix du lieu de sa naissance, ou par celui de son domicile.

SOMMAIRE.

1. *Objet de la remise de l'acte de naissance ou de notoriété.*
2. *Si l'acte de notoriété peut être remplacé.*
3. *Ses effets indépendamment du mariage.*

1. La production de l'acte de naissance a pour objet de constater que les futurs époux ont l'âge requis pour le mariage, et quels sont leurs parens.

L'impossibilité absolue de faire cette production ne doit pas être un obstacle insurmontable au mariage. On la remplace par un acte de notoriété dont les art. 70 et 71 règlent la forme.

2. Si l'acte de notoriété remplace l'acte de naissance, rien ne peut suppléer à l'acte de notoriété. M. Hutteau d'Origny excepte le cas où un individu aurait été admis dans un hospice d'orphelins ou d'enfans trouvés, et pense qu'un certificat particulier de son entrée dans cet hospice tiendrait lieu de l'acte de naissance (*tit.* 7, *ch.* 3, § 1er, *no* 6). Cette opinion paraît inexacte; car si cette production constate suffisamment l'âge compétent, elle ne prouve rien sur les rapports de familles. Or, rien n'excluant la possibilité que depuis l'époque de l'admission le futur époux ait retrouvé ses parens et soit actuellement placé sous leur autorité, cette pièce ne peut équivaloir à un acte de notoriété dont l'un des objets est d'indiquer les parens s'ils sont connus, ou d'établir qu'ils sont inconnus à l'époque du mariage.

5. MM. Malleville (*sur l'art.* 70), Delvincourt (*t.* 1, *note* 5 *sur la page* 70), Toullier (*t.* 1, *n*° 358) et Vazeille (*Mariage*, *n*° 182) disent avec raison que les effets de cet acte se bornent au mariage, et que celui qui l'a obtenu ne peut s'en servir dans une question d'état, même comme d'un commencement de preuve par écrit. Ce qui est vrai pour le cas où tous les témoins sont étrangers ; mais si les témoins sont parens, il est évident qu'une pareille pièce sera un des élémens de la possession d'état: M. Toullier veut même qu'elle forme preuve complète contre ceux qui l'ont signée et contre leurs héritiers.

ARTICLE 71.

L'acte de notoriété contiendra la déclaration faite par sept témoins, de l'un ou de l'autre sexe, parens ou non parens, des prénoms, nom, profession et domicile du futur époux, et de ceux de ses père et mère, s'ils sont connus; le lieu, et, autant que possible, l'époque de sa naissance, et les causes qui empêchent d'en rapporter l'acte. Les témoins signeront l'acte de notoriété avec le juge de paix: et s'il en est qui ne puissent ou ne sachent signer, il en sera fait mention.

ARTICLE 72.

L'acte de notoriété sera présenté au tribunal de première instance du lieu où doit se célébrer le mariage. Le tribunal, après avoir entendu le procureur du roi, donnera ou refusera son homologation, selon qu'il trouvera suffisantes ou insuffisantes les déclarations des témoins, et les causes qui empêchent de rapporter l'acte de naissance.

ARTICLE 73.

L'acte authentique du consentement des père et mère ou aïeuls et aïeules, ou, à leur défaut, celui de la famille, contiendra les prénoms, noms, professions et domiciles du futur époux, et de tous ceux qui auront concouru à l'acte, ainsi que leur degré de parenté.

SOMMAIRE.

1. *Renvoi pour le fonds du droit au titre* du Mariage.
2. *Forme quand les ascendans assistent à l'acte.*
3. *Le consentement des ascendans doit-il contenir le nom des deux époux? Raisons pour l'affirmative.*
4. *Usage contraire; raisons qui le justifient.*
5. *Transition à l'énumération des pièces à produire.*
6. *Pièces relatives à l'âge des époux.*
7. *Dispenses de parenté.*
8. *Pièces qui prouvent le consentement des parens et actes respectueux.*
9. *Pièces justificatives des causes qui empêchent de rapporter le consentement des parens.*
10. *Consentement de l'autorité supérieure pour le mariage des militaires et employés aux armées de terre et de mer.*
11. *Certificats de publications et dispenses.*
12. *Pour quelles erreurs on doit produire un jugement de rectification.*
13. *Quelles erreurs peuvent être rectifiées sans cette formalité.*
14. *Pièces nécessaires en cas de second mariage.*
15. *Du refus de l'officier de l'état civil et comment il se lève.*
16. *Aperçu sur le mariage de l'étranger. Renvoi.*

1. C'est encore au titre *du Mariage*, et notamment dans les art. 148 et suivans, que se trouvent les règles du consentement au mariage par les ascendans ou par la famille. Ici le législateur ne s'occupe que de la forme de l'acte.

2. Lorsque les ascendans sont présens à la célébration, il n'est pas besoin qu'ils donnent un consentement séparé (*Répertoire de* M. Merlin, *mot Mariage*, *sect.* 4., *art.* 2, *n*° 5; Delaporte, *n*° 82 *sur l'art.*; M. Toullier, *t.* 1er, *n*° 570; M. Duranton, *t.* 2, *n*° 231). C'est quand ils n'y sont pas présens que leur consentement doit être donné dans la forme prescrite par l'art. 73.

L'acte authentique dont il s'agit ici est, pour le père, la mère ou autres ascendans, même pour le tuteur *ad hoc* de l'enfant naturel, un acte reçu pardevant notaire; mais l'acte qui contient le consentement des collatéraux au mariage d'un mineur dont les ascendans n'existent plus, doit être reçu par le juge de paix dans la forme ordinaire des conseils de famille (*V. l'art.* 160).

Le consentement peut être remis à l'officier de l'état civil par un tiers; ce tiers peut être fondé de pouvoir à l'effet de consentir; enfin le futur époux lui-même peut produire l'acte de consentement (M. DURANTON, *ibid.*).

3. Ce consentement, soit direct, soit par forme de procuration, doit-il être donné pour le mariage avec une personne déterminée, ou les père et mère peuvent-ils donner un consentement indéfini au mariage que contractera leur fils avec la personne qu'il choisira? M. Duranton (*t.* 2, *n°* 91) pense que l'acte doit indiquer spécialement la personne que leur enfant doit épouser. Il se fonde sur la loi 34 *ff. de ritu nupt.* qui ne permettait pas le mandat général donné par un père de choisir un mari à sa fille, et sur l'obsession à laquelle les parens pourraient être forcés de céder. M. Delvincourt a professé avant lui cette opinion (1er *vol., note* 1re *de la page* 70), et M. Dalloz la reproduit (*N. D. t.* 10, *page* 27, *mot Mariage, sect.* 1re, *art* 4, *nos* 17 *et* 18); M. Vazeille (*Mariage, t.* 1, *nos* 116 et 117) ajoute qu'alors le père n'use pas de sa puissance, qu'il en fait une aliénation, en abandonnant son fils à sa faiblesse au lieu de le protéger, et argumente de l'art. 1988 du Code civil qui restreint aux actes d'administration la procuration illimitée; enfin le ministre de la justice disait dans une lettre du 27 avril 1807 au procureur impérial près le tribunal de Poligny, que si le mandat ne désignait pas les deux futurs époux, « les consentemens seraient toujours erronés, et ce serait un moyen de tromper la surveillance des parens et les vues du législateur, qui a compté sur leur prudence pour éclairer leurs enfans dans une circonstance si importante. » Cette lettre est citée par M. Hutteau d'Origny, tit. 7, ch. 1er, § 3, n° 19.

4. Il y a de la vérité dans cette doctrine; cependant l'usage est que les parens se bornent ordinairement à envoyer à un tiers un pouvoir de consentir au mariage de leur enfant, sans désigner son futur conjoint. M. Hutteau d'Origny l'atteste, et nous-mêmes en connaissons des exemples qui remontent à une époque déjà éloignée. Tous les auteurs conviennent qu'en certains cas une désignation individuelle pourrait être difficile, quelquefois impossible, par exemple si le père demeurait en pays lointain, ou si, devant partir pour un long voyage, il voulait prévoir le cas où son enfant trouverait une occasion favorable de se marier. Le cas inverse peut se présenter, et M. Duranton le suppose. Un père peut d'ailleurs, et M. Duranton l'avoue encore, être assez sûr de la sagesse de son enfant pour vouloir le laisser maître de son choix; il pourrait, dans d'autres cas, s'en rapporter à la prudence d'un ami qu'il saurait être à même de juger mieux que lui des convenances d'un mariage proposé (LAGARDE, *n°* 539). Et la réflexion que lorsqu'un mariage se fait loin du domicile des parens, c'est presque toujours à l'opinion d'un tiers qu'ils s'en sont rapportés, même pour donner un consentement *nominatif*, accroît la force de ces considérations. Les raisons de droit ne sont pas non plus invincibles; l'art. 1988 ne s'occupe que du mandat dont les termes généraux n'indiquent pas une nature spéciale de négociations, et dans l'espèce, le consentement ou le pouvoir portera sur le mariage de l'enfant. Il n'y a pas non plus aliénation de la puissance paternelle, car le consentement et la procuration sont révocables à volonté, tant qu'il n'en aura pas été fait usage. Pourquoi d'ailleurs l'art. 73, qui précise avec détail les énonciations nécessaires à l'acte de consentement, n'a-t-il pas exigé la désignation de l'autre époux? N'est-ce donc pas pour permettre à la prudence paternelle plus de facilité quand les circonstances l'exigeront; pour éviter qu'une loi favorable à l'enfant ne tourne à son désavantage dans les cas extraordinaires? Aussi M. Duranton, malgré l'opinion contraire de M. Vazeille, pense-t-il que cette forme de consentement indéfini n'annulerait pas le mariage. Disons donc avec M. Lagarde, que si la procuration ou le consentement doit ordinairement désigner la personne que l'enfant veut épouser, la loi par son silence sur ce point s'en est rapportée à la prudence de l'officier de l'état civil pour apprécier si cette désignation n'avait pas été possible.

5. Nous avons vu jusqu'ici la désignation de quelques unes des pièces dont la production est nécessaire pour le mariage. Il est utile de rassembler ici sous un même aspect celles qui peuvent être le plus ordinairement exigées. En nous efforçant ainsi de dissimuler le défaut d'unité qui résulte de l'ordre du Code civil en cette matière, nous éprouvons cependant le regret de présenter à nos lecteurs une énumération aride, car les difficultés auxquelles chacune de ces pièces peut donner lieu ne peuvent être traitées ici; elles appartiennent aux divers articles qui en prescrivent la nécessité.

6. Les pièces à produire sont donc,

L'acte de naissance de chacun des futurs époux, ou en cas d'impossibilité de le produire, acte de notoriété avec jugement d'homologation (*C. civ., art.* 70, 71, 72).

Si le mariage est contracté avant l'âge requis (*C. civ.* 144, 145), expédition de l'ordonnance royale portant dispense d'âge, enregistrée au greffe du tribunal civil de l'arrondissement où se fait la célébration (*Arrêté du* 20 *prairial an XI*).

7. En cas d'empêchement simplement prohibitif pour cause de parenté ou d'alliance en collatérale (*C. civ.* 163, 164; *décr. du* 7 *mai* 1808; *loi du* 16 *avril* 1832), expédition de l'ordonnance royale portant dispense, enregistrée de la même manière (*Même arrêté*).

8. Pour les enfans *légitimes* et pour les enfans *naturels reconnus*, quand les uns ou les autres n'ont pas atteint l'âge fixé par l'art. 148, et que les père et mère ne sont pas présens à l'acte (*V. ci-dessus*

n° 2), l'acte de consentement des père et mère ou du père seul, si le dissentiment de la mère est établi; ou celui de la mère seule, si le père est mort ou ne peut exprimer sa volonté. (*C. civ.* 148, 149 et 158).

9. Pour les mêmes enfans *légitimes* dont les père et mère sont morts ou dans l'impossibilité de manifester leur volonté, l'acte du consentement des autres ascendans non présens au mariage, ou de l'aïeul d'une ligne, si les aïeuls vivent dans chaque ligne, et même seulement de l'aïeule veuve dans l'une des deux lignes, si le dissentiment est établi (*C. civ.* 150).

Pour les enfans *légitimes* au-dessous de 21 ans, qui n'ont ni père, ni mère, ni ascendans, ou quand aucun de ceux-ci ne peut manifester sa volonté, l'acte de consentement du conseil de famille présidé par le juge de paix du domicile de la tutelle. (*C. civ.* 160).

Pour les enfans *naturels* au-dessous de 21 ans, non reconnus, ou privés de leurs père et mère, ou dont les père et mère ne peuvent manifester de volonté, l'acte de consentement d'un tuteur *ad hoc*, à moins qu'il ne soit présent à la célébration (*C. civ.* 159), et l'acte de nomination de ce tuteur.

Pour les enfans *légitimes* ou *naturels reconnus*, *majeurs pour le mariage*, et qui n'ont pu obtenir le consentement de leurs père et mère, les expéditions de l'acte respectueux qu'ils leur ont fait signifier, si les garçons ont plus de 30 ans et les filles plus de 25; ou des trois actes respectueux, s'ils sont au-dessous de cet âge (*C. civ.* 152 *et suiv. et* 158).

Pour les enfans *légitimes seulement*, majeurs pour le mariage, quand les père et mère sont morts ou ne peuvent manifester leur volonté, et que les autres ascendans ont refusé leur consentement, l'acte ou les actes respectueux signifiés à chacun des ascendans, suivant les mêmes distinctions (*C. civ. art.* 151 *à* 157).

Les pièces justificatives des causes qui empêchent de rapporter le consentement ou le conseil des pères, mères ou autres ascendans. Ces causes sont la mort naturelle, l'absence, la démence, la maladie, la privation des droits civils.

1° En cas de décès, on le prouve en produisant l'acte qui le constate; mais si les père et mère sont morts, et que les aïeuls ou aïeules les remplacent, il n'est pas nécessaire de produire les actes de décès des père et mère, lorsque les autres ascendans l'attestent; il suffit à cet égard de leur attestation dont il doit être fait mention dans l'acte de mariage; et si l'on est dans l'impossibilité de produire l'acte de décès des pères, mères, aïeuls et aïeules, faute de connaître leur dernier domicile, il peut être procédé à la célébration du mariage des majeurs, sur leur déclaration à serment que le lieu du décès et celui du dernier domicile de leurs ascendans leur sont inconnus. Cette déclaration doit être certifiée, aussi par serment, des quatre témoins de l'acte de mariage, lesquels affirment que, quoiqu'ils connaissent les futurs époux, ils ignorent le lieu du décès de leurs ascendans et leur dernier domicile; et les officiers de l'état civil doivent faire mention, dans l'acte de mariage (*) desdites déclarations (*Avis du C. d'Etat du 4 therm. an XIII*).

2° En cas d'absence, on produit le jugement de déclaration d'absence, ou celui qui aurait ordonné l'enquête, ou, s'il n'y a pas encore de jugement, l'expédition d'un acte de notoriété délivré par le juge de paix du dernier domicile connu de l'ascendant (*C. civ.* 155); si le dernier domicile de l'ascendant est inconnu et qu'il y ait ainsi impossibilité de produire la preuve de son absence, on y supplée par la déclaration par serment du futur époux et des quatre témoins qu'ils ignorent le lieu du domicile de cet ascendant (*Même avis*).

3° En cas de démence, elle se justifie par le jugement d'interdiction;

4° La maladie qui serait de nature à priver temporairement l'ascendant d'exprimer sa volonté pourrait, suivant les circonstances, autoriser à se passer du consentement de l'ascendant. Dans ce cas, le seul moyen légal d'en justifier serait un jugement du tribunal civil portant qu'il serait passé outre au mariage;

5° Enfin, la privation des droits civils ou même de leur exercice se prouve par l'extrait de l'arrêt de condamnation.

10. Outre la justification du consentement des parens ou des causes qui en dispensent, l'officier de l'état civil doit encore, sous peine de destitution (*Déc. du* 16 *juin* 1808, *art.* 3), exiger des *militaires ou employés aux armées*, 1° la permission *du ministre de la guerre*, pour les officiers de tous genre en activité de service (*Même décret, art.* 1er), pour les intendans ou sous-intendans militaires de toutes classes et de tous grades, les officiers de santé et des bataillons des équipages (*Déc. du* 28 *août* 1808); 2° du *ministre de la marine*, pour les officiers et aspirans de la marine royale, les officiers des troupes d'artillerie de la marine, les officiers du génie maritime, les administrateurs de la marine et tout officier militaire ou civil de ce département nommé par le roi (*Décret du* 3 *août* 1808); néanmoins les *capitaines généraux des colonies* et les *chefs coloniaux* peuvent consentir au mariage des officiers qui leur sont respectivement

(*) Nous plaçons ces déclarations comme antérieures au mariage, bien qu'on les puisse recevoir dans l'acte même; car l'officier de l'état civil doit recevoir sur ce point l'attestation des aïeuls ou le serment du futur époux et des quatre témoins avant que de demander aux futurs époux s'ils se prennent réciproquement pour mari et femme.

subordonnés, si les circonstances ne permettent pas d'attendre la permission du ministre, à la charge par eux de lui en rendre compte par la plus prochaine occasion; 3° des *conseils d'administration des corps*, pour les sous-officiers et soldats en activité de service (*Mêmes décrets*); 4° du *commandant de la compagnie*, avec approbation du colonel, pour les sous-officiers de gendarmerie et les gendarmes (*Ord. du 29 oct.* 1820, *art.* 272); enfin 5° du *commandant de la subdivision militaire* ou à son défaut du *colonel délégué pour le recrutement*, quand il s'agit du mariage d'un jeune soldat de seconde classe, tant qu'elle n'a pas été mise en activité par ordonnance royale, aux termes de l'article 29 de la loi du 21 mars 1832 (*Instr. du* 21 *oct.* 1818, *art.* 156).

11. Il faut joindre à toutes ces pièces les certificats des deux publications sans opposition dans chacune des communes où elles ont dû être faites, ou d'une seule publication avec la dispense requise, sinon les actes ou jugemens de main-levée (*V. le Comm. sur les art.* 67, 68 *et* 69).

12. Si l'acte de naissance ou les autres pièces produites contenaient des erreurs, il faudrait distinguer entre celles qui constitueraient aux parties un état différent de celui constaté par le titre produit, et les erreurs évidentes qui se glissent trop fréquemment dans la rédaction des actes de l'état civil, et dont la rectification judiciaire entraînerait des lenteurs nuisibles aux mariages, et induirait les parties en des dépenses inutiles et souvent trop onéreuses. Dans le premier cas, il faut un jugement de rectification; mais s'il est obtenu et que la rectification ne soit pas encore opérée, le préfet de la Seine a décidé avec raison, par une circ. du 11 mai 1808 (M. HUTTEAU D'ORIGNY, *tit.* 7, *ch.* 3, § 1er, *n°* 4) que le mariage ne pourrait être différé, si les parties consentaient à l'annexe de l'expédition du jugement à l'acte de mariage.

13. Si les erreurs sont peu importantes, un avis du conseil d'Etat du 19 mars 1808 a voulu que les citoyens ne fussent pas jetés dans les frais d'une rectification sur les registres; il porte donc que « dans le cas où le nom d'un des futurs ne serait « pas orthographié dans son acte de naissance « comme celui de son père, et dans celui où l'on « aurait omis quelqu'un des prénoms de ses parens, « le témoignage des pères et mères et aïeux as- « sistant au mariage et attestant l'identité doit « suffire pour procéder à la célébration du ma- « riage;

« Qu'il doit en être de même dans le cas d'ab- « sence des pères et mères ou aïeux, s'ils attestent « l'identité dans leur consentement donné en la « forme légale;

« Qu'en cas de décès des pères, mères ou aïeux, « l'identité est valablement attestée, pour les mi- « neurs, par le conseil de famille ou par le tuteur « *ad hoc*; et pour les majeurs, par les quatre té- « moins de l'acte de mariage;

« Qu'enfin, dans le cas où les omissions d'une « lettre ou d'un prénom se trouvent dans l'acte de « décès des pères, mères ou aïeux, les déclarations « à serment des personnes dont le consentement « est nécessaire pour les mineurs, et celle des par- « ties et des témoins pour les majeurs, doivent aussi « être suffisantes, sans qu'il soit nécessaire, dans « tous ces cas, de toucher aux registres de l'état « civil, qui ne peuvent jamais être rectifiés qu'en « vertu d'un jugement.

« Les formalités susdites ne sont exigibles que « lors de l'acte de célébration, et non pour les pu- « blications qui doivent toujours être faites con- « formément aux notes remises par les parties aux « officiers de l'état civil.

« En aucun cas, conformément à l'art. 100 du « Code civil, les déclarations faites par les parens « ou témoins ne peuvent nuire aux parties qui ne « les ont point requises et qui n'y ont point con- « couru. »

14. Si l'un des époux a déjà été marié, il doit produire la preuve de la dissolution du premier mariage : en cas de dissolution *par le décès* de son conjoint, l'acte de décès ou le jugement de déclaration de décès; *par le divorce*, l'expédition de l'acte de divorce inscrit sur les registres de l'état civil antérieurement à la loi du 8 mai 1816; *par la mort civile*, l'extrait de l'arrêt de condamnation et du procès-verbal d'exécution, si la condamnation est contradictoire; si au contraire elle a été prononcée par contumace, les doutes qui s'élèvent sur la question de savoir si le conjoint peut se remarier aussitôt après l'expiration des cinq années qui suivent l'exécution par effigie, ou s'il est forcé d'attendre les vingt années fixées pour la prescription de la peine, doivent exciter la sollicitude des officiers de l'état civil, et leur commander de ne point prononcer un second mariage avant l'accomplissement de la prescription, à moins d'un jugement qui le leur ordonne (*V. les art.* 30 *et* 227 *du C. civ. et l'art.* 635 *du C. d'inst. crim.*).

15. Telles sont les pièces à produire dans les cas les plus ordinaires; si l'officier de l'état civil conçoit des doutes, soit sur leur régularité, soit sur le droit qu'ont les parties de se les appliquer; s'il aperçoit quelque empêchement au mariage que les parties ne lui dénoncent pas, il peut se refuser au mariage, faire part au procureur du roi de ses doutes, se laisser assigner, et le jugement du tribunal sur cet incident sera la dernière pièce à produire par les futurs époux.

16. Ce qui peut surtout donner lieu à cette conduite, c'est le mariage des étrangers en France. Tout ce qui est de forme se règle par la loi française, d'après la règle *Locus regit actum*. C'est entre les nations une réciprocité nécessaire qui, comme nous l'avons vu, a dicté l'art. 47 du Code civil. Mais il y a des formes qui touchent au fond du droit, telles que la production du consentement des parens ou de la réquisition de leur conseil, telles même que les publications. Ces points dépendent donc de la législation du pays de l'étranger. C'est à lui à éclairer l'officier civil, ou par le texte des lois de son pays, ou par des certificats des agens diplomatiques résidant en France, sur les différences des deux législations relativement aux actes nécessaires et à la forme des pièces produites. C'est encore au titre *du Mariage* que le lecteur trouvera plus de développemens.

ARTICLE 74.

Le mariage sera célébré dans la commune où l'un des deux époux aura son domicile. Ce domicile, quant au mariage, s'établira par six mois d'habitation continue dans la même commune.

SOMMAIRE.

1. *Sens du mot* domicile *dans cet article.*
2. *Ce domicile s'acquiert par le fait seul de l'habitation, même par la résidence chez autrui.*
3. *Militaires dans l'intérieur du royaume.*
4. *Résidence successive dans plusieurs sections d'une même commune.*
5. *Concours de la résidence et du domicile. On peut alors se marier au lieu du domicile.*
6. *Modification de cette décision.*
7. *Du cas où l'on quitte récemment une commune où le domicile de six mois était acquis.*
8. *Les absences du domicile réel n'empêchent pas d'y célébrer le mariage.*
9. *Du domicile, quant aux mineurs.*
10. *Des mineurs émancipés.*
11. *Des personnes sans domicile.*
12. *S'il est des cas où l'officier de l'état civil puisse procéder à un mariage hors de sa commune.*

1. Sous l'ancien droit, c'était le curé de la résidence ordinaire des parties qui avait compétence pour célébrer le mariage; et quand une personne transférait sa demeure d'un lieu dans un autre, il fallait qu'elle eût demeuré six mois dans cette nouvelle paroisse, si elle était du même diocèse que l'ancienne, ou un an si elle était d'un autre diocèse (POTHIER, *nos* 355 *et* 356; *Pand. franç. sur l'art.*; *Edit de mars* 1697). La loi du 20 septembre 1792 (*tit.* 4, *sect.* 2, *art.* 2) fixa ce temps à six mois dans tous les cas : « Le domicile, relativement au « mariage, est fixé par une habitation de six mois « dans le même lieu. » Expressions que le Code civil a presque textuellement reproduites.

Il faut donc remarquer que le mot *domicile* est pris, dans l'art. 74, dans un autre sens que dans tout le reste du Code; qu'il ne signifie pas toujours le lieu où quelqu'un a son principal établissement, comme dans l'art. 102, mais seulement une résidence publique et continue qui n'exclut pas la possibilité d'un domicile ailleurs (M. TOULLIER, *no* 571; M. DURANTON, *no* 220, *et tous les auteurs*).

D'où il suit qu'aux titres *des Actes de l'état civil* et *du Mariage*, le domicile, en ce qui concerne les pères, mères, aïeuls, aïeules, tuteurs, curateurs, opposans, témoins, s'entend du domicile civil, et relativement aux époux, du domicile spécial de l'art. 74 (LAGARDE, *no* 529).

2. La résidence de six mois doit être continue; mais il n'est pas besoin qu'on y joigne l'intention d'acquérir ce domicile spécial. Le fait seul est consulté sur ce point (DELVINCOURT, *t.* 1, *note* 1re *de la page* 68); l'habitation en hôtel garni serait suffisante (M. HUTTEAU D'ORIGNY, *tit.* 7, *ch.* 4, § 1er, *no* 3; *Arg. de l'avis du C. d'Etat du* 4e *complém. an XIII*). Elle le serait également chez une tierce personne, à titre d'employé, d'ami, etc. En effet, il y a une grande différence entre l'habitation requise pour acquérir un domicile civil et celle suffisante pour le mariage. Dans le premier cas, on veut faire du lieu où l'on transporte son domicile le centre même de ses affaires; dans le second, on se propose un avantage momentané et qui se borne à un seul acte. Il est juste que les moyens soient proportionnés à la fin qu'on a pour objet. Pour le domicile civil, il faut donc l'intention d'un établissement et le transport réel de sa fortune dans le lieu où l'on veut l'acquérir; il y faut un établissement principal et une vue de perpétuité ou au moins d'avenir; pour le domicile spécial au mariage, on doit se contenter que celui qui y prétend demeure personnellement dans le lieu, sans exiger qu'il s'y établisse (GIBERT (*), 66e *consult. t.* 1, *p.* 358).

3. Les militaires eux-mêmes, dans l'intérieur du royaume, n'en sont pas dispensés; aux termes de l'avis du 4e complémentaire an XIII, ils ne peuvent contracter mariage que devant les officiers de l'état civil des communes où ils ont résidé sans interruption pendant six mois, ou devant l'officier de l'état civil de la commune où leurs futures épouses ont acquis le domicile fixé par l'art. 74 du Code civil (*Bull.* 61, *no* 1071).

Cependant une instruction du ministre de la guerre *du* 8 *mars* 1823 (M. HUTTEAU, *ibid. no* 5; LAGARDE, *no* 626; M. LEMOLT, *ch.* 4, 4e *sect.* § 1er, *p.* 64) porte « qu'un militaire, obligé de suivre « ses drapeaux, peut se trouver pendant long-

(*) Consultations canoniques sur le sacrement de mariage, par M. Gibert, docteur en théologie et canoniste, 2 vol. in-12. Paris, 1727. — Cet ouvrage est un recueil de consultations fictives dont la plupart sont résolues avec justesse. On ne le trouve plus guère que dans les bibliothèques publiques.

« temps dans la nécessité de ne pas rester six mois « de suite dans le même lieu ; qu'il suffit donc qu'il « justifie qu'il est au corps depuis plus de six « mois ; et l'officier civil en fera mention sur ses « registres, ainsi que du temps depuis lequel le « corps est en garnison dans la commune. » Ainsi, selon le ministre, le mariage peut avoir lieu dans la commune où le corps tient garnison, quoique la garnison n'ait pas duré six mois.

C'est une erreur des bureaux. Cette disposition a été tirée de la section 2 du titre 1er de l'instruction du ministre de la guerre sur l'exécution des dispositions du Code civil applicables aux militaires de toute arme, en date du 24 brumaire an XII; mais il est évident que l'avis du 4e jour complémentaire an XIII a proscrit cette disposition, non parce qu'il est postérieur, mais comme décret interprétatif et publié. Sur le territoire français, les militaires sont régis par la loi commune : il leur faut donc six mois de garnison, à moins qu'ils ne se marient dans une commune où leur future épouse a acquis les six mois de domicile.

4. Quand une ville est divisée en plusieurs arrondissemens ou sections, comme Paris, il suffit d'avoir demeuré six mois dans la commune, quoiqu'on n'ait pas encore six mois d'habitation continue dans l'arrondissement où se célèbre le mariage. Ainsi l'a décidé une lettre du garde des sceaux du 10 juillet 1817 citée par M. Hutteau d'Origny (*ibid*, nº 4), et cette décision est conforme à la lettre de la loi, qui exige six mois de résidence dans la *commune*, et pas autre chose ; mais, dans l'usage, les publications se font à la mairie de l'arrondissement qu'on a quitté et de celui dans lequel on a complété les six mois ; et cet usage est conforme à l'esprit de la loi.

5. De ce que le domicile du mariage n'est pas toujours le domicile civil, il suit que ces deux domiciles peuvent exister simultanément, et par conséquent la personne qui a conservé son domicile réel peut, à son choix, se marier dans la commune où elle a conservé ce domicile, ou dans celle qu'elle habite depuis six mois (MM. Tronchet, *séance du 4 vend. an X;* Locré, *Esp. du C.civ. t.* 3, *p.* 191 *à* 197; Toullier, *t.* 1, *nº* 571; Lagarde, *nº* 530 *in fin.;* Vazeille, *Mariage, t.* 1, *nº* 179). Néanmoins, M. Duranton, *t.* 2, *nº* 221 *et suivans*, émet une opinion contraire; et il faut avouer qu'elle est conforme à celle de Gibert, 67e *consult. t.* 1, *p.* 372.

L'opinion générale des auteurs doit l'emporter ; car la décision des canonistes était fondée sur le double objet de l'édit de 1697 d'empêcher la clandestinité du mariage, et d'assurer la validité du sacrement par la présence du propre curé. Ce second motif n'existe plus depuis la séparation du sacrement et du contrat civil : or, il est évident que le mariage fait dans le lieu du domicile réel antérieur à l'habitation de six mois dans une autre commune, et conservé parce que les affaires n'en ont pas été déplacées, sera aussi public, aussi connu de la famille que le mariage fait dans une résidence semestrielle où peut-être ne sera-t-on qu'en chambre garnie.

Ces principes ont été proclamés par la Cour royale de Grenoble : le mariage de la demoiselle Bonnet avec le sieur Blache était attaqué par ses collatéraux, entre autres causes pour célébration par le maire de Monteiller, quoiqu'elle habitât Valence; mais ce moyen fut rejeté, parce « qu'on ne « pouvait point induire *cette prétendue* incompé« tence de ce que, lors de la célébration du ma« riage, la dame Bonnet résidait à Valence, dès « qu'elle n'avait fait aucune déclaration de chan« gement de domicile, et qu'il ne résultait pas des « circonstances une preuve suffisante de l'inten« tion d'abandonner définitivement le domicile d'o« rigine, ce domicile de fait et de droit, qu'elle « avait à Monteiller lorsqu'elle fut habiter Valence « (*Grenoble*, 27 *févr.* 1817). »

6. Mais l'opinion générale doit être entendue sainement. Si le domicile était un domicile d'origine, que le futur époux, sans en avoir acquis un autre, eût *abandonné* depuis longues années, où il n'eût point conservé ses ascendans, ni retenu une habitation de laquelle on pût le dire absent, nous adopterions l'avis de M. Duranton. Le mariage doit être contracté publiquement : or, un domicile oublié du public peut être celui de l'ouverture d'une succession, parce qu'il est nécessaire d'en trouver un au défunt qui n'en peut plus choisir : mais comme le futur époux, inconnu au lieu de son origine, peut facilement, dans une commune quelconque, compléter sa résidence de six mois et acquérir domicile pour le mariage, ce serait, dans le cas donné, interpréter la loi contre son esprit que de lui laisser contracter mariage au domicile d'origine sans nouvelle résidence.

7. Que décider quand une personne a demeuré six mois dans une commune, et qu'elle veut se marier à une époque où elle ne réside dans une autre que depuis moins de six mois? On doit adopter l'avis de Gibert, qui disait qu'en pareil cas l'ancien curé n'avait pas perdu le droit de mariage (65e *consult.* 3e *quest. t.* 1, *page* 356); et, d'après les mêmes principes, on pourrait aujourd'hui se marier dans la commune qu'on vient de quitter. M. Duranton professe la négative (*t.* 2, *nº* 220). Selon lui, le futur époux n'a plus ni domicile réel ni résidence à cet endroit : qu'il attende encore six mois! Mais tout ce que veut la loi, c'est que les époux, ou l'un d'eux, soient connus au lieu du mariage, et elle attache cette présomption à la résidence de six mois; un simple déplacement ne peut la faire cesser. Le domicile civil se perd par l'intention et par le fait, parce que le fait et l'in-

tention suffisent pour en acquérir un autre : le domicile pour le mariage ne s'acquiert que par une résidence de six mois ; l'absence de six mois est donc nécessaire pour faire perdre le droit acquis ; et tant qu'il a été physiquement impossible d'acquérir le droit dans une autre commune, il a dû subsister dans celle où on le possédait.

8. M. Duranton dit avec vérité que le domicile civil ne serait point perdu, quant au mariage, par des absences plus ou moins prolongées durant les six mois, même par une absence de plus de six mois (*n*° 226).

9. Enfin, il faut remarquer que l'art. 74 n'est relatif qu'aux majeurs ; et que, pour le mariage, le domicile des mineurs est leur domicile civil, c'est-à-dire celui de leurs père, mère ou tuteur. L'édit de 1697 en avait fait une disposition formelle, et l'on doit décider de même sous le Code civil (M. DURANTON, *n*° 225), car les mineurs ne peuvent acquérir de domicile : s'ils résident ailleurs que chez leurs parens ou leur tuteur, c'est par la volonté de ceux-ci, et non par la leur propre.

Mais si les parens ont acquis eux-mêmes une résidence de six mois, ils pourront marier leur enfant mineur dans le lieu de cette résidence ou dans la commune de leur domicile civil.

10. Ce que nous avons dit des mineurs en général ne doit pas s'appliquer au mineur émancipé. Il est capable d'acquérir un domicile civil (*C. civ.* 108), et aucun texte ne lui défend d'acquérir le domicile propre au mariage : d'ailleurs la nécessité d'obtenir le consentement de ses parens et de faire des publications au lieu de leur domicile le met dans l'impossibilité d'abuser de cette faculté. M. Hutteau d'Origny (*tit.* 7, *ch.* 4, § 1er, *n*° 2) atteste même que l'usage a amené une dérogation au principe que les mineurs ne se peuvent marier qu'au domicile de leurs parens. C'est lorsque les futurs, ainsi qu'il arrive souvent dans la classe ouvrière, se trouvent, par suite de leur profession ou de leur métier, à de grandes distances du domicile des parens : les renvoyer à ce domicile serait leur occasioner des frais considérables, souvent trop lourds à supporter, et empêcher un grand nombre de mariages.

11. M. Lagarde va plus loin (*n*° 530) : il suppose deux individus vivant du travail de leurs mains, dépaysés de bonne heure, n'ayant plus de parens, voyageant sans cesse de département en département pour se procurer de l'ouvrage, et n'ayant séjourné *nulle part pendant six mois consécutifs*. Il n'ose pas émettre l'opinion que l'officier de l'état civil peut les marier sans difficulté ; mais, à son avis, le maire devrait solliciter une autorisation du garde des sceaux par l'intermédiaire du procureur du roi. C'est une erreur : nulle autorité n'a le droit de dispenser de la résidence de six mois ; et c'est avec raison que M. Duranton (*n*° 226) applique à tous ceux qui mènent une vie errante l'avis du 4e complémentaire an XIII.

Au surplus, le principe que le mariage est célébré dans la commune où l'un des époux a son domicile, lève la plupart des difficultés, parce que si l'un des deux seulement n'a pas le domicile requis pour le mariage, on le célèbre au domicile de l'autre : c'est quand aucun des deux n'a un domicile offrant les qualités requises, que les difficultés sont sérieuses.

12. En combinant l'art. 74 et l'art. 165, on voit que le mariage doit être célébré DANS la commune et DEVANT l'officier de l'état civil du domicile de l'un des époux : ce qui semble exclure dans tous les cas le droit de célébration hors du territoire où l'officier est établi. M. Proudhon le dit formellement (*Cours de dr. franç. t.* 1, *p.* 220), et c'est l'opinion commune. Aussi M. Hutteau d'Origny (§ *cité*, *n*° 7) blâme-t-il une décision ministérielle qui autorisait le maire du 10e arrondissement de Paris à se transporter dans un hospice du 11e arrondissement pour y prononcer le mariage d'un de ses administrés : il s'agissait d'un homme en danger de la vie, père de deux enfans naturels, qui désirait épouser leur mère pour les légitimer.

Ce qui nous étonne, ce n'est pas la décision, c'est que le maire ait cru en avoir besoin. En effet, quand les formalités préalables à la réception d'un acte sont accomplies, la loi qui enlèverait les moyens de le consommer dans le cas d'urgence et sans qu'il y ait faute des parties, serait une loi imparfaite, injuste et imprévoyante ; mais il n'en est pas ainsi. Nous avons dit (*V. l'introd. n*° 11, *p.* 6) que si la compétence de l'officier de l'état civil était ordinairement *territoriale*, elle était néanmoins *personnelle* et relative au domicile, quand l'acte est la consommation d'un contrat civil. L'art. 165 en est la preuve. C'est cet article qui règle la compétence : « Le mariage sera célébré publiquement « DEVANT L'OFFICIER CIVIL DU DOMICILE de l'une des « deux parties. » L'art. 74, en réglant le lieu de la célébration, s'en occupe plus comme règle de procédure que comme règle de droit, et encore est-ce une règle de procédure sans sanction quant aux effets de l'acte, sans clause irritante. Il faut s'y conformer dans les cas ordinaires, parce qu'il établit *une nécessité de précepte* : l'on peut s'en écarter dans les cas d'urgence absolue, parce qu'il n'établit pas une *nécessité de validité*.

Peu importe que les maires des communes aient ou n'aient pas, en leur qualité d'administrateurs, d'officiers de police judiciaire, de juges de simple police, le droit de faire des actes de leur ministère dans une autre commune : les fonctions d'officiers de l'état civil sont indépendantes de leurs autres fonctions ; elles pourraient être confiées à une autre classe d'officiers. Les règles applicables à leur caractère administratif ou à leur juridiction contentieuse ne sont pas nécessairement applicables aux actes de l'état civil.

Peu importe encore que d'autres officiers ne puissent faire des actes que dans leur ressort, à peine de nullité, tels que les notaires et les huissiers : car la loi n'impose pas aux parties l'obligation de se servir d'un notaire ou d'un huissier de leur domicile; elles en trouveront donc hors de leur domicile, selon leurs besoins; et, d'un autre côté, des dispositions législatives frappent de nullité les actes que font les notaires et les huissiers hors de leur détroit (*), tandis que la loi est muette sur la nullité des actes de l'état civil.

En effet, l'officier de l'état civil exerce une véritable juridiction volontaire, comme nous l'avons établi (*Introduct. n° 12, p. 7*), en suivant l'opinion de Domat, qui l'attribue même aux notaires; or, une des règles de la juridiction volontaire était que l'exercice en fût permis au magistrat hors du territoire qui lui était assigné (*LL. 2, ff. de off. procons.; 17, de manum. vindict.; 36, de adopt.; Arg. ex leg. ult. ff. de juridict.*), du moins à l'égard des habitans du territoire dont le magistrat était absent, et qui ne pouvaient s'adresser au magistrat voisin, lequel était privé de juridiction à leur égard (M. Merlin, *Rép. mot Mariage, sect. 4, § 1er, art. 1er, 3e quest.; et* Brunemann, *in leg. ult, ff. de jurid.*). Cette règle est conforme à la raison, qui veut impérieusement qu'un mariage préparé puisse être effectué, qui nous dit que l'officier de l'état civil du domicile est encore l'officier du domicile après avoir franchi les limites de sa commune. Elle n'est pas contraire à la loi, qui n'a pas prononcé la nullité des actes faits hors du territoire.

C'est d'ailleurs l'opinion de M. Locré (*Esp. du C. civ. sur l'art. 191, 1re subdiv.*) et de M. Merlin (*lieu cité, et sect. 6, § 2, 2e quest. sur l'art. 191*), qui paraît adoptée par la Cour de cassation dans les motifs d'un arrêt *du 31 août* 1824; M. Merlin en cite deux autres de la Cour de Liége, dans les mêmes principes, des 16 mars 1823 et 19 mars 1824.

Au surplus, cette doctrine ne doit pas être entendue de manière à nuire à la publicité, qui est de l'essence du mariage; elle ne doit être suivie que dans les cas d'urgence : il sera convenable que le maire prenne les mesures propres à faire connaître à sa commune le mariage qu'il va célébrer au dehors et à y admettre le public. Il serait bon aussi, suivant les circonstances, que l'acte constatât les causes de cette exception aux règles ordinaires.

(*) Pour les notaires, la nullité est prononcée par l'art. 68 de la loi du 25 ventôse an XI; pour les huissiers, la loi régnante est la déclaration du roi du 1er mars 1730, qui les a restreints à n'exercer leurs fonctions que dans l'étendue des juridictions où ils sont immatriculés, à peine de nullité et de 500 livres d'amende. L'abolition de l'ancien ordre judiciaire n'a pas aboli la règle générale, et la peine de nullité n'a pas eu besoin d'être répétée dans les lois et décrets postérieurs qui ont circonscrit les fonctions de ces officiers.

RENVOIS AUX ARRÊTISTES.

Grenoble, 27 *févr.* 1817. — S. 1818, 2. 103. — P. t. 3e de 1817, p. 502. — N. D. t. 10, p. 104.

C. de Liége, 16 *mars* 1823. — N. D. t. 10, p. 105

C. de Liége, 19 *mars* 1824. — N. D. t. 10, p. 106.

Rejet, *sect. civ.* 31 *août* 1824. — S. 1824, 1. 360. — D. 1824, 1. 336. — P. t. 1er de 1825, p. 202. — N. D. t. 10, p. 106.

ARTICLE 75.

Le jour désigné par les parties après les délais des publications, l'officier de l'état civil, dans la maison commune, en présence de quatre témoins, parens ou non parens, fera lecture aux parties des pièces ci-dessus mentionnées, relatives à leur état et aux formalités du mariage, et du chapitre VI du titre *du Mariage*, sur *les droits et les devoirs respectifs des époux*. Il recevra de chaque partie, l'une après l'autre, la déclaration qu'elles veulent se prendre pour mari et femme; il prononcera, au nom de la loi, qu'elles sont unies par le mariage, et il en dressera acte sur-le-champ.

SOMMAIRE.

1. *Liaison de cet article aux précédens et au suivant.*
2. *Du jour et de l'heure de la célébration.*
3. *De l'officier compétent. Renvoi.*
4. *Dans quel lieu le mariage doit être célébré.*
5. *S'il peut l'être hors de la maison commune.*
6. *Formalités utiles dans ce cas.*
7. *Peines que le mariage dans une maison particulière peut faire encourir*
8. *Des témoins. Renvoi.*
9. *Motifs des diverses lectures prescrites.*
10. *Déclaration du consentement des parties.*
11. *Forme de cette déclaration pour un sourd-muet sachant écrire.*
12. *Opinion des auteurs sur le sourd-muet illétré.*
13. *Danger de leur système.*
14. *Solution et formes à remplir pour l'expression du consentement du sourd-muet.*
15. *Déclaration de l'union par mariage.*
16. *Règles de la rédaction de l'acte. Renvoi.*

1. Après avoir fixé les formalités antérieures au mariage, la production des pièces dans les cas les plus ordinaires, et le lieu de la célébration, le Code

passe à l'époque, au lieu et aux formes de la célébration même dans l'art. 75. L'art. 76 contiendra les énonciations qui doivent se trouver dans l'acte destiné à servir de preuve.

2. Un mariage peut être valablement célébré un dimanche ou un autre jour de fête légale, comme tous les actes de juridiction gracieuse et volontaire (*L. 2, C. de feriis*); mais quoique les parties aient le choix du jour du mariage, après les délais des publications (*V. le Comm. sur l'art. 64*), elles ne pourraient contraindre l'officier public à le célébrer un jour férié (*Arg. de la loi du 18 germ. an X, art.* 57; M. Hutteau d'Origny, *tit.* 7, *ch.* 4, § 1er, *no* 8; M. Lagarde, *no* 589). C'est à l'officier public à fixer l'heure; et quoique aucune loi ne défende de célébrer les mariages avant ou après les heures fixées par l'art. 1037 du Code de procédure (M. Hutteau, *ibid, no* 9), néanmoins il serait imprudent de le faire pendant la nuit. L'heure indue est un des élémens de la clandestinité.

3. Le mariage doit être célébré par l'officier de l'état civil (*art.* 75); et comme la loi emploie ici *l'article défini*, elle entend, comme l'art. 191, l'officier public *compétent*, et, comme l'art. 165, l'officier civil *du domicile* de l'une des parties: ce qui est important, parce que l'incompétence de l'officier est une cause de nullité (M. Locré, *Esp. du C. civ. sur l'art.* 191, 1re *subdiv.*). — *V. le Comm. sur l'art.* 74, *no* 2, *et au tit. du Mariage les art.* 165 *et* 191 *et les notes.*

4. Il sera célébré *dans la maison commune;* quand il n'y en a pas, dans le local qui en tient lieu (*Lettre du G. des sceaux au P. G. près la C. roy. de Paris, du* 21 *juillet* 1818, *citée par M. Hutteau d'Origny, même* §, *no* 10), et, pour les sections de communes privées de communications, qui ont un adjoint spécial, dans la maison de cet adjoint (*L. du* 18 *flor. an X, art.* 3).

5. La célébration dans la maison commune est de nécessité de précepte, et non de nécessité de validité (M. Locré, *ibid;* M. Merlin, *Rép. mot Mariage, sect.* 4, § 1, *art.* 1, *no* 3, 1re *quest.*; M. Duranton, *t.* 2, *no* 335; M. Proudhon, *C. de dr. fr. t.* 1, *p.* 220. *Rejet*, 13 *fruct. an X*, 22 *juillet* 1807, 21 *juin* 1814; *Paris*, 4 *ventôse an XII; Bruxelles*, 18 *février* 1809; *Toulouse*, 26 *mars* 1824; *Bourges*, 23 *mai* 1822; *Riom*, 10 *juillet* 1829); mais on ne peut douter qu'en cas de demande en nullité pour défaut de consentement ou de publicité, la circonstance de célébration dans une maison particulière ne dût être un élément puissant de succès. C'est au titre *du Mariage*, sur les articles 165 et 191, que cette doctrine doit être développée.

Il suffit de dire ici que la section de législation avait ajouté au projet du Code civil un article exceptionnel qui devait suivre l'article 75: « En cas « d'empêchemens, le sous-préfet pourra autoriser « l'officier de l'état civil à se transporter au domi« cile des parties, pour recevoir leurs déclara« tions et célébrer le mariage. » Le conseil d'État n'a pas inséré cet article (*séance du* 14 *fruct. an IX*), pour deux raisons: 1o on ignorait alors si les mariages *in extremis*, si sévèrement prohibés sous l'ancienne législation, seraient admis au titre *du Mariage;* or, ces mariages furent formellement reconnus plus tard par le rejet d'un article qui proposait de leur refuser l'effet de légitimer les enfans nés d'un concubinage antérieur (*séance du* 24 *brum. an X*); 2o on disait qu'il y a des cas tellement urgens, que les parties n'auraient pas le temps de recourir à l'autorisation du sous-préfet. Il pourrait y avoir éloignement de la sous-préfecture; le sous-préfet lui-même pourrait avoir intérêt à ne pas donner la permission (*le consul* Cambacérès). L'intérêt public serait d'ailleurs à couvert par la formalité des publications: on pouvait donc s'en rapporter à l'officier de l'état civil sur la nécessité de se déplacer (M. Defermon). Ainsi l'article fut renvoyé au titre *du Mariage* où il ne reparut pas; mais comme les mariages *in extremis* sont permis, il faut en conclure forcément que des mariages peuvent être faits ailleurs qu'en la maison commune; et comme aucun article n'impose ni à l'officier ni aux parties l'obligation de requérir une permission, on doit conclure aussi nécessairement que l'officier civil est juge de l'opportunité de son transport.

Néanmoins l'officier ne doit user de cette faculté qu'en cas de nécessité; et cette nécessité ne s'entend pas de l'impossibilité absolue pour l'un des époux de se transporter à la maison commune; il suffit que ce transport puisse occasionner un inconvénient notable, par exemple quand la vue d'un grand nombre de personnes étrangères et le moindre trouble peuvent causer à l'une des parties des accès convulsifs et douloureux (*Bruxelles*, 18 *février* 1809).

6. Une décision du garde des sceaux du 10 février 1818 (M. Garnier Dubourgneuf, *Manuel*, *no* 279) veut que l'officier de l'état civil fasse dresser procès-verbal de l'état du malade par un médecin qu'il nomme d'office, et dont l'attestation est annexée à l'acte de mariage, ou insérée dans le corps de l'acte même. Précaution louable, et que l'officier public doit prendre toutes les fois que l'état du malade en laisse le temps. C'est encore un devoir de compenser le plus possible ce que cette circonstance fait perdre de publicité au mariage. Une lettre du procureur du roi de la Seine, du 27 juillet 1822, invitait un maire de Paris à prévenir le public de son transport dans la maison du malade, suivant le mode indiqué pour la publication et les affiches de mariage; et quand l'impossibilité est constante avant les publications, M. Lagarde (*no* 593) donne l'excellent avis de faire

cette désignation dans les publications même de mariage, et d'y annoncer que le mariage aura lieu *publiquement* dans la maison indiquée. Enfin, on recommande de tenir les portes ouvertes pendant la cérémonie. Toutes ces préceptions méritent d'être suivies dans la pratique, pourvu qu'on n'en fasse pas dépendre la validité du mariage.

7. Au surplus, la célébration hors de la maison commune sans motifs suffisans, ne dépouillant pas le mariage de toute la publicité exigée par la loi, mais le privant incontestablement d'un des élémens constitutifs de la publicité, entraînerait, contre l'officier de l'état civil, comme l'omission des autres formalités de la célébration, la peine de 300 francs d'amende (*C. civ.* 190; M. MERLIN, *Rép. mot Mariage, sect.* 4, § 1, *art.* 1, *n*o 3, 1re *quest. alinéa* Mais tout.; M. LAGARDE, *n*o 591); et contre les parties ou leurs parens, une amende proportionnée à leur fortune, qu'il serait surtout juste d'infliger, si le mobile de leur conduite avait été le désir de se distinguer de leurs concitoyens.

8. La déclaration de 1736 voulait des témoins *sachant signer*, s'il pouvait s'en trouver; mais outre que cette clause n'était qu'un simple avertissement et n'introduisait pas une condition rigoureuse (BIGOT-PRÉAMENEU, *séance du* 14 *fruct. an IX*), son admission dans le Code civil aurait souvent exclu les plus proches parens (BOULAY de la Meurthe, *même séance*). Le nombre ni la qualité des témoins ne sont pas non plus prescrits à peine de nullité (M. LOCRÉ, *Esp. du C. civ. sur l'art.* 191, 1re *subdivision*), quoique leur défaut ou l'absence des qualités requises puisse concourir à former une nullité (*V. l'art.* 37 *et le comm. p.* 18).

9. La lecture des pièces et du chapitre VI du titre *du Mariage* n'est pas non plus requise à peine de nullité (M. LOCRÉ, *ibid*). Mais rien n'en doit dispenser l'officier civil. Les pièces lues soigneusement peuvent éclairer l'un des futurs époux sur un secret qu'on lui aurait caché jusque là, et lui faire refuser son consentement (M. HUTTEAU, § *cité, n*o 14; LAGARDE, *n*o 594). La lecture du chapitre *des Droits et des Devoirs respectifs des époux* fait connaître aux parties contractantes l'étendue de l'engagement et les conditions du contrat, et offre en outre l'avantage de donner à une fille dont on aurait forcé les inclinations, le temps de réclamer à la face du public (LE PREMIER CONSUL, *séance du* 14 *fruct. an IX*).

10. Après ces lectures vient l'expression du consentement respectif des époux : c'est ici la partie essentielle du contrat; le refus de répondre, le silence même l'empêchera de se former.

11. S'il s'agissait d'un sourd-muet qui sût écrire, il serait prudent de le faire répondre par écrit à la question, et d'annexer cette réponse à l'acte de mariage (LAGARDE, *n*o 598, 8°).

12. Mais on ne peut se rendre à l'opinion du même auteur, de M. Hutteau d'Origny (*tit.* 7, *ch.* 1er, § 2, *n*° 7) et de M. Garnier Dubourgneuf (*n*os 171 *et* 282), que le maire doit *énoncer* dans l'acte LES SIGNES au moyen desquels il se serait assuré du consentement.

Ces auteurs raisonnent par induction d'une lettre du garde des sceaux au procureur du roi de Troyes, en date du 21 juin 1809, qui, après avoir dit que c'est à l'officier public à apprécier la manifestation du consentement, ajouterait que si le mariage est ensuite attaqué, on laisse à l'arbitrage des tribunaux le discernement des circonstances et des signes qui peuvent faire juger si le sourd-muet a consenti.

13. Mais le ministre n'a pas dit que ces signes et ces circonstances seraient décrits ou consignés dans l'acte de mariage; il n'a ni pu ni dû le dire : car, sans nous occuper de l'habileté nécessaire pour faire cette description presque impossible, fixer quels ont été les signes respectifs, c'est donner à l'époux qui prétendrait plus tard n'avoir pas consenti, le droit de les discuter, de soutenir qu'ils n'ont pas la signification affirmative que l'officier public leur a attribuée, en un mot, c'est donner le droit de les interpréter autrement que l'officier lui-même. Si cela était, on pourrait donc décider que l'officier public qui aurait attesté avoir reçu une déclaration affirmative, en a reçu une négative, et détruire un mariage peut-être consommé, et cela, parce que des signes auraient été mal décrits ou dépouillés de l'expression de vivacité et de sentiment dont ils étaient aidés au moment de leur transmission.

14. A nos yeux, de deux choses l'une : ou l'officier public est en état de comprendre le sourd-muet et de s'en faire comprendre, et, dans ce cas, il doit exprimer que par ses signes celui-ci lui a déclaré prendre en mariage la personne présente; ou l'officier public et le futur époux ne peuvent échanger leurs idées, et, dans cette position pénible, l'officier ne passera pas outre à la prononciation du mariage, car il ne lui est pas loisible de déclarer qu'un mariage est contracté, tant qu'il doute de l'expression du consentement.

Que faire alors? L'impossibilité de communiquer directement sa pensée à l'officier de l'état civil privera-t-elle le sourd-muet de la faculté de se marier? Non. Si l'on regrette que le conseil d'Etat, en reconnaissant que les sourds-muets, même de naissance, sont capables de mariage, ait omis de rédiger l'article qu'il projetait sur la forme de leur consentement (*Séance du* 26 *fructidor an IX*), du moins, en l'absence d'un texte, les tribunaux civils y doivent pourvoir et nommer un interprète qui, sous la foi du serment, transmettra au sourd-muet et à l'officier de l'état civil ce qu'ils doivent se faire entendre réciproquement pendant le cours de la célébration. L'art. 333 du Code d'instruction criminelle donne un interprète au sourd-muet, témoin ou accusé; pourquoi les tribunaux civils n'en donneraient-ils pas un au sourd-muet qui ne sait pas écrire, dans une circonstance où il importe de savoir s'il agit volontairement? Leur sagesse ne choisirait pas l'interprète dans la classe des personnes sous la dépendance desquelles il se trouve, et ainsi disparaîtrait l'inconvénient que signale M. Vazeille (*Traité du mariage, t.* 1, *n°* 92) quand l'interprète est choisi par l'officier public, qui d'ailleurs n'a aucun pouvoir pour faire ce choix.

15. La déclaration que fait ensuite l'officier public de l'union des parties est substantielle (M. Locré, *lieu cité*), comme l'était sous l'ancien droit la bénédiction nuptiale (Pothier, *n°* 353), dont la loi de 1792 a imité les formes. Les promesses réciproques ne pourraient produire qu'un lien naturel; le lien civil n'existe que lorsque le ministre de la loi a rempli la solennité qu'elle a ajoutée pour la validité du mariage civil.

16. Enfin, l'acte doit en être dressé *sur-le-champ.* On observe d'ailleurs les formes générales prescrites par le chapitre Ier et les formes spéciales énoncées dans l'article suivant.

Cette disposition trop souvent violée, combinée avec l'art. 52, prouve que dans tout mariage célébré hors de la maison commune, l'officier doit faire transporter les registres avec lui.

RENVOIS AUX ARRÊTISTES.

Rejet, 13 *fruct. an X.* — S. an X, 1. 376. — D. 1er vol., 518. — P. t. 1er de l'an XI, p. 54. — N. D. t. 10, p. 97.

Paris, 4 *vent. an XII.* — S. an XII, 2. 723. — P. t. 2e de l'an XII, p. 68. — N. D. t. 10, p. 98.

Rejet, 22 *juillet* 1807. — S. 1807, 1. 320. — D. 1807, 1. 320. — P. t. 2e de 1807, p. 257. — N. D. t. 10, p. 98.

Bruxelles, 18 février 1809. — P. t. 3e de 1810, p. 169. — N. D. t. 10, p. 100.

Rejet, 21 *juin* 1814. — S. 1814, 1. 291. — D. 1814, 1. 348. — P. t. 3e de 1814, p. 369. — N. D. t. 1, p. 180.

Bourges, 23 *mai* 1822. — S. 1822, 2. 315. — P. t. 3e de 1822, p. 311. — N. D. t. 10, p. 106.

Toulouse, 26 *mars* 1824. — S. 1824, 2. 223. — D. 1824, 2. 125. — N. D. t. 10, p. 101.

Riom, 10 *juillet* 1829. — S. 1829, 2. 520. — D. 1830, 2. 68. — P. t. 3e de 1831, p. 377.

ARTICLE 76.

On énoncera dans l'acte de mariage,

1° Les prénoms, noms, professions, âge, lieux de naissance et domiciles des époux;

2° S'ils sont majeurs ou mineurs;

3° Les prénoms, noms, professions et domiciles des pères et mères;

4° Le consentement des pères et mères, aïeuls et aïeules, et celui de la famille, dans les cas où ils sont requis;

5° L'acte respectueux, s'il en a été fait;

6° Les publications dans les divers domiciles;

7° Les oppositions, s'il y en a eu; leur mainlevée, ou la mention qu'il n'y a point eu d'opposition;

8° La déclaration des contractans de se prendre pour époux, et le prononcé de leur union par l'officier public;

9° Les prénoms, noms, âge, professions et domiciles des témoins, et leur déclaration s'ils sont parens ou alliés des parties, de quel côté et à quel degré.

SOMMAIRE.

1. *Si les énonciations sont prescrites à peine de nullité.*
2. *L'énumération de la loi n'est pas complète.*
3. *Certificat pour le ministre du culte.*

1. La nécessité de ces énonciations est évidente: cependant la loi n'a ni prononcé ni dû prononcer pour l'omission d'aucune d'elles la peine de nullité. L'acte n'est destiné qu'à servir de preuve, et si les parties s'apercevaient dans l'expédition qu'il manquât à l'acte des énonciations essentielles, même celle de leur consentement ou du prononcé de leur union, la voie de rectification leur est ouverte, conformément au chapitre VI.

2. La loi ne s'occupe ici que des énonciations les plus ordinaires: il en est d'autres qu'exigent les circonstances, telles que celles des actes de notoriété, des déclarations rectificatives, de la légitimation des enfans, des permissions de mariage accordées aux militaires, etc.

3. L'expédition des actes de mariage ne peut être délivrée à l'instant même; cependant, comme la bénédiction nuptiale ne peut être donnée aux époux qu'autant qu'ils justifient avoir contracté mariage devant l'officier de l'état civil (*L. du* 18 *germ. an X, art.* 54), le maire délivre un certificat de mariage (*V. suprà, p.* 24, *à la note*). On ne saurait trop recommander aux ministres des différens cultes de garder avec soin et de mettre en ordre ces autorisations, qui peuvent être d'un grand secours en cas de destruction des registres.

Si, après la prononciation et lors de la rédaction de l'acte, une signature était refusée par une partie, un parent, ou un témoin, l'officier civil n'en devrait pas moins délivrer le certificat (Lagarde, *n°* 602): le mariage existe dès lors. Quant aux peines prononcées pour célébration religieuse du mariage avant cette justification, *V. les art.* 199 *et* 200 *du Code pénal.*

CHAPITRE IV.

Des actes de décès.

ARTICLE 77.

Aucune inhumation ne sera faite sans une autorisation, sur papier libre et sans frais, de l'officier de l'état civil, qui ne pourra la délivrer qu'après s'être transporté auprès de la personne décédée, pour s'assurer du décès, et que vingt-quatre heures après le décès, hors les cas prévus par les règlemens de police.

SOMMAIRE.

1. *Objet de l'article.*
2. *La visite prévient la supposition de décès, et non la supposition de personne.*
3. *Comment cet article est exécuté. L'omission de la visite peut constituer l'homicide par imprudence.*
4. *Mentionner la visite; quand elle n'a pas été faite par l'officier civil lui-même, peut constituer un faux.*
5. *Délai entre le décès et l'inhumation. — Dispositions réglementaires sur les services funèbres, les sépultures et les cimetières, et obligations particulières que la connaissance des décès impose aux officiers de l'état civil dans leurs rapports avec diverses administrations* (à la note).
6. *Exceptions à la règle des vingt-quatre heures.*

1. Cet article a un double objet : d'empêcher la supposition du décès, et d'écarter les dangers d'une précipitation funeste (M. Siméon, *Rapp. au Tribunat*).

2. Sans doute M. Siméon n'a pas eu l'intention de dire que le transport de l'officier civil rendait impossible la supposition de personnes; car il n'y a pas de maire qui connaisse individuellement chaque habitant de sa commune de tout âge et de tout sexe, encore moins les étrangers qui y résident passagèrement et peuvent y mourir. Il n'a donc entendu parler que de la supposition du décès en lui-même, et tout ce qu'on peut induire de cet article, c'est que, pour qu'il soit donné un permis d'inhumation, il faut qu'il y ait un mort, et que l'officier civil s'en soit assuré. Quant à son individualité, c'est dans l'art. 78 que se trouvent les moyens de la constater.

3. Aucun article du Code civil n'est plus mal exécuté. La volonté évidente de la loi, c'est que l'officier de l'état civil vérifie lui-même le fait du décès; et cependant les lieux où il y a le moins d'abus sont ceux où les règlemens municipaux les dispensent de cette vérification, c'est-à-dire les grandes villes où l'on commet un médecin, chirurgien ou autre commissaire pour la faire (*V.* sur ces usages, M. Hutteau d'Origny, *tit.* 8, *ch.* 1er, § 1er, *n°s 7 et suiv.*). Dans les lieux où des règlemens municipaux, approuvés par les préfets, ne prescrivent pas un autre mode de vérification, l'officier de l'état civil doit la faire en personne; autrement, en cas de sépulture sur une mort apparente, il échapperait difficilement aux peines de l'homicide par imprudence (*C. pén.* 319); et si nous avons fait ici une distinction entre les lieux où les règlemens prescrivent un mode de vérification, nous n'avons pas entendu que, dans ces communes mêmes, les maires fussent dispensés personnellement de la visite, car les règlemens municipaux ne peuvent détruire une obligation si impérieusement imposée par la loi, qu'elle réitère sa prescription, même pour les hôpitaux (*art.* 80), malgré la présence des médecins; mais nous pensons que ces règlemens, en substituant une personne experte à l'officier civil qui ne l'est pas, écarteraient *l'imprudence* caractéristique du délit défini par l'art. 319.

4. L'autorité supérieure savait que la loi était mal exécutée sur ce point important; car dans les formules dont nous avons parlé à l'*Introduction*, *n^o^* 14, le ministre de l'intérieur a eu soin d'omettre toute espèce de mention relative à la visite (*V. la formule d'Acte de décès, p.* 14). Tout maire qui n'aurait pas fait la visite, ou qui l'aurait fait faire par un délégué, doit donc s'abstenir d'ajouter les mots : « *Après nous être assuré du décès,* » que M. Le Molt a imprudemment placés dans ses modèles (*Manuel, p.* 170). Une coupable négligence ne doit pas être voilée par un faux.

5. Ce n'est que vingt-quatre heures après le décès qu'on peut procéder à l'inhumation (*) : précaution salutaire et dont on ne doit s'écarter que dans les cas de *nécessité*. Trop souvent le désir d'abréger l'embarras que cause la présence d'un cadavre fait trahir la vérité sur l'heure du décès; il serait donc prudent de n'accorder le permis que vingt-quatre heures après la visite (M. Hutteau d'Origny, § *cité, n^o^* 4), ou du moins après l'instant où elle a été requise.

Les mêmes raisons doivent faire différer pen-

(*) La police des sépultures tient de trop près à la matière des actes de décès pour omettre ici le décret réglementaire des sépultures : nous y ajouterons quelques observations, et nous terminerons cette note par l'indication des devoirs que les décès imposent souvent aux maires dans leurs rapports avec les administrations.

Décret *du* 23 *prairial an XII* (12 juin 1803).

TITRE PREMIER.

Des sépultures, et des lieux qui leur sont consacrés.

« Art. 1er. Aucune inhumation n'aura lieu dans les églises, temples, synagogues, hôpitaux, chapelles publiques,

dant le même temps, et l'ensevelissement des morts et l'autopsie.

6. L'art. 77 renvoie, pour les cas exceptés de la règle des vingt-quatre heures, aux règlemens de police. Nous ne connaissons pas, sur ce point, de règlemens généraux pour toute la France. On tombe d'accord que cette exception a lieu quand il y a putréfaction ou décès par suite d'une mala-

« et généralement dans aucun des édifices clos et fermés où « les citoyens se réunissent pour la célébration de leurs « cultes, ni dans l'enceinte des villes et bourgs.

« Art. 2. Il y aura, hors de chacune de ces villes ou « bourgs, à la distance de trente-cinq à quarante mètres « au moins de leur enceinte, des terrains spécialement con- « sacrés à l'inhumation des morts. »

En vain prescrirait-on de placer les cimetières hors de l'enceinte des villes, s'il était permis de construire à côté. Nul ne peut, sans autorisation, élever aucune habitation ni creuser aucun puits, à moins de 100 mètres des nouveaux cimetières transférés hors des communes (*Déc. du 7 mars 1808, art.* 1er); et les bâtimens existans ne peuvent également être restaurés ni augmentés sans autorisation. Les puits pourront, après visite contradictoire, être comblés en vertu d'ordonnance du préfet, sur la demande de la police locale (*même décret, art.* 2).

« Art. 3. Les terrains les plus élevés et exposés au nord « seront choisis de préférence; ils seront clos de murs de « deux mètres au moins d'élévation. On y fera des planta- « tions, en prenant les précautions convenables pour ne « point gêner la circulation de l'air. »

Les fruits et les herbes qui croissent dans les cimetières, même attenant aux églises, ne font pas partie des biens des fabriques : ils appartiennent aux communes et font partie des revenus communaux (M. Merlin, *Répert. mot Cimetière*, n° 5).

« Art. 4. Chaque inhumation aura lieu dans une fosse « séparée : chaque fosse qui sera ouverte aura un mètre cinq « décimètres à deux mètres de profondeur, sur huit déci- « mètres de largeur, et sera ensuite remplie de terre bien « foulée.

« Art. 5. Les fosses seront distantes les unes des autres « de trois à quatre décimètres sur les côtés, et de trois à « cinq décimètres à la tête et aux pieds.

« Art. 6. Pour éviter le danger qu'entraîne le renouvel- « lement trop rapproché des fosses, l'ouverture des fosses « pour de nouvelles sépultures n'aura lieu que de cinq an- « nées en cinq années; en conséquence, les terrains destinés « à former les lieux de sépulture seront cinq fois plus éten- « dus que l'espace nécessaire pour y déposer le nombre pré- « sumé des morts qui peuvent y être enterrés chaque année. »

TITRE II.

De l'établissement des nouveaux cimetières.

« Art. 7. Les communes qui seront obligées, en vertu « des articles 1 et 2 du titre Ier, d'abandonner les cime- « tières actuels et de s'en procurer de nouveaux hors de « l'enceinte de leurs habitations, pourront, sans autre auto- « risation que celle qui leur est accordée par la déclaration « du 10 mars 1776, acquérir les terrains qui leur seront né- « cessaires, en remplissant les formes voulues par l'arrêté « du 7 germinal an IX. »

La déclaration du 10 mars 1776 est le premier acte législatif qui ait réprimé le pieux abus d'inhumer les morts dans les églises ou dans les cimetières situés au milieu des villes. Pour éviter les lenteurs auxquelles aurait donné lieu la nécessité imposée, par l'art. 14 de l'édit d'août 1749, aux gens de main-morte, d'obtenir des lettres-patentes du roi pour acquérir des immeubles, l'art. 8 de la déclaration permet aux villes et communautés d'acquérir les terrains nécessaires pour les cimetières qu'elles seraient tenues de porter ailleurs. Le renouvellement de cette permission paraît faire antinomie avec le renvoi de l'art. 7 du décret à l'arrêté du 7 germinal an IX, relatif aux baux à longues années des biens ruraux appartenant à des communautés d'habitans, qui ne peuvent être passés qu'après délibération du conseil municipal, information *de commodo et incommodo*, avis du sous-préfet et du préfet, rapport du ministre de l'intérieur et ordonnance royale d'autorisation. Le seul moyen de concilier ces deux dispositions, c'est de dire que les communes peuvent acquérir le terrain sans autorisation préalable, sauf à remplir les formes prescrites avant que d'en faire usage.

« Art. 8. Aussitôt que les nouveaux emplacemens seront « disposés à recevoir les inhumations, les cimetières exis- « tans seront fermés et resteront dans l'état où ils se trou- « veront, sans que l'on en puisse faire usage pendant cinq « ans.

« Art. 9. A partir de cette époque, les terrains servant « maintenant de cimetières pourront être affermés par les « communes auxquelles ils appartiennent; mais à condition « qu'ils ne seront qu'ensemencés ou plantés, sans qu'il puisse « y être fait aucune fouille ou fondation pour des construc- « tions de bâtiment, jusqu'à ce qu'il en soit autrement or- « donné. »

TITRE III.

Des concessions de terrains dans les cimetières.

« Art. 10. Lorsque l'étendue des lieux consacrés aux in- « humations le permettra, il pourra y être fait des conces- « sions de terrains aux personnes qui désireront y posséder « une place distincte et séparée pour y fonder leur sépul- « ture et celle de leurs parens ou successeurs, et y construire « des caveaux, monumens ou tombeaux.

« Art. 11. Les concessions ne seront néanmoins accordées « qu'à ceux qui offriront de faire des fondations ou dona- « tions en faveur des pauvres et des hôpitaux, indépen- « damment d'une somme qui sera donnée à la commune, « et lorsque ces fondations ou donations auront été autori- « sées par le gouvernement dans les formes accoutumées, « sur l'avis des conseils municipaux et la proposition des « préfets.

« Art. 12. Il n'est point dérogé, par les deux articles « précédens, au droit qu'a chaque particulier, sans besoin « d'autorisation, de faire placer sur la fosse de son parent « ou de son ami une pierre sépulcrale ou autre signe indi- « catif de sépulture, ainsi qu'il a été pratiqué jusqu'à pré- « sent.

« Art. 13. Les maires pourront également, sur l'avis des « administrations des hôpitaux, permettre que l'on cons- « truise, dans l'enceinte de ces hôpitaux, des monumens pour « les fondateurs et bienfaiteurs de ces établissemens, lors- « qu'ils en auront déposé le désir dans leurs actes de dona- « tion, de fondation ou de dernière volonté

« Art. 14. Toute personne pourra être enterrée sur sa

die contagieuse. Une ordonnance de police, rendue pour Paris le 14 messidor an XII, veut que l'inhumation ne soit permise avant les vingt-quatre heures que sur l'avis des médecins et chirurgiens qui auront suivi la maladie, ou de ceux qui auront été préposés pour constater l'état du cadavre. M. Hutteau d'Origny (*même* §, n° 5) émet le vœu qu'elle soit étendue à toute la France.

« propriété, *pourvu que* ladite propriété soit hors et à la « distance prescrite de l'enceinte des villes et bourgs. »

TITRE IV.

De la police des lieux de sépulture.

« Art. 15. Dans les communes où l'on professe plusieurs « cultes, chaque culte doit avoir un lieu d'inhumation par- « ticulier; et dans les cas où il n'y aurait qu'un seul cime- « tière, on le partagera par des murs, haies ou fossés, en « autant de parties qu'il y a de cultes différens, avec une « entrée particulière pour chacune, et en proportionnant « cet espace au nombre d'habitans de chaque culte. »

Lors de la discussion du titre *des Actes de l'état civil*, le consul Cambacérès demanda d'y insérer un article qui aurait pu être ainsi conçu : « Quelle qu'ait été l'opinion religieuse du défunt, il doit être inhumé dans les cimetières publics : néanmoins, chaque individu ou chaque famille peut choisir un lieu destiné à son inhumation particulière et exclusive. » Si on n'eut pas alors égard à cette proposition, parce qu'elle appartenait aux lois de police, le premier Consul chargea du moins la section de prendre note de la proposition du consul Cambacérès (*séance du 14 fruct. an IX*).

Cependant, en y faisant droit, le gouvernement impérial n'a voulu blesser ni les croyances religieuses ni les scrupules de conscience : la division du terrain funéraire que prescrit le décret doit être observée; elle protége la paix publique. Mais les cimetières n'en sont pas moins, dans notre législation actuelle, des lieux publics plutôt que religieux : chacun y a droit, et c'est à l'autorité municipale seule à régler les difficultés.

« Art. 16. Les lieux de sépulture, soit qu'ils appartien- « nent aux communes, soit qu'ils appartiennent aux parti- « culiers, seront soumis à l'autorité, police et surveillance « des administrations municipales. »

Aussi, en combinant la règle établie par cet article avec l'art. 77 du Code civil, il est défendu à tous maires, adjoints et membres d'administrations municipales, de souffrir le transport, présentation, dépôt, inhumation des corps, ni l'ouverture des lieux de sépulture ; à toutes fabriques d'églises et consistoires, ou autres ayant droit, de faire les fournitures requises pour les funérailles, de livrer lesdites fournitures ; à tous curés, desservans et pasteurs, d'aller lever aucuns corps, ou de les accompagner hors des églises et temples, qu'IL NE LEUR APPARAISSE de l'*autorisation* donnée par l'officier de l'état civil pour l'inhumation, à peine d'être poursuivis comme contrevenans aux lois (*Décret du 4 therm. an XIII*). *V.* aussi l'*art. 358 du Code pénal*.

« Art. 17. Les autorités locales sont spécialement char- « gées de maintenir l'exécution des lois et règlemens qui « prohibent les exhumations non autorisées, et d'empêcher « qu'il ne se commette dans les lieux de sépulture aucun « désordre, ou qu'on s'y permette aucun acte contraire au « respect dû à la mémoire des morts. »

TITRE V.

Des pompes funèbres.

« Art. 18. Les cérémonies précédemment usitées pour « les convois, suivant les différens cultes, seront rétablies, « et il sera libre aux familles d'en régler la dépense selon « leurs moyens et facultés : mais hors de l'enceinte des églises « et des lieux de sépulture, les cérémonies religieuses ne « seront permises que dans les communes où l'on ne professe « qu'un seul culte, conformément à l'art. 45 de la loi du « 18 germinal an X.

« Art. 19. Lorsque le ministre d'un culte, sous quelque « prétexte que ce soit, se permettra de refuser son mi- « nistère pour l'inhumation d'un corps, l'autorité civile, soit « d'office, soit sur la réquisition de la famille, commettra un « autre ministre du même culte pour remplir ces fonctions ; « dans tous les cas, l'autorité civile est chargée de faire « porter, présenter, déposer et inhumer les corps. »

En donnant à l'autorité civile le droit de commettre un ministre du culte pour remplir les fonctions qu'aura refusées le premier, le décret n'ajoute aucune sanction, et cette omission nous paraît volontaire. Comment infliger des peines à un ecclésiastique qui aura conformé sa conduite aux règles canoniques? Et si le premier, appelé par ses fonctions ordinaires à la célébration de l'office, est non seulement exempt de peines, mais de coaction, comment le second, accidentellement commis, pourrait-il être contraint avec ombre de justice? On a seulement espéré qu'en diverses circonstances, les règles canoniques céderaient devant la règle chrétienne de soumission aux puissances : mais on n'a pas voulu faire de cet article un principe inflexible et destructif de la liberté des ministres des cultes.

« Art. 20. Les frais et rétributions à payer aux minis- « tres des cultes et autres individus attachés aux églises et « aux temples, tant pour leur assistance aux convois que pour « les services requis par les familles, seront réglés par le « gouvernement, sur l'avis des évêques, des consistoires et « des préfets, et sur la proposition du conseiller d'État chargé « des affaires concernant les cultes. Il ne sera rien alloué « pour leur assistance à l'inhumation des individus inscrits « aux rôles des indigens. »

Il n'est plus nécessaire que le défunt ait été inscrit au rôle des indigens. Tel individu qui n'a jamais réclamé les secours publics peut mourir dans la plus profonde misère : il suffit donc que l'indigence soit constatée par un certificat de la municipalité pour que les curés, desservans et vicaires soient tenus de faire gratuitement le service exigé pour les morts indigens (*Déc. du 18 mai 1806, art. 4*). Si l'église est tendue pour un convoi funèbre, et qu'on présente ensuite le corps d'un indigent, il est défendu de détendre jusqu'à ce que le service de ce mort soit fini (*même décret, art. 5*).

« Art. 21. Le mode le plus convenable pour le transport « des corps sera réglé suivant les localités, par les maires, « sauf l'approbation des préfets.

« Art. 22. Les fabriques des églises et les consistoires « jouiront seuls du droit de fournir les voitures, tentures, « ornemens, et de faire généralement toutes les fournitures « quelconques nécessaires pour les enterremens, et pour la « décence ou la pompe des funérailles.

« Les fabriques et consistoires pourront faire exercer ou « affermer ce droit, d'après l'approbation des autorités ci- « viles sous la surveillance desquelles ils sont placés. »

Un décret du 10 février 1806 a déclaré que ni l'art. 22 ni l'art. 24 du décret du 23 prairial an XII ne sont applicables aux personnes qui professent en France la religion juive

ARTICLE 78.

L'acte de décès sera dressé par l'officier de l'état civil, sur la déclaration de deux témoins. Ces témoins seront, s'il est possible, les deux plus proches parens ou voisins, ou lorsqu'une personne sera décédée hors de son domicile, la personne chez laquelle elle sera décédée, et un parent ou autre.

ARTICLE 79.

L'acte de décès contiendra les prénoms, nom, âge, profession et domicile de la personne décédée; les prénoms et nom de l'autre époux, si la personne décédée était mariée ou veuve; les prénoms, noms, âge, professions et domiciles des déclarans; et s'ils sont parens, leur degré de parenté.

Le même acte contiendra de plus, autant qu'on pourra le savoir, les prénoms, noms, profession et domicile des père et mère du décédé, et le lieu de sa naissance.

SOMMAIRE.

1. *Objet de ces articles.*
2. *Fondement de la foi due aux actes de décès.*
3. *De la foi relative à l'individualité.*
4. *Les art. 326 et 327 du Code civil sont applicables aux actes de décès.*

« Art. 23. L'emploi des sommes provenant de l'exercice « ou de l'affermage de ce droit sera consacré à l'entretien « des églises, des lieux d'inhumation, et au paiement des « desservans; cet emploi sera réglé et réparti sur la proposition du conseiller d'Etat chargé des affaires concernant « les cultes, et d'après l'avis des évêques et des préfets.

« Art. 24. Il est expressément défendu à toutes autres « personnes, quelles que soient leurs fonctions, d'exercer le « droit sus mentionné, sous telle peine qu'il appartiendra, « sans préjudice des droits résultant des marchés existans, et « qui ont été passés entre quelques entrepreneurs et les pré- « fets ou autres autorités civiles, relativement aux convois « et pompes funèbres.

« Art. 25. Les frais à payer par les successions des per- « sonnes décédées, pour les billets d'enterrement, le prix « des tentures, les bières et le transport des corps, seront « fixés par un tarif proposé par les administrations munici- « pales, et arrêtés par les préfets.

« Art. 26. Dans les villages et autres lieux où le droit pré- « cité ne pourra être exercé par les fabriques, les autorités « locales y pourvoiront, sauf l'approbation des préfets. »

V. au surplus le *Décret du* 18 *mai* 1806 concernant le service dans les églises et les convois funèbres. C'est un règlement général qui fixe les droits des fabriques et ceux des autorités municipales, et la nécessité de leur accord pour réunir le tout en une seule entreprise; *le décret du* 18 *août* 1811, relatif au service des inhumations dans la ville de Paris, et *l'ordonnance royale du* 25 *juin* 1832 (*Bull.* 2e *part.* 2e *sect. n°* 20), relative au même objet, à laquelle sont annexés *le cahier des charges* de l'entreprise actuelle et *le tarif*; *l'ordonnance de police* rendue pour Paris *le* 14 *mess. an XII* sur les décès et sépultures, et celle *du* 11 *janvier* 1815 sur les amphithéâtres d'anatomie et de chirurgie de la même ville, rapportées au Corps de droit criminel de M. Mars, t. 2, p. 432.

Le second objet de cette note est de réunir certaines obligations que les actes de décès imposent aux officiers de l'état civil, et notamment aux maires, afin que diverses administrations aient connaissance des décès.

1° La loi du 22 frimaire an VII, art. 55, voulait que les *secrétaires* des administrations municipales fournissent par quartier aux receveurs de l'enregistrement de leur arrondissement, les relevés par eux certifiés des actes de décès de leurs communes. Ces secrétaires ayant été supprimés, leurs fonctions sont aujourd'hui remplies dans chaque commune par les maires et adjoints, qui se trouvent tenus des mêmes obligations. Ces relevés sont fournis sur papier non timbré dans les mois de janvier, avril, juillet et octobre de chaque année (M. Hutteau d'Origny, *tit.* 8, *ch.* 1er, § 3, *n°* 2).

2° Dans les communes où ne réside pas un juge de paix, les maires ou adjoints sont tenus de donner avis, sans aucun délai, au juge de paix du canton, de la mort de toute personne de leur commune qui laisse pour héritiers des pupilles, des mineurs ou des absens (*Arrêté du* 22 *prair. an V*; *art.* 911 *du C. de pr.*; M. Hutteau, *ibid. n°* 3; M. Garnier-Dubourgneuf, *n°* 316).

3° Les maires ou adjoints sont également tenus d'adresser au juge de paix de leur canton les actes de décès sur papier libre, des rentiers viagers et des pensionnaires de l'Etat, en indiquant le montant de la rente viagère ou pension dont le titulaire jouissait sur le trésor public, ainsi que la nature de la pension (*Circ. du* 22 *nov.* 1814; M. Hutteau, *ibid.*). M. Lagarde (*n°s* 965 *et* 1232) étend cette obligation au cas où viendrait à mourir dans la commune un militaire jouissant d'un traitement quelconque, même de retraite; ce qui semble raisonnable.

4° Les maires doivent, dans le mois du décès d'une personne revêtue de l'un des titres établis par les statuts impériaux du 1er mars 1808, notifier l'acte de décès au commissaire du roi près la commission du sceau (*Décret du* 4 *mai* 1809, *art.* 12, *B.* 270, *n°* 5250).

5° Ils doivent aussi donner connaissance au grand-chancelier de la Légion-d'Honneur des décès des membres de cet ordre arrivés dans leur commune (*Circul. du min. de l'int. des* 22 *janv.* 1818 *et* 26 *août* 1820; M. Lagarde, *n°* 1229).

6° Si un militaire décède dans un hospice *civil*, ils doivent envoyer *deux doubles de l'acte de décès* au ministre de la guerre par l'intermédiaire de l'intendant militaire, et avoir soin d'y relater le n° du registre-matricule porté sur son billet d'entrée ou sur ses autres papiers (*Instruct. gén. de l'an XII et de* 1823).

Toutes ces prescriptions tiennent plus à la marche de l'administration qu'au droit civil: c'est pourquoi nous les avons rejetées dans une note. Cependant il est utile de les connaître, non seulement pour les maires, mais même pour les parties intéressées et leurs conseils, parce qu'en cas de destruction des registres, on pourrait retrouver dans les administrations auxquelles elle aurait dû être adressée la preuve authentique du décès.

5. *L'arrêt* Douhault *n'est pas contraire à cette doctrine.*
6. *Des erreurs sur l'âge et les autres indications relatives à l'individu.*
7. *Des énonciations relatives à la famille.*
8. *Quelle foi peut y être ajoutée.*
9. *Contestations sur les qualités.*
10. *De la mention du jour et de l'heure.*
11. *De l'enfant mort en naissant.*

1. Les actes de décès doivent constater, 1° qu'il y a un décès, 2° quel est l'individu décédé, et 3° à quelle famille il appartient.

Nous venons de voir que le but de l'art. 77 était de ne laisser aucun doute sur le fait du décès en lui-même. Cet article est une véritable loi de police : les art. 78 et 79 rentrent dans le droit civil, et s'occupent de l'individualité du défunt et de ses liens de famille.

2. La certitude de l'individualité est fondée sur le choix des déclarans. Aux lois anciennes (*Ord. de* 1667, *tit.* 20, *art.* 10; *Décl. du* 9 *avril* 1736, *art.* 10) qui les prenaient parmi les plus proches parens ou amis, la loi du 20 septembre 1792, tit. 5, art. 5, et le Code civil ont ajouté que la personne chez qui décéderait un individu étranger, serait nécessairement un des déclarans. La prévoyance humaine ne pouvait aller plus loin.

3. L'individualité du défunt fait l'objet principal de l'acte : c'est donc de cette individualité qu'il fait foi ; et comme nous l'avons dit *n° 1er sur l'art.* 46, *p.* 26, foi jusqu'à inscription de faux, sauf l'application de l'art. 327 du Code civil : c'est-à-dire, qu'en faisant foi complète contre tous, l'acte de décès n'est point un obstacle invincible à ce que celui dont on aurait attesté la mort, soit faussement, soit par erreur, réclame son nom, son état, sa place dans la société et dans la famille, et qu'il ne peut le faire que par la voie civile.

4. Quoique les art. 326 et 327 du Code civil soient placés au titre *de la Paternité et de la Filiation*, ils sont écrits en général pour toutes les réclamations d'état : il importe donc peu qu'elles soient causées par un acte de décès ou de naissance. Souvent même un acte peut être erroné sur le fait du décès ou sur l'identité, sans qu'il existe un faux : ainsi, nous avons connu un officier général qui, nonobstant l'acte de décès envoyé de son corps, revint, à la paix de 1814, consoler sa femme et ses enfans, et survécut long-temps à la preuve authentique de sa mort ; il n'y avait pas de faux, les déclarans étaient de bonne foi. Ainsi, quand un décès arrive chez une personne tierce, si elle n'a connu le décédé que sous un faux nom, elle ne peut le désigner que sous le faux nom qu'elle connaît : ici, pas de faux, mais erreur invincible de la part du déclarant. Et si ce faux nom est un nom usurpé, comment concevoir que le décès de l'usurpateur contraigne le propriétaire légitime du nom à recourir à la voie périlleuse de l'inscription pour reconquérir son état? Les art. 326 et 327 du Code civil sont donc applicables aux actes de décès.

5. Cependant presque tous les annotateurs, en citant un arrêt de *rejet du* 30 *avril* 1807, en tirent cette règle inflexible : « Lorsqu'une personne prétend être celle que l'acte désigne comme morte, « l'acte de décès prouve la non-identité jusqu'à « inscription de faux (*V. sur l'art.* 78 *du C. civ.* MM. Bourguignon, *Conférence*; Paillet, *Manuel*; Sirey, *Codes annotés, et les autres*). Rien de plus nuisible à la science que ces annotations fautives ou mal placées, répétées de livres en livres par de graves jurisconsultes : elles travestissent en axiomes des règles fausses ou surannées, trompent la foi paresseuse de certains lecteurs, et préparent les erreurs de la jurisprudence. L'arrêt rendu dans la célèbre affaire de la fausse marquise de Douhault a seulement jugé, ce qui est bien différent, que les art. 326 et 327 du Code civil n'étaient pas nécessairement applicables aux procès entamés avant leur promulgation, et qu'on aurait violé la chose jugée, en déclarant que la réclamante était la marquise de Douhault, après qu'un arrêt rendu au criminel, et sur la poursuite de la réclamante elle-même, avait décidé que l'acte de décès de la marquise n'était entaché d'aucun faux.

6. Il y a même des énonciations relatives à l'individualité du défunt qui n'exigent pas l'inscription de faux pour être combattues par des tiers, telles que l'indication de l'âge, que l'acte de décès n'a pas pour objet de prouver (M. Duranton, *t.* 1, *n°* 322), l'omission ou l'addition des prénoms, leur changement d'ordre, etc., et en général toutes les énonciations fautives qui sont dues à l'ignorance de fait des déclarans. Ainsi un homme n'aurait été connu, dans le lieu de son décès, que sous un surnom, que l'acte indiquerait comme nom de famille; les héritiers, en prouvant l'identité, pourraient faire rectifier l'acte de décès par la voie civile, sans s'inscrire en faux.

7. Outre les prénoms, nom, âge et domicile de la personne décédée, la loi réclame des énonciations relatives à ses liens de famille ; si elle est veuve ou mariée, les prénoms et nom de l'autre époux ; si elle est parente des déclarans, leur degré de parenté ; et si on peut le savoir, les prénoms, noms, profession et domicile de ses père et mère et le lieu de sa naissance. Toutes ces énonciations sont utiles : en rattachant ainsi l'acte de décès aux actes de naissance et de mariage, elles réunissent dans le dernier acte tout l'état civil d'un même individu (M. Hutteau d'Origny, *tit.* 8, *ch.* 1er, § 2, *n°* 1er); mais à côté de cet avantage est le danger des erreurs. Les témoins ne peuvent déclarer que ce qu'ils savent et comme ils le savent : si les renseignemens qu'ils donnent sont incertains, si sur quelques points ils ne présentent que des à-peu-près, l'officier de l'état civil doit avoir le soin de les constater avec la même incertitude et comme simples renseignemens.

8. Au surplus, les énonciations contenues dans un acte mortuaire ne font pas toujours preuve : elles auront plus ou moins d'importance, suivant les personnes de qui elles émaneront : faites par un proche parent, elles auront un degré vraisemblable de certitude; par un étranger, leur influence sera moins grande (DELAPORTE, *Pandect. franç.* nº 106, *sur l'art.* 79). Dans tous les cas, elles céderont devant les actes de naissance et de mariage : mais l'exactitude de ces énonciations n'en est pas moins désirable, parce que le temps convertit souvent les énonciations en preuve, *in antiquis, enunciativa probant*, et que l'impossibilité de réunir les preuves directes augmente la valeur des simples indices.

9. On a vu des exemples de contestations sur les qualités qu'on donnerait aux morts sur les registres; et ces contestations peuvent se présenter quand une question d'état est pendante au moment du décès. Une pareille difficulté se résoudrait en référé, et il serait juste de donner au défunt le titre dont il jouissait au moment de son décès, sans préjudicier aux droits des parties (M. DESESSARTS, *au Répert. de M. Merlin*, *mot Mort*, § 1er). Mais il vaudrait mieux encore, pour la partie que la qualité pourrait blesser, s'abstenir de paraître à l'acte de décès, et n'élever la prétention que dans les qualités de l'inventaire.

10. La loi ne prescrit pas la mention du jour ni de l'heure du décès : cependant les auteurs spéciaux sur la matière disent que cette double mention est nécessaire (MM. HUTTEAU D'ORIGNY, *tit.* 8, *ch.* 1, § 2, *nº* 2; LAGARDE, *nº* 611; GARNIER DUBOURGNEUF, *nº* 300; LE MOLT, *ch.* 6, 1re *sect.* § 3, *p.* 89); et les formules ministérielles la supposent (*V. le modèle d'acte de décès, p.* 14). En effet, la nécessité de la mention de jour et d'heure résulte de l'art. 77, qui prescrit un intervalle de vingt-quatre heures au moins entre le décès et la sépulture. Il y a utilité pour fixer le moment de l'ouverture d'une succession, et, en cas de décès successifs dans la même journée, pour déterminer le prédécès, et par conséquent celui des deux parens qui aura recueilli la succession de l'autre. Quoi qu'il en soit, par cela même que la loi n'a pas prescrit ces énonciations, il suit qu'elles ne font foi que jusqu'à preuve contraire, et que la partie intéressée à établir que le jour ou l'heure du décès sont inexactement fixés par l'acte, n'est pas réduite à prendre la voie d'inscription de faux (M. DURANTON, *t.* 1, *nº* 323).

11. L'acte de décès n'ayant pas pour objet de constater si un enfant a vécu ou non, on a dû décider que l'énonciation qu'un enfant était *mort en naissant*, insérée dans son acte de décès, ne pourra l'emporter sur la foi due à son acte de naissance dressé le même jour et mentionnant sa présentation à l'officier civil (*Paris*, 13 *flor. an XII*). Aussi, pour éviter des énonciations, quelquefois frauduleuses, sur ce point important, il est défendu à l'officier de l'état civil, à qui l'on présente le cadavre d'un enfant dont *la naissance n'a pas été enregistrée*, d'exprimer qu'un tel enfant est décédé, mais seulement qu'il lui a été *présenté sans vie*; il recevra de plus la déclaration des témoins touchant les noms, prénoms, qualités et demeures des père et mère de l'enfant, et la désignation des an, jour et heure auxquels l'enfant est sorti du sein de sa mère (*Décret du* 4 *juillet* 1806, *art.* 1er); cet acte est inscrit à sa date sur les registres des décès, sans qu'il en résulte *aucun préjugé* sur la question de savoir si l'enfant a eu vie ou non (*art.* 2).

M. Hutteau d'Origny (*tit.* 8, *ch.* 2, § 1er, *nº* 1er, 1er *cas*) dit que si un enfant, né viable, est décédé AVANT d'être présenté à l'état civil, deux actes sont dressés, l'un de naissance, l'autre de décès, parce qu'il y a deux événemens à constater. C'est une erreur : l'officier public ne peut plus rédiger un acte de naissance, ni attester la vie quand on lui présente un cadavre.

RENVOI AUX ARRÊTISTES.

PARIS, 13 *flor. an XII.* — S. an XII, 2. 732. — P. t. 2e de l'an XII, p. 332. — N. D. t. 1, p. 199.

REJET, 30 *avril* 1807. — S. 1807, 1. 401. — D. 1807, 1. 401. — P. t. 2e de 1807, p. 481. — N. D. t. 9, p. 576.

ARTICLE 80.

En cas de décès dans les hôpitaux militaires, civils, ou autres maisons publiques, les supérieurs, directeurs, administrateurs et maîtres de ces maisons, seront tenus d'en donner avis, dans les vingt-quatre heures, à l'officier de l'état civil, qui s'y transportera pour s'assurer du décès, et en dressera l'acte conformément à l'article précédent, sur les déclarations qui lui auront été faites, et sur les renseignemens qu'il aura pris.

Il sera tenu en outre, dans lesdits hôpitaux et maisons, des registres destinés à inscrire ces déclarations et ces renseignemens.

L'officier de l'état civil enverra l'acte de décès à celui du dernier domicile de la personne décédée, qui l'inscrira sur les registres.

SOMMAIRE.

1. *Actes dans les cas extraordinaires. Règles générales. — Des lazarets.*
2. *A quelles maisons s'applique l'art. 80.*
3. *Les administrateurs ne sont pas officiers de l'état civil. Quel degré de foi peut être ajouté à leurs registres.*

1. Après les règles applicables aux actes de décès dans les cas les plus ordinaires, le Code civil trace, dans les art. 80 et suivans, les règles spéciales que réclament certains cas particuliers. Il faut faire observer ici que les art. 77, 78 et 79 dominent la matière, et que même, dans les circonstances spéciales, il n'est permis de s'en écarter qu'autant que la loi est expresse, ou que la force des choses le commande.

2. L'art. 80 est applicable non seulement aux hôpitaux militaires et hospices civils, mais à toutes les maisons publiques, telles que séminaires, couvens de dames, colléges royaux, écoles entretenues aux frais de l'Etat, etc. Tous ces établissemens doivent avoir un registre qui constate les déclarations faites à l'officier de l'état civil et les renseignemens qu'il a obtenus (M. HUTTEAU D'ORIGNY, *tit.* 8, ch. 2, § 1er, 7e *cas*); mais notre article ne comprend plus les lazarets depuis la loi du 3 mars 1822.

En effet, l'art. 19 de cette loi porte que « Les membres des autorités sanitaires exerceront *les fonctions* d'officiers de l'état civil dans l'enceinte des lazarets et autres lieux réservés. Les actes de naissance et de décès seront dressés en présence de deux témoins..... Expédition des actes de naissance et de décès sera adressée, dans les vingt-quatre heures, à l'officier ordinaire de l'état civil de la commune où sera situé l'établissement, lequel en fera la transcription. »

3. Les administrateurs ni les économes des hôpitaux n'ont pas le droit de rédiger l'acte de décès. L'officier de l'état civil seul doit le rédiger et le signer avec les déclarans sur le registre de la commune *qu'il apporte avec lui*. Le registre de l'hôpital n'est établi que pour l'ordre de la maison; les mentions qui y sont faites ne sont pas des actes, et ne peuvent constater légalement les décès (*Circ. du min. de l'int. du* 31 *oct.* 1808 *citée par* M. HUTTEAU D'ORIGNY, *ibid.*). Mais ces registres, selon leur état, pourraient servir à faire admettre la preuve du décès, en cas d'omission alléguée sur les registres de la commune (*V. le n°* 20 *sur l'art.* 46, *p.* 30).

ARTICLE 81.

Lorsqu'il y aura des signes ou indices de mort violente, ou d'autres circonstances qui donneront lieu de le soupçonner, on ne pourra faire l'inhumation qu'après qu'un officier de police, assisté d'un docteur en médecine ou en chirurgie, aura dressé procès-verbal de l'état du cadavre et des circonstances y relatives, ainsi que des renseignemens qu'il aura pu recueillir sur les prénoms, nom, âge, profession, lieu de naissance et domicile de la personne décédée.

ARTICLE 82.

L'officier de police sera tenu de transmettre de suite, à l'officier de l'état civil du lieu où la personne sera décédée, tous les renseignemens énoncés dans son procès-verbal, d'après lesquels l'acte de décès sera rédigé.

L'officier de l'état civil en enverra une expédition à celui du domicile de la personne décédée, s'il est connu : cette expédition sera inscrite sur les registres.

SOMMAIRE.

1. *Application de ces articles.*
2. *Transport de l'officier de l'état civil.*
3. *Du cas où on n'a pu retrouver le corps. Décès dans les travaux des mines.*

1. Ces articles s'appliquent à tous les cas de mort violente, soit que le cadavre ait été trouvé gisant dans un lieu public, ou que le défunt soit mort dans son domicile. Ils ont leur complément dans l'art. 44 du Code d'instruction criminelle, qui veut que, s'il s'agit d'une mort violente, ou d'une mort dont la cause soit inconnue et suspecte, le procureur du roi se fasse assister d'un ou de deux officiers de santé qui feront leur rapport sur les causes de la mort et sur l'état du cadavre, après serment de faire leur rapport et de donner leur avis en leur honneur et conscience. L'inhumation doit être retardée jusqu'à ce que le procès-verbal soit dressé par l'officier de police, pour que les traces du crime ne disparaissent pas. Dans les communes où l'officier de l'état civil est en même temps officier de police, il est compétent pour dresser le procès-verbal, qu'il doit envoyer sur-le-champ au procureur du roi (*C. inst. crim. art.* 49, 50 *et* 53).

2. Les mots, *qui s'y transportera pour s'assurer du décès*, employés dans l'art. 80, et le renvoi que l'art. 84 fait au même article, augmentent la force de la disposition de l'art. 77, et prouvent que jamais l'officier civil ne doit omettre de reconnaître le décès par lui-même, même quand ce décès est attesté par des médecins. Il n'y a d'exception que

dans le cas des art. 82 et 83, parce que la mort est déjà attestée par un officier public. Ce qui achève de démontrer sur ce point la volonté du législateur, c'est que le projet de la commission ne contenait cette disposition ni dans l'art. 59 du titre 2 du livre Ier, correspondant à l'art. 80, ni dans l'art. 66 correspondant à l'art. 84.

3. Quand un accident imprévu, tel qu'une ruine, un incendie, une inondation, entraîne le décès d'une ou de plusieurs personnes, mais qu'on n'en retrouve pas les cadavres, le décès peut-il être néanmoins constaté, consigné sur les registres de l'état civil, et produire tous ses effets, même la dissolution du mariage et la faculté d'en contracter un nouveau?

Oui, si les circonstances sont telles qu'il y ait *certitude* du décès, et que les tribunaux aient ordonné la rédaction de l'acte. Mais, pour peu qu'il existe un doute, le décès ne peut être déclaré.

Le décret du 3 janvier 1813 sur l'exploitation des mines (*Bull.* 467, *no* 8561) offre une espèce qui présente cette certitude. Après avoir prescrit, dans l'art. 18, des formalités analogues aux art. 81 et 82 du Code civil pour les ouvriers qui auraient péri par accident dans les mines et dont les corps auraient été retrouvés, il s'occupe, dans l'art. 19, de ceux qui ont péri dans les travaux, mais auprès desquels il y aura eu impossibilité de parvenir, et veut que « les exploitans, directeurs et « autres ayans-cause soient tenus de faire consta- « ter cette circonstance par le maire ou autre offi- « cier public qui en dressera procès-verbal, et le « transmettra au procureur du roi, à la diligence « duquel, et sur l'autorisation du tribunal, cet « acte sera annexé au registre de l'état civil. » En effet, quand la présence du mineur est certaine au moment du désastre, et qu'il n'a pas pu sortir jusqu'à l'époque à laquelle le jugement est obtenu, on ne conçoit pas le doute sur son décès. Aussi M. Duranton (*t.* 1, *no* 330) pense-t-il que ce procès-verbal remplace complètement l'acte de décès, même pour un second mariage.

Il en serait de même à l'égard des personnes consumées dans un incendie ou noyées publiquement, et dont on n'aurait pu découvrir le corps; mais les magistrats doivent examiner les circonstances de fort près; car on a des exemples de personnes que l'on avait crues noyées, et qui se sont retrouvées dans la suite (M. Maleville, *sur l'art.* 81; M. Toullier, *t.* 1, *no* 360).

Il y a une différence que les auteurs n'ont pas remarquée entre le décès dans les mines et ceux causés par d'autres accidens; c'est que dans tous les autres cas, le procureur du roi n'a pas le droit de faire déclarer les décès, et que les enquêtes doivent en conséquence avoir lieu à la diligence des parties intéressées.

ARTICLE 83.

Les greffiers criminels seront tenus d'envoyer, dans les vingt-quatre heures de l'exécution des jugemens portant peine de mort, à l'officier de l'état civil du lieu où le condamné aura été exécuté, tous les renseignemens énoncés en l'art. 79, d'après lesquels l'acte de décès sera rédigé.

ARTICLE 84.

En cas de décès dans les prisons ou maisons de réclusion et de détention, il en sera donné avis sur-le-champ, par les concierges ou gardiens, à l'officier de l'état civil, qui s'y transportera comme il est dit en l'article 80, et rédigera l'acte de décès.

ARTICLE 85.

Dans tous les cas de mort violente, ou dans les prisons et maisons de réclusion, ou d'exécution à mort, il ne sera fait sur les registres aucune mention de ces circonstances, et les actes de décès seront simplement rédigés dans les formes prescrites par l'article 79.

SOMMAIRE.

1. *Motifs de l'art.* 85.
2. *Résultats de l'énonciation défendue.*
3. *L'acte ne doit pas indiquer la source des renseignemens.*
4. *On ne les annexe pas.*
5. *Comment indiquer le lieu du décès.*
6. *Difficulté sur les déclarans.*

1. D'après le projet du Code civil (*liv.* 1, *tit.* 2), l'officier de l'état civil se serait borné à inscrire sur les registres le procès-verbal de l'officier de police judiciaire en cas de mort violente (*art.* 61), le procès-verbal d'exécution des greffiers criminels (*art.* 65), ou l'extrait du registre d'écrou du concierge de la prison, que celui-ci devait envoyer dans les vingt-quatre heures du décès: mais déjà la loi du 21 janvier 1790 portait qu'il ne serait plus fait sur les registres civils aucune mention du genre de mort, et cette disposition était un corollaire du principe qui règne encore sur notre législation criminelle, que l'infamie d'un de ses membres ne doit pas rejaillir sur la famille. Pour le cas de mort violente, l'art. 9 du titre 5 de la loi du 20 septembre 1792 avait déjà ordonné que l'acte de décès serait rédigé sur les renseignemens contenus dans l'extrait du procès-verbal de l'officier de po-

lice judiciaire, ce qui rendait inutile la mention de la cause de la mort, assassinat, duel ou suicide. Le système du projet était contraire au système général de la législation : on l'a donc abandonné, et on a étendu la défense au cas de mort dans les prisons et autres lieux de détention, ce qui comprend l'état d'arrestation, d'accusation, la condamnation à mort non exécutée, les fers, etc. (*V. la séance du cons. d'Etat*, 14 *fruct. an IX*). L'acte de décès est pour le public aussi bien que pour la famille. Il ne faut donc pas qu'il flétrisse sans utilité la mémoire du défunt. C'est pour constater un *décès*, et non pour spécifier un genre de mort, que les registres sont établis. On ne les appelle pas registres de *morts*, mais registres de *décès* (M. Réal, *même séance*).

2. Dès qu'il y a une défense de la loi, les parties intéressées auraient, malgré la vérité du fait, une action en rectification contre pareilles énonciations insérées dans l'acte de l'état civil, et même, suivant les circonstances, une action en réparation contre l'officier public.

3. De cette défense de la loi, il suit encore que l'acte ne doit pas mentionner qu'il a été rédigé sur les renseignemens fournis par l'officier de police, ou d'après le procès-verbal du greffier criminel (M. Hutteau d'Origny, *tit.* 8, *ch.* 2, § 1er, 9e *et* 10e *cas*). Cette énonciation révèlerait ce que la loi veut celer.

4. Par la même raison, quoique l'officier de l'état civil doive mettre en ordre les procès-verbaux sur lesquels il a rédigé ces actes, pour y recourir en cas de besoin, par exemple pour défendre à une inscription de faux, il ne doit pas les annexer aux registres, car l'annexe en exigerait l'énonciation; ni les déposer au greffe avec les doubles du registre, car n'ayant d'utilité que relativement au maire et pour justifier le mode d'inscription, ils doivent demeurer à la mairie.

5. L'officier civil doit éviter également de dénommer la prison où est arrivé le décès : dans les grandes villes, on se bornera à l'indication de la rue et du numéro (M. Hutteau d'Origny, *ibid.*); dans les autres lieux, au nom de la commune.

6. M. Lagarde (*n*o 612) signale une difficulté sérieuse relative aux actes de décès survenus dans les prisons : c'est que les déclarans seront toujours les greffiers, geôliers et guichetiers des prisons, de sorte que le vœu de la loi sera trompé, puisque l'énonciation de la profession des témoins perpétuera dans un acte public le souvenir du lieu du décès. Il conseille donc au maire de prendre pour témoins deux personnes autres que les déclarans, en annexant pour leur justification et pour la sienne, les déclarations et renseignemens sur lesquels l'acte a été rédigé.

Ce remède est-il bien légal? Il ne faut pas oublier qu'en matière de décès, les déclarans sont des *témoins*, non pas des derniers momens de l'individu, mais du fait même du décès et de l'individualité. Or, on ne doit témoigner ni sur certificats ni sur ouï-dire. Les précautions à cet égard doivent donc venir ou de la famille, si elle est sur les lieux, laquelle peut choisir ses déclarans, ou du directeur de la prison, qui peut produire pour déclarans ses employés civils, le médecin ou l'infirmier qui a soigné le défunt. Tout ce que peut faire l'officier de l'état civil, c'est de relater la profession des témoins, sans dire qu'ils sont attachés à la maison.

ARTICLE 86.

En cas de décès pendant un voyage de mer, il en sera dressé acte dans les vingt-quatre heures, en présence de deux témoins pris parmi les officiers du bâtiment, ou, à leur défaut, parmi les hommes de l'équipage. Cet acte sera rédigé, savoir, sur les bâtimens du roi, par l'officier d'administration de la marine; et sur les bâtimens appartenant à un négociant ou armateur, par le capitaine, maître ou patron du navire. L'acte de décès sera inscrit à la suite du rôle de l'équipage. — *V. les notes sur l'art.* 59, *p.* 48.

ARTICLE 87.

Au premier port où le bâtiment abordera, soit de relâche, soit pour toute autre cause que celle de son désarmement, les officiers de l'administration de la marine, capitaine, maître ou patron, qui auront rédigé des actes de décès, seront tenus d'en déposer deux expéditions, conformément à l'article 60.

A l'arrivée du bâtiment dans le port du désarmement, le rôle d'équipage sera déposé au bureau du préposé à l'inscription maritime; il enverra une expédition de l'acte de décès, de lui signée, à l'officier de l'état civil du domicile de la personne décédée : cette expédition sera inscrite de suite sur les registres. — *V. les notes sur les art.* 60 *et* 61, *p.* 49.

CHAPITRE V

Des actes de l'état civil concernant les militaires hors du territoire du royaume.

OBSERVATIONS GÉNÉRALES.

SOMMAIRE.

1. *Origine des dispositions contenues en ce chapitre.*
2. *Des militaires en voyage,*
3. *Sur le territoire français.*
4. *Quid, en cas d'invasion ou de révolte?*
5. *Les officiers du pays étranger peuvent-ils aussi recevoir les actes de l'état civil des militaires français sous les drapeaux?*
6. *Des prisonniers de guerre.*
7. *Des militaires embarqués.*

1. Ce chapitre est dû aux observations du Premier Consul sur le projet (*V. Introduct. n° 4, p. 4*). Si, lorsqu'il est sous le drapeau, le militaire n'est point chez l'étranger; si sa qualité prééminente de citoyen français l'accompagne aux armées, la loi civile de son pays doit aussi l'y suivre, le protéger, et établir en sa faveur des règles particulières, soit pour constater son mariage ou son décès, soit pour assurer l'état de ses enfans (M. Duchesne, *Rapport*).

2. Ce chapitre n'est consacré qu'aux militaires qui se trouvent à la fois hors du royaume et à l'armée. S'ils étaient simplement en voyage, les actes de leur état civil seraient reçus dans les formes prescrites par les art. 47 et 48.

3. Sur le territoire du royaume, leurs droits civils sont régis par la loi commune, et doivent être constatés par les officiers ordinaires de l'état civil (M. Thibaudeau, *Exposé des motifs; Avis du C. d'État du 4e complém. an XIII, V. ci-dessus, p. 62, n° 3; Instr. du min. de la guerre du 24 brum. an XII citée tout entière par* M. Locré, *Lég. civ. et comm. t. 3, p. 355, et au recueil de* M. Sirey, *an XII*, 2. 743; *autre instr. gén. du même min. du 8 mars 1823, insérée au Journal militaire officiel*, 1823, 1er *semestre, p.* 341). Les instructions générales, en posant cette règle, ont eu cependant le soin d'entrer dans le détail des actes faits dans l'intérieur du royaume, pour mieux faire connaître aux militaires chargés des registres comment devait être appliqué le chapitre exceptionnel de ce titre, et pour mettre les conseils d'administration en état de surveiller l'état civil des militaires en France, et d'indiquer à leurs subordonnés la marche qu'ils doivent suivre. En ce qui touche l'état civil en France, la partie énonciative de ces instructions ne doit pas nous occuper, puisqu'elle rentre dans les principes que nous avons exposés; et sa partie dispositive ne contient qu'un petit nombre de prescriptions, toutes relatives plutôt à l'administration qu'à l'état civil. Il y en a cependant deux qu'il faut remarquer : l'une se rapporte à l'art. 78 du Code civil, et veut que « l'officier, quel que soit son grade, qui commandera la compagnie dont un militaire décédé faisait partie, *sera tenu* d'en faire faire la déclaration à l'officier de l'état civil du lieu, et de veiller à ce que deux officiers ou sous-officiers, ou au moins un officier ou sous-officier et un soldat, se tiennent à portée de servir de témoins de l'acte à dresser; disposition précieuse, en ce que le choix des déclarans est une garantie d'exactitude. L'autre, que c'est au procureur du roi près les tribunaux militaires à envoyer à l'officier civil du lieu les renseignemens énoncés en l'art. 79, en cas d'exécution à mort, car ces tribunaux n'ont pas de greffiers criminels. »

4. Les dispositions exceptionnelles du chapitre V sont applicables non seulement aux militaires réunis en corps d'armée au-delà des frontières de la France, mais aussi aux corps qui, dans un cas d'invasion ou de révolte, se trouveraient dans l'*impossibilité* de recourir aux officiers publics ordinaires pour constater le décès des militaires morts sur le champ de bataille, ou pour faire divers actes relatifs à l'état civil (*mêmes instr.* M. Duranton, *t.* 1er, *n°* 331). Cette doctrine est professée par M. Lagarde, n° 629; et elle est conforme à la raison. Elle a d'ailleurs été consacrée par l'art. 10 de la loi du 13 janvier 1817 : « Feront preuve en « justice, *dans les cas prévus par la présente loi*, « les registres et actes de décès des militaires tenus « conformément aux art. 88 et suivans du Code « civil, bien que lesdits militaires soient décédés « sur le territoire français, s'ils faisaient partie des « corps ou détachemens d'une armée active, ou « de la garnison d'une ville assiégée. »

M. Merlin (*Répert. mot Etat civil*, § 3, *n° 4 sous l'art.* 98) pense que cette disposition n'étant écrite que pour les guerres qui ont eu lieu depuis le 21 novembre 1792 jusqu'au 20 décembre 1815, *elle ne pourrait pas*, si elle n'était renouvelée expressément, être appliquée aux décès qui arriveraient dans des guerres dont la France aurait le malheur de devenir le théâtre.

De ce que, dans la crainte de difficultés judiciaires, une loi a prévu un cas spécial et proclamé la foi due à des actes faits antérieurement à sa promulgation, s'ensuivra-t-il donc nécessairement que ces actes étaient par eux-mêmes entachés de nullité? Non, selon nous; autrement, il faudrait dire que, sous ce rapport, la loi du 13 janvier 1817 est entachée de rétroactivité, puisqu'elle aurait fait valoir des actes nuls dans le principe. Son art. 10

n'est donc qu'une loi interprétative qui détermine et proclame les cas d'impossibilité de se conformer à la loi commune; peu importe que le chapitre V du Code civil ne traite que des actes faits à l'armée et hors du territoire du royaume! La loi ne prévoit que les cas ordinaires; et parler en l'an IX, dans une loi générale, de l'invasion du territoire, eût été une espèce de sacrilége. Quand un pays est envahi, que les officiers publics sont dispersés, que, dans la portion du territoire que traversent les armées, la justice est exercée au nom d'une autorité étrangère, ou que dans une ville assiégée l'autorité civile est suspendue, faut-il donc que les militaires restent sans état civil? Tout se réduit alors à une question de fait: les militaires peuvent-ils s'adresser sans danger à l'officier public français de la portion de territoire où l'acte doit être dressé? Alors l'autorité militaire n'a point l'état civil. Ne le peuvent-ils pas? Quoique sur le sol de la patrie, ils sont en pays ennemi, et les règles militaires reprennent leur empire exceptionnel. Pas d'interrègne dans l'état civil!

5. Une autre question importante, c'est de savoir si en pays étranger les actes de l'état civil des militaires sous les drapeaux peuvent être valablement reçus par les officiers publics du pays? M. Merlin professe la négative (*Rép. mot Etat civil*, § 3, *n° 1er sous l'art.* 98). Ses motifs sont que la lettre de la loi veut que tout acte de l'état civil qui concerne des militaires hors de France et sous les drapeaux, NE PUISSE être dressé que par les officiers désignés dans l'art. 89; que l'esprit de la loi est surtout d'empêcher que désormais on ne se joue à l'armée *du plus saint des contrats*, du mariage; et que ce but est manqué si le mariage d'un militaire sous les drapeaux peut être reçu par un officier public du pays: il s'appuie sur l'arrêt de cassation du 17 août 1815 (*V. ci-dessus, p.* 36 *à la note*), et critique un arrêt de la Cour royale de Paris du 8 juillet 1820 qui a déclaré valable le mariage du sieur *Delnaye*, armurier du 6e régiment de ligne, faisant partie de l'armée d'occupation du royaume de Naples, avec la demoiselle *Paolina Mazzoni*, célébré à Trani, royaume de Naples, avec les formes usitées dans le pays, par le propre curé du domicile de Paolina Mazzoni.

Cette doctrine est bien rigoureuse. A-t-elle l'exactitude ordinaire des opinions de notre grand jurisconsulte? Nous osons en douter.

D'abord, quand M. Merlin invoque la lettre de la loi pour en induire qu'un militaire NE PUISSE s'adresser qu'aux officiers désignés en l'art. 89, on s'imagine que la loi est prohibitive. Quand on la lit, on voit qu'elle est simplement impérative.

Nous convenons que les lois qui confèrent des fonctions publiques ne peuvent être étendues, quoiqu'elles ne procèdent pas par prohibition; qu'en pays occupé par nos troupes, il ne peut y avoir d'autres officiers français de l'état civil que ceux désignés par la loi: mais induire de là que les militaires sont privés du droit que l'art. 47 donne à tous les citoyens français, de s'adresser aux officiers étrangers en pays étranger; en induire que les officiers publics du pays, à qui l'occupation n'a pas enlevé leur caractère, et qui le conservent incontestablement à l'égard des Français qui ne font pas partie de l'armée, l'ont irrévocablement perdu quand il s'agit d'un militaire, c'est faire une exclusion qui n'est pas *dans les termes* de la loi. Voyons si elle est dans son esprit.

Le Premier Consul a jeté dans une discussion la maxime que là où était le drapeau, là aussi était la France, et M. Merlin lui-même a dit (*Quest. de dr. mot Mariage*, § 7, *n°* 1, *dans le réquisitoire du* 8 *juin* 1809) qu'en s'exprimant ainsi, le chef du gouvernement parlait plus en législateur qu'en jurisconsulte; qu'il ne rappelait pas une fiction de droit déjà existante, déjà reconnue, mais qu'il en créait une toute nouvelle pour l'approprier au système *qu'il voulait* établir relativement aux mariages des militaires. Si cette fiction, dérogatoire à la règle du droit des gens *locus regit actum*, n'existait point avant le Code civil, il faudrait qu'un texte la créât, la fît entendre, pour avoir la certitude qu'elle a passé dans le Code.

Or, ce chapitre, tout entier de formes, n'a subi presque aucune discussion dans le sein du conseil d'Etat, et si le mot de Napoléon se trouve répété par l'orateur du gouvernement et dans les discours des tribuns, ce fait prouve moins l'intention de la loi que le plaisir de flatter le maître en rappelant une grande idée d'où naissait une utile institution.

Mais les membres éclairés de la section de législation savaient tous que si, par une loi française, on pouvait soustraire les militaires français à la juridiction des officiers publics étrangers et créer pour eux des officiers spéciaux, on ne pouvait pas aussi facilement soumettre les étrangers aux lois françaises. L'occupation ne soumet pas de plein droit les naturels d'un pays aux lois civiles du vainqueur; il faut du moins qu'elles y soient publiées: ainsi, quand l'acte de l'état civil intéresse à la fois et un militaire et un étranger, le silence du Code autorise à penser que l'officier public du pays est tout aussi compétent que l'officier de l'état civil du corps d'armée.

Si les paroles qui n'ont point été prononcées pour déterminer le sens du chapitre V, mais pour en inspirer l'idée, ne peuvent suppléer à l'absence de prohibition, du moins le motif tiré de ce que les militaires s'étaient joués du mariage pendant les guerres précédentes, offre une idée respectable; mais les mêmes réflexions démontrent qu'il doit être aussi sans influence; car l'application du principe se ferait le plus souvent contre la femme étrangère qui, dans l'ignorance des lois françaises, se serait mariée suivant les formes de son pays. Si la loi contenait une prohibition, elle permettrait véritablement alors au militaire en pays étranger de se jouer du plus saint des contrats.

Aussi l'arrêt de Paris que critique M. Merlin n'est pas un arrêt isolé. La Cour royale de Colmar a professé la même doctrine par arrêt du 25 janvier 1823, et le pourvoi a été rejeté le 23 août 1826 par la section civile de la Cour de cassation, parce que « les art. 88 et suivans du Code civil ne privent « pas le Français de la faculté de contracter valablement mariage en pays étranger avec une étrangère, devant l'officier de l'état civil du pays, en « lui donnant, lorsqu'il est militaire, celle de le « faire célébrer devant l'officier de l'état civil du « corps dont il fait partie. »

Enfin, l'arrêt du 17 août 1815 qu'invoque M. Merlin a en effet jugé qu'un ministre du culte espagnol, attaché en Espagne au service d'un hôpital militaire, avait été sans qualité pour délivrer l'acte de décès d'un Français; que cet acte ne faisait pas foi, et que dès lors sa fabrication ne constituait pas un faux. Mais la différence est grande : le lieu même du décès était sous la direction de l'officier de l'état civil français, et l'acte n'intéressait que le militaire.

6. Le chapitre V cesse d'être applicable aux militaires dès qu'ils sont prisonniers de guerre : ils sont alors régis seulement par les art. 47 et 48 du Code civil (M. Duranton, *t.* 1, *n°* 332); et les déclarations que les prisonniers rentrans pourraient faire sur le décès de leurs compagnons de captivité ne pourraient, à défaut d'acte légal, devenir un titre authentique qu'avec la sanction des tribunaux (*Instr. de* 1823).

7. Les actes de naissance et de mort, relatifs aux militaires ou à leurs enfans embarqués avec eux, sont soumis aux seules dispositions des art. 59, 60, 61, 86 et 87 du Code civil, et non au chapitre V, qui ne concerne que l'armée de terre. Si le commandant de chaque détachement doit avoir soin de noter sur le contrôle les mutations de toute nature, ce n'est pas comme officier de l'état civil, mais pour qu'on puisse les rapporter ensuite sur les registres matricules du corps (*Instr. de l'an XII*).

RENVOIS AUX ARRÊTISTES.

Cass. *sect. crim.* 17 *août* 1815 — S. 1815, 1. 297. — D. 1815, 1. 540. — P. t. 1er de 1816, p. 81. — N. D. t 8, p. 365.

Paris, 8 *juillet* 1820. — S. 1820, 2. 307. — P. t. 3e de 1820, p. 30. — N. D. t. 1er, p. 191.

Colmar, 25 *janv.* 1823. — S. 1824, 2. 156. — D. 1824, 2. 56. — P. t. 1er de 1827, p. 168. — N. D. t. 1, p. 192.

Rejet, *sect. civ.* 25 août 1826. — S. 1827, 1. 108. — D. 1827, 1. 8. — P. t. 1er de 1827, p. 168.

ARTICLE 88.

Les actes de l'état civil faits hors du territoire du royaume, concernant des militaires ou autres personnes employées à la suite des armées, seront rédigés dans les formes prescrites par les dispositions précédentes, sauf les exceptions contenues dans les articles suivans.

SOMMAIRE.

1. *Etendue de la disposition.*

1. On entend communément par employés aux armées, 1° tout individu appartenant à une administration militaire, et porteur d'une commission du ministre de la guerre; 2° tout individu appartenant à l'entreprise d'un service administratif de l'armée, porteur d'une semblable commission, ou du moins commissionné par l'entrepreneur et compris dans un tableau fourni par cet entrepreneur; 3° les vivandières, les domestiques, les cantiniers, etc., qui n'ont point de commission ministérielle, mais qui sont autorisés à suivre les armées (M. Hutteau d'Origny, *tit.* 2, *ch.* 2, *n°* 3). Il semble même que ce chapitre concerne des personnes qui ne peuvent être considérées ni comme militaires ni comme employés : tels sont les femmes et les enfans des militaires dont il faudrait constater les décès. L'esprit de la loi est qu'on n'ait besoin de recourir aux officiers de l'état civil du pays étranger pour aucune des personnes qui se trouvent *à la suite* de l'armée.

ARTICLE 89.

Le quartier-maître dans chaque corps d'un ou plusieurs bataillons ou escadrons, et le capitaine commandant dans les autres corps, rempliront les fonctions d'officiers de l'état civil : ces mêmes fonctions seront remplies, pour les officiers sans troupes et pour les employés de l'armée, par l'inspecteur aux revues attaché à l'armée ou au corps d'armée.

SOMMAIRE.

1. *Absence des quartiers-maîtres.*
2. *Intendans et sous-intendans militaires : comment ils se suppléent.*
3. *Des mots* corps d'armée.
4. *Pas de territoire assigné aux militaires officiers de l'état civil.*

1. Les obligations imposées aux quartiers-maîtres devront, en leur absence, être remplies par l'officier, quel que soit son grade, qui sera chargé à l'armée de la tenue des contrôles nominatifs (*Instr. du min. de la guerre du 8 mars* 1823).

2. Les inspecteurs aux revues sont remplacés aujourd'hui par les intendans, sous-intendans et adjoints sous-intendans militaires (*Ord. du 29 juill.* 1817).

« Ce ne sont pas les intendans seuls, mais chacun des officiers composant le corps des intendans et sous-intendans qui sont chargés de remplir les fonctions d'officier de l'état civil (*même instr.*). » D'où il suit « qu'un sous-intendant supplée de droit l'intendant dans les fonctions d'officier de l'état civil, toutes les fois qu'il n'y a pas d'intendant attaché au corps d'armée (*même instr.*). »

3. « Par les mots *corps d'armée*, on doit entendre un corps ou une division sous les ordres séparés d'un général, et trop éloigné d'un grand quartier-général pour que l'on puisse sans inconvénient faire intervenir dans les actes à passer pour ce corps l'intendant ou sous-intendant attaché au grand quartier-général (*même instr.*).

4. « La loi n'assigne pas aux intendans et sous-intendans un territoire déterminé : ce n'est que par une mesure d'ordre dont l'observation n'influe pas sur la validité de l'acte, qu'un intendant ou sous-intendant doit se borner à dresser ceux relatifs aux individus qui sont momentanément sous sa police administrative. Une ligne de démarcation absolue n'est, à cet égard, ni rigoureusement nécessaire ni toujours possible (*même instr.*). » *V. l'Introd. n°* 11, *p.* 6; *et le n°* 12 *sur l'art.* 74, *p.* 64.

ARTICLE 90.

Il sera tenu, dans chaque corps de troupes, un registre pour les actes de l'état civil relatifs aux individus de ce corps, et un autre à l'état-major de l'armée ou d'un corps d'armée, pour les actes civils relatifs aux officiers sans troupes et aux employés : ces registres seront conservés de la même manière que les autres registres des corps et états-majors, et déposés aux archives de la guerre, à la rentrée des corps ou armées sur le territoire du royaume.

ARTICLE 91.

Les registres seront cotés et paraphés, dans chaque corps, par l'officier qui le commande; et à l'état-major, par le chef de l'état-major général.

SOMMAIRE.

1. *Obligations relatives à la tenue et au dépôt des registres.*

1. Les instructions portent « qu'aussitôt qu'un ou plusieurs corps, ou des détachemens, sortiront du territoire français, ils établiront un registre destiné à recevoir les actes de l'état civil : ces registres seront fournis par les corps et états-majors, et aussitôt la rentrée sur le territoire français, ils seront envoyés au ministre de la guerre, sauf à en établir de nouveaux dans le cas où ces mêmes corps ou détachemens quitteraient encore le territoire français. Les quartiers-maîtres et capitaines-commandans seront surveillés dans les fonctions d'officiers de l'état civil par le conseil d'administration et les intendans militaires. L'intendant chargé, à l'état-major, de la tenue desdits registres, en enverra tous les mois au ministre de la guerre un extrait collationné (*même instr.*).

Ces registres ne doivent pas être tenus doubles, parce qu'il n'y a point d'autorité permanente à laquelle le premier doive rester (DELAPORTE, *Pand. franç. n°* 115 *sur l'art.* 90).

ARTICLE 92.

Les déclarations de naissance à l'armée seront faites dans les dix jours qui suivront l'accouchement.

SOMMAIRE.

1. *Différence avec le droit commun.*
2. *Des reconnaissances d'enfans naturels.*

1. « Cet article fait exception à l'art. 55, qui n'accorde que trois jours pour les déclarations : il doit donc lui être entièrement substitué hors du territoire français. Quant aux autres formalités, elles devront être les mêmes hors du territoire que dans l'intérieur; et les officiers de l'état civil se conformeront à cet égard aux dispositions générales relatives aux actes de naissance (*Instr. du 8 mars* 1823). »

2. Les instructions du ministre limitent le droit qu'ont les officiers de l'état civil militaire de recevoir les reconnaissances d'enfans naturels, au cas où cette reconnaissance a lieu lors de leur naissance ou dans l'acte de mariage des père et mère. C'est une erreur : elles peuvent être reçues séparément par l'officier de l'état civil militaire, comme elles le seraient par un maire dans l'intérieur du royaume (*V.* M. HUTTEAU D'ORIGNY, *tit.* 5, *ch.* 3, n° 1).

ARTICLE 93.

L'officier chargé de la tenue du registre de l'état civil devra, dans les dix jours qui suivront l'inscription d'un acte de naissance audit registre, en adresser un extrait à l'officier de l'état civil du dernier domicile du père de l'enfant, ou de la mère, si le père est inconnu.

SOMMAIRE.

1. *Objet de cet envoi.*
2. *Comment il se fait.*
3. *Quand on l'adresse au dépôt du corps.*
4. *Forme des extraits.*

1. L'envoi au dernier domicile doit avoir lieu même quand le père est présent : c'est une précaution de conservation des actes. La même disposition existant pour le dernier domicile de la mère, nécessairement présente, prouve l'objet de la loi.

2. L'envoi ne se fait pas directement par l'officier de l'état civil, mais par le conseil d'administration de chaque corps et par l'intermédiaire des ministres de la guerre, de la justice et des préfets ; un double de l'extrait de naissance est en outre envoyé au ministre de la guerre, et le numéro du registre-matricule sous lequel le père aura été signalé sera relaté avec soin sur ledit acte de naissance (*Instructions des 24 brum. an XII et 8 mars* 1823).

3. « Afin d'éviter les erreurs que pourraient commettre des bataillons ou escadrons qui, étant détachés du corps, n'ont point sous les yeux les registres-matricules, l'officier de l'état civil enverra l'extrait mentionné en l'article précédent au dépôt du corps, où il sera confronté avec le signalement du père de l'enfant, s'il est connu, et d'où il sera transmis par le conseil d'administration au lieu de son dernier domicile, ou celui de la mère, dans le cas où le père serait inconnu (*mêmes instr.*). »

4. Les extraits, nonobstant les modèles joints auxdites instructions, doivent être entièrement conformes aux registres (*V. le Comm. sur l'art.* 45, *n*o 5, *p.* 25).

ARTICLE 94.

Les publications de mariage des militaires et employés à la suite des armées, seront faites au lieu de leur dernier domicile : elles seront mises en outre, vingt-cinq jours avant la célébration du mariage, à l'ordre du jour du corps, pour les individus qui tiennent à un corps ; et à celui de l'armée ou du corps d'armée, pour les officiers sans troupes, et pour les employés qui en font partie.

SOMMAIRE.

1. *L'article est exceptionnel.*
2. *Le droit commun s'applique aux publications à faire au domicile.*
3. *Du dernier domicile d'un militaire.*
4. *Des enfans de troupes.*
5. *Il n'est pas nécessaire d'être depuis six mois sous les drapeaux.*

1. « Cet article fait exception aux art. 63 et 64 concernant le délai, le mode de publication et la durée des affiches. Il devra donc être seul suivi hors du territoire français (*Instruct. des 24 brum. an XII et 8 mars* 1823). »

2. Il faut cependant remarquer que les publications faites au dernier domicile doivent avoir l'intervalle et la durée prescrits par le droit commun ; et que l'art. 94 ne dispense pas des publications au domicile des parens, quand le droit commun les requiert (*V. art.* 166, 167 *et* 168 *du C. civ.*).

3. En thèse générale, le dernier domicile d'un militaire est celui qu'il a quitté pour entrer au service, s'il était alors majeur. Si au contraire il était mineur et demeurait chez un étranger, son dernier domicile était celui de ses père, mère ou tuteur. Il faut suivre en ce point les règles exposées *sur l'art.* 74, *n*o 9, *p.* 64.

4. « Les enfans de troupe n'ayant souvent pas eu d'autre domicile que les drapeaux, les publications faites dans l'endroit où se trouve le corps sont les seules exigibles à leur égard (*mêmes instructions ;* M. DURANTON, *t.* 2, *n*o 335 *à la note*). »

Cependant si le corps auquel ils sont attachés avait tenu garnison pendant six mois dans une place de l'intérieur, de sorte qu'il y eût eu possibilité d'un mariage devant l'officier de l'état civil ordinaire, on devrait faire les publications dans cette ville de garnison : car si l'art. 94 prescrit des publications au dernier domicile, c'est pour prévenir le crime de bigamie, et il y a possibilité légale de bigamie, là où existe la possibilité d'un premier mariage.

5. Il faut remarquer encore que la règle des six mois est inapplicable aux militaires en campagne, et qu'ils peuvent se marier devant l'officier de l'état civil militaire, encore qu'ils ne soient pas sous les drapeaux depuis six mois.

ARTICLE 95.

Immédiatement après l'inscription sur le registre, de l'acte de célébration du mariage, l'officier chargé de la tenue du registre en enverra une expédition à l'officier de l'état civil du dernier domicile des époux.

SOMMAIRE.

1. *Envoi de l'expédition en France.*
2. *L'inscription peut se faire à la requête des époux.*

1. On a vu, sous l'art. 93, nos 2 et 3, comment devait se faire cet envoi.

L'article devrait porter : A l'officier du dernier domicile *de chacun* des époux. Si chacun d'eux a eu pour dernier domicile une commune différente, il faut donc deux expéditions (M. DURANTON, *t.* 2, *no* 335; M. HUTTEAU D'ORIGNY, *tit.* 7, *ch.* 6, § 1er, *no* 3; nonobstant DELAPORTE, *Pand. franç. no* 120 *sur l'art.*).

2. Si l'officier de l'état civil militaire ne remplit pas cette obligation, chacun des époux a le droit d'en requérir l'exécution auprès de l'officier de l'état civil du dernier domicile (M. HUTTEAU, *ibid. no* 5), soit à son retour dans ses foyers, soit avant ce retour, par l'entremise d'un mandataire, auquel il en enverrait une expédition légalisée par les chefs militaires. C'est un moyen simple pour un militaire d'assurer l'état de sa femme et de ses enfans, et de les mettre à l'abri des hasards de la guerre et de l'incurie des bureaux.

ARTICLE 96.

Les actes de décès seront dressés, dans chaque corps, par le quartier-maître, et pour les officiers sans troupes et les employés, par l'inspecteur aux revues de l'armée, sur l'attestation de trois témoins; et l'extrait de ces registres sera envoyé, dans les dix jours, à l'officier de l'état civil du dernier domicile du décédé.

SOMMAIRE.

1. *Comment se constatent les décès.*
2. *Si l'officier de l'état civil les vérifie.*
3. *L'acte fait mention de la mort sur le champ de bataille.*
4. *Omission de rédaction.*

1. « L'officier de l'état civil se fera rendre compte à la suite de chaque action, par les sergens-majors des compagnies, du nom des militaires manquans. Il fera appeler ensuite, pour chaque individu, trois témoins voulus par la loi, et qui attesteront les causes de l'absence; il constatera, par ce moyen, la mort ou la prise par l'ennemi des individus absens, et établira les actes de décès qu'il enverra, conformément aux dispositions ci-dessus énoncées (*Instruct. de l'an XII et de* 1823). »

2. La loi ne dit pas si le quartier-maître ou l'intendant doivent par eux-mêmes vérifier les décès (*art.* 77) : malheureusement c'est chose impossible, et l'instruction prouve que les ministres l'ont compris. C'est sans doute la cause qui a fait exiger trois témoins.

3. La mort sur le champ de bataille est, pour le soldat, une mort naturelle. Elle fait sa gloire, et doit être énoncée dans l'acte, nonobstant l'art. 85. *V. ledit article.*

4. Après les mots *par le quartier-maître,* il faut suppléer ceux : *ou par le capitaine-commandant* dans les corps qui n'ont pas un ou plusieurs bataillons ou escadrons (*Pandect. franç. no* 121 *sur l'art.* 96).

V. sur l'envoi des actes de décès ce que nous avons dit sur celui des actes de naissance, art. 93.

ARTICLE 97.

En cas de décès dans les hôpitaux militaires ambulans ou sédentaires, l'acte en sera rédigé par le directeur desdits hôpitaux, et envoyé au quartier-maître du corps, ou à l'inspecteur aux revues de l'armée ou du corps d'armée dont le décédé faisait partie : ces officiers en feront parvenir une expédition à l'officier de l'état civil du dernier domicile du décédé.

SOMMAIRE.

1. *Registres; paraphes; remises d'expéditions et d'extraits.*

1. Les directeurs des hôpitaux militaires doivent avoir des registres, puisqu'ils sont officiers de l'état civil *quant aux décès* arrivés en leurs maisons, et que l'obligation d'avoir des registres est une règle générale. La loi ne dit pas par qui ces registres seront paraphés; on peut induire de l'art. 91 qu'ils doivent l'être par le chef de l'état-major (*V. Pand. fr. no* 122 *sur l'art.*).

« L'extrait du registre que doivent tenir les directeurs desdits hôpitaux sera en outre remis chaque mois en double expédition au sous-intendant militaire, qui fera passer de suite au ministre ces deux actes mortuaires avec un bordereau nominatif pour chaque hôpital.

« Les quartiers-maîtres auront soin de réclamer des directeurs des hôpitaux, *et particulièrement* des hôpitaux ambulans, les actes des décès des militaires qu'ils sauraient y avoir été transportés (*Instr. de l'an XII et de* 1823). »

ARTICLE 98.

L'officier de l'état civil du domicile des parties auquel il aura été envoyé de l'armée expédition d'un acte de l'état civil, sera tenu de l'inscrire de suite sur les registres.

CHAPITRE VI.

De la rectification des actes de l'état civil.

ARTICLE 99.

Lorsque la rectification d'un acte de l'état civil sera demandée, il y sera statué, sauf l'appel, par le tribunal compétent, et sur les conclusions du procureur du roi. Les parties intéressées seront appelées, s'il y a lieu.

SOMMAIRE.

1. *Définition.*
2. *Division de la rectification en judiciaire et administrative. Inutilité et fausseté de cette distinction.*
3. *Rectification judiciaire et officieuse.*
4. *Cas où les tribunaux peuvent l'ordonner d'office;*
5. *Où le ministère public agit d'office.*
6. *Suite. Il n'a plus besoin de cette procédure pour prouver l'âge d'un Français appelé au recrutement.*
7. *Quel intérêt est requis pour former la demande.*
8. *Les héritiers peuvent requérir la rectification. Distinctions.*
9. *Elle peut être demandée quelquefois par un tiers.*
10. *Pas de rectification admissible, s'il n'y a erreur dans l'acte.*
11. *Peut être requise pour erreur légère.*
12. *Exemple d'erreurs dans les noms et prénoms.*
13. *Compétence. Silence de la loi.*
14. *Quel tribunal est compétent, quand la rectification est accessoire à une question d'état;*
15. *Quand la rectification est demandée principalement;*
16. *Quand on veut faire rectifier plusieurs actes corrélatifs passés dans divers arrondissemens.*
17. *Quand la mise en cause est ordonnée, la compétence ne change pas;*
18. *A moins que la demande ne soit une voie détournée pour faire juger une question d'état. Erreur de* M. Carré.
19. *Juge compétent quand la demande est incidente.*
20. *Procédure.*
21. *Le président n'a pas qualité pour ordonner seul la mise en cause des intéressés.*
22. *Convocation du conseil de famille.*
23. *Procédure d'appel quand le demandeur n'a pas eu de contradicteur,*
24. *Et s'il y a eu des contradicteurs.*
25. *Si la même procédure est applicable aux omissions.*
26. *Compétence pour les actes reçus hors du territoire français.*
27. *Pour ceux reçus sur mer, à l'armée et dans les lazarets.*
28. *Opinion de* M. Hutteau d'Origny *pour ceux reçus à l'étranger.*
29. *Distinctions pour les actes reçus par des officiers étrangers.*
30. *Compétence pour les actes reçus par les Consuls.*

1. Rectifier un acte, c'est redresser une erreur qu'il contient, pour y substituer la vérité.

2. M. Hutteau d'Origny (*tit.* 9, *au commencement*) distingue deux espèces de rectifications : la rectification *judiciaire*, quand il s'agit de réparer les erreurs commises sur les registres, parce que c'est toujours l'autorité judiciaire qui la prononce; et la rectification administrative, quand on veut changer de nom ou prendre un surnom, parce qu'à l'administration supérieure appartient le droit de concéder cette commutation ou cette addition (*V. ci-dessus, p.* 44, *à la note*). Cette division est inutile et manque de justesse. Les commutations de noms ne sont pas des actes rectificatifs; ce sont des grâces, des faveurs : le droit à la rectification des registres ne naît donc que par l'ordonnance royale et par l'expiration des délais, et quand ce droit est acquis, la rectification ne peut s'opérer que de l'autorité du tribunal; dans ce cas même, elle est encore judiciaire.

3. On pourrait faire une autre distinction entre la rectification judiciaire et la rectification officieuse : mais nous avons déjà dit que la rectification officieuse est proscrite; que les actes tels qu'ils sont dressés appartiennent aux parties, et que les erreurs ne peuvent être réparées que par l'autorité du tribunal (*V.* notamment *n°* 2 *sur l'art.* 53, *p.* 38). Il faut qu'elle soit *demandée*, dit notre

article, et c'est ce qui résulte de la discussion au conseil d'Etat. Le projet publié du Code civil et celui de la section de législation (*liv.* 1er, *tit.* 2, *sect.* 5) avaient voulu introduire, sous l'autorité de la justice, un mode particulier de rectification à la requête du commissaire du gouvernement; mais il y avait plus d'inconvéniens à rechercher des irrégularités dont personne ne se plaindrait qu'à les laisser subsister (*Le consul* CAMBACÉRÈS, *séance du* 12 *brum. an X*), et tout ce qui était relatif à ce mode de rectification a été supprimé.

4. Cependant les tribunaux saisis d'une question dans laquelle une partie argumente des erreurs d'un acte, et l'autre les repousse en s'appuyant sur d'autres actes pour le faire lire autrement, peuvent déclarer dans la sentence que les erreurs se trouvent rectifiées par d'autres actes: c'est là une appréciation de fait qui ne constitue pas une rectification d'acte de l'état civil (*Rej.* 19 *juillet* 1809). De cet arrêt, M. Carré (*Analyse, quest.* 2670e; *Lois de la proc. no* 2897) tire la règle que les tribunaux peuvent ordonner d'office une rectification quand ils ont rendu contradictoirement entre les parties intéressées une décision qui suppose la nécessité de la rectification. C'est faire dire à l'arrêt ce qu'il n'a pas songé à dire; mais la maxime en elle-même nous paraît juste. Quand on a réclamé un état que le titre refuse ou qu'il n'établit que d'une manière inexacte, cette demande renferme implicitement celle de la réformation du titre, et le jugement qui autoriserait le demandeur à faire porter les rectifications sur les registres, loin de statuer sur choses non demandées, ne ferait qu'expliquer les effets de l'adjudication des conclusions principales. Ce qui prouve d'ailleurs la vérité de cette proposition, c'est l'art. 198 du Code civil, qui donne à la transcription sur les registres d'un jugement rendu au criminel et portant reconnaissance d'un mariage, le même effet qu'à l'acte lui-même.

5. Le ministère public a le droit de poursuivre d'office la rectification des actes dans les circonstances qui intéressent l'ordre public (*Avis du C. d'Etat du* 8—12 *brum. an XI; Décr. du* 18 *juin* 1811, *art.* 122). Nous n'essaierons pas de les préciser; mais nous ferons remarquer que ce n'est pas une exception au principe général, puisque alors la société est intéressée, et que le procureur du roi devient partie principale. Par exemple, il a la voie d'action pour faire annuler les mariages contractés au mépris des art. 144, 147, 161, 162 et 163 du Code civil; il aura donc le droit d'en faire annuler l'acte même. La société a intérêt que l'état civil des indigens soit conservé; le ministère public sera donc partie principale pour faire réparer les omissions et opérer les rectifications sur les registres de l'état civil d'actes qui intéressent les individus notoirement indigens (*Décis. des min. de la just. et des fin. du* 6 *brum. an XI*, *S. an XI*, 2. 161; *L. du* 25 *mars* 1817, *art.* 75).

6. Au nombre des cas où le ministère public a le droit d'agir pour réparer l'omission des actes de l'état civil, on plaçait surtout le recrutement militaire (M. HUTTEAU D'ORIGNY, *tit.* 9, *chap.* 1er, § 2 *no* 3). Aujourd'hui, s'il se présentait dans un acte de l'état civil une erreur préjudiciable aux droits du pays, il ne fait pas de doute que le ministère public aurait qualité pour la faire rectifier, mais il n'aurait besoin d'aucune procédure à l'égard d'un jeune Français qui ne représenterait pas son acte de naissance avant le tirage, si la notoriété publique le désignait comme ayant l'âge requis pour le recrutement. C'est à celui-ci de prouver et le défaut de registres et son âge (*L. du* 21 *mars* 1832, *art.* 7).

7. Pour demander la rectification d'un acte de l'état civil, il faut, comme pour toute demande en justice, un intérêt né et actuel; mais ici on ne peut exiger que l'intérêt soit pécuniaire. La possession d'un nom, la place dans une famille, sont en eux-mêmes une propriété sacrée; et celui dont l'acte constate l'état a, dans tous les temps, un intérêt suffisant pour requérir la réparation des erreurs et des omissions.

8. Les héritiers de l'individu que concerne l'acte peuvent aussi en requérir la rectification après son décès; mais le temps pendant lequel ils pourront requérir cette rectification est diversement réglé. Si l'état du défunt n'était pas reconnu pendant son existence, la voie de la rectification ne pourrait être prise contre un acte constatant un état devenu immuable (*V. l'art.* 329 *au tit. de la Paternité et de la Filiation*); mais si la possession était constante, qu'il ne s'agît que d'une erreur matérielle, par exemple du prénom de la mère, et que cette erreur fût démontrée par une suite d'actes et de documens intermédiaires, la rectification pourrait être demandée à l'époque à laquelle on en aurait besoin (*Aix*, 17 *août* 1808).

9. Un tiers peut quelquefois aussi demander la réformation d'un acte de l'état civil d'autrui. Ainsi on a admis la demande en rectification formée par un père, après la mort de son fils, contre un acte de naissance qui attribuait à celui-ci un enfant adultérin qu'il n'avait pas reconnu (*Besançon*, 3 *juin* 1808). Il ne résulte pas de l'arrêt que la question ait été agitée; mais, bien que l'enfant naturel, même reconnu, n'ait pu faire partie de la famille de son prétendu aïeul, il est certain que l'intérêt qu'avait le père de faire réformer un acte calomnieux à la mémoire de son fils, était un intérêt suffisant.

10. Ce n'est pas assez d'avoir intérêt pour obtenir une rectification, il faut que la demande soit fondée: or, quelle que soit l'erreur commise dans l'acte, quelle que soit l'omission échappée à l'in-

curie ou à l'inattention de l'officier public, elle pourra être réparée par cette voie. Ortographe vicieuse des noms, suppression ou perturbation des prénoms, omission d'énonciations substantielles, etc., etc.; mais il faut qu'il y ait erreur: ainsi la Cour de Bruxelles a justement rejeté, par *arrêt du 6 frimaire an XIV*, une demande en rectification d'acte de naissance fondée sur ce que la demanderesse avait, dans le cours de sa vie, pris habituellement d'autres prénoms que ceux contenus dans son titre de naissance. L'erreur n'était pas dans le premier acte, mais dans les suivans.

11. Quelque légère que soit l'erreur, elle ne peut être rectifiée sans jugement; et l'on ne doit pas conclure de l'avis du conseil d'Etat du 19 mars 1808, approuvé le 30 (*Bulletin* 188, *n°* 3254), rapporté ci-dessus page 61, n° 13, que la demande en rectification soit interdite quand un nom n'est que mal orthographié ou qu'il n y a qu'omission des prénoms. Cet avis n'a qu'un objet, c'est de dispenser les parties de frais considérables qui empêcheraient les mariages dans les classes pauvres; mais il n'interdit pas aux personnes pour lesquelles une erreur de ce genre pourrait devenir un jour embarrassante dans leurs intérêts de famille, d'en demander la rectification sur les registres.

12. L'espèce sur laquelle a statué l'arrêt du 19 juillet 1809, cité plus haut, prouve de quelle importance il serait de faire faire les rectifications relatives aux noms et prénoms. Il s'agissait de la succession de *Jean Charles* DAVOST, disputée par quatre familles collatérales, représentant *Auguste* JACUS, bisaïeul du défunt, quand *Marie-Anne* DAVOST, *femme Bouvery*, prétendit les exclure tous, comme héritière plus proche, et y réussit en effet, quoique son acte de naissance portât le nom de *Marie-Anne* DAOU. *Nicolas* DAVOST, aïeul de celui dont elle réclamait la succession, avait eu pour fils *Léonard* DAVOST dont elle était fille. La prononciation et l'orthographe du nom avaient varié. Le V avait été changé en U; l's et le T tantôt enlevés, tantôt ajoutés; et l'on avait écrit indifféremment *Davost*, *Dauost*, *Daoust*; *Daout*, et *Daou*. Elle disait aussi descendre d'*Auguste* JACUS du côté des femmes: sa mère était *Marie* RATTIER, dont l'aïeule paternelle était *Anne*, fille d'*Auguste* JACUS, désignée dans son acte de mariage sous les noms d'*Anne* GUSTINE. Cette singulière variation s'expliquait par l'usage fréquent des prénoms dans les campagnes et par leur corruption. *Auguste* avait été appelé *Augustin* et *Gustin*; d'où l'habitude de donner à sa fille le nom de *Gustine*, de sorte que lors du mariage de celle-ci, le curé du lieu lui donna la qualification d'*Anne* GUSTINE au lieu d'*Anne* JACUS. Ces faits, presque incroyables, étaient appuyés d'actes qui prouvaient ces variations et firent triompher ce système; mais on ne doit pas se fier à cet exemple pour négliger de faire opérer les rectifications nécessaires.

13. La demande en rectification doit être portée devant LE TRIBUNAL COMPÉTENT, dit le Code civil, dont l'objet n'est pas de régler la forme; et le Code de procédure, art. 855 et 856, a réglé un mode spécial de procéder, sans indiquer quel était le tribunal compétent.

14. Pour connaître quel est le tribunal compétent et savoir si l'on doit suivre la procédure spéciale tracée par les art. 855 et 856 du Code de procédure, ou la procédure générale prescrite pour les affaires ordinaires, il faut remarquer qu'on peut demander la rectification ou principalement ou par voie de conséquence. *Principalement*, quand il s'agit de faire redresser un acte, sans qu'on ait un contradicteur actuel, et souvent même quand on n'en a pas à craindre; ce qui arrive toutes les fois qu'on jouit de l'état indiqué par l'acte, malgré ses erreurs et ses énonciations fautives: *par voie de conséquence*, quand on réclame un état contesté, par exemple celui de fils légitime, lorsque le titre indique qu'on est né d'un père inconnu, et qu'on ne conclut à la rectification que comme exécution du droit dont on veut faire déclarer l'existence. Dans cette dernière hypothèse, la rectification n'est pas l'objet principal de la demande. C'est une véritable question d'état qui devra, comme toutes les actions personnelles, être portée devant le tribunal du domicile du défendeur; ou quelquefois, si elle est le fondement d'une pétition d'hérédité, devant celui de l'ouverture de la succession (*C. Pr.* 59), et dont les formes sont soumises à la procédure ordinaire.

15. Mais quand la rectification est demandée principalement, on ne prend pas la voie d'action, mais celle de requête au président du tribunal de première instance (*C. Pr. art* 855), au greffe duquel le double du registre *a été* ou *doit* être déposé (RODIER, *sur l'art.* 10 *du tit.* 20 *de l'ord. de* 1667; M. TOULLIER, *t.* 1, *n°* 341; M. DURANTON, *t.* 1, *n°* 342; CARRÉ, *Analyse*, *quest.* 2666*e*, *et Lois de la procéd. n°* 2893; M. THOMINES-DESMAZURES, *Comm. sur le C. de Pr. n°* 1001). La raison qu'en donnent ces auteurs, c'est qu'aucun défendeur ne se trouvant en cause, il n'y a pas lieu d'appliquer le principe *actor sequitur forum rei*, et qu'il est naturel, dans le silence de la loi, de préférer le tribunal dans le ressort duquel l'acte a été passé, où se trouvent les registres, si une vérification devient utile, et où sont probablement les plus proches parens et les autres personnes qu'il peut être utile ou nécessaire d'entendre.

16. Mais cette règle, toute sage qu'elle est, n'est fondée sur aucun texte. Elle doit donc rencontrer des exceptions: par exemple, quand il faudra faire rectifier plusieurs actes dépendant les uns des autres, et qui auront été reçus dans des arrondissemens différens; il semble inutile alors de multiplier les procédures, surtout si la même erreur s'est reproduite dans des actes passés en différens lieux; la diversité de tribunaux pourrait amener une diversité de jugemens: il en est de ce cas comme de celui où il s'agit d'assigner plusieurs personnes; il suffit d'un tribunal compétent (M. Thomines, n° 1001).

17. Même quand le tribunal ordonne d'appeler en cause les parties intéressées, si elles ne demeurent pas dans l'arrondissement du tribunal, la compétence ne change pas. Le tribunal était saisi par la requête (Carré, *ibid.* nonobstant Lepage, *Questions de proc. p.* 569). La mise en cause des parties intéressées ne doit pas être confondue avec le renvoi au tribunal de leur domicile.

18. Qu'on ne s'y méprenne pourtant pas avec M. Carré, qui pose comme inflexible et ne comportant aucune exception la règle que le tribunal du lieu des registres est seul compétent, en invoquant l'imposante autorité de M. Toullier. C'est faire dire à ce savant et profond jurisconsulte ce qu'il n'a jamais dit ni fait entendre. M. Toullier s'est borné à énoncer une maxime générale sans rejeter les exceptions. Or, en réglant une procédure exceptionnelle pour les cas où le requérant n'aurait pas d'adversaires, et en donnant au tribunal, comme précaution contre les surprises, le droit d'ordonner la vocation des parties intéressées, il n'est point entré dans l'intention du législateur de changer l'ordre des juridictions, et de donner au demandeur le droit de détourner le défendeur de ses juges naturels. Il y a certitude que telle n'était point l'intention du législateur, puisque nulle part il n'a parlé de la compétence, et que « c'est en l'absence de toute loi sur ce point « que la raison a fait admettre la règle suivie au« jourd'hui (M. Merlin, *Répert. mot Emigration*, § 18); » ainsi, une raison grave, impérieuse suffit pour faire plier la règle; ainsi, si la requête n'a été présentée que pour porter devant le tribunal de la situation des registres une question d'état qui, présentée par demande principale, eût dû être déférée à un autre tribunal, les parties mises en cause peuvent, avant toutes exceptions et défenses (*C. Pr.* 168 *et* 169), demander et obtenir leur renvoi devant le tribunal compétent.

De même, si la rectification demandée soumettait aux juges saisis de la requête une véritable question d'état, ils pourraient se refuser à prononcer, quant à présent, sur la rectification jusqu'à ce que l'exposant eût fait statuer sur la question principale. C'est ainsi qu'il a été décidé qu'un enfant dont le titre attribuait la naissance à une femme mariée et à un *père inconnu*, ne pouvait prendre la simple voie de requête pour faire insérer dans l'acte les noms du *mari* de sa mère (*Bordeaux*, 11 *juin* 1828).

19. Enfin, il est un point sur lequel tout le monde est d'accord: quand une demande en rectification a lieu pendant le cours d'une instance, la compétence sur l'incident appartient aux juges de la demande principale (Carré, *ibid.*; M. Duranton, *n°* 342).

20. Quand la requête est présentée, le président du tribunal commet un juge pour rapporter l'affaire, et ordonne la communication au ministère public. C'est sur ce rapport et sur les conclusions du procureur du roi que le tribunal réforme ou maintient l'acte d'après les pièces jointes à la requête, ou qu'avant faire droit, « les juges ordon« neront, s'ils l'estiment convenable, que les par« ties intéressées seront appelées, et que le con« seil de famille sera préalablement convoqué (*C. Pr.* 856), » ou toute autre voie d'instruction (Pigeau, *liv.* 3, *mot Actes*, § 3, *n°* 5). Mais les juges doivent se garder surtout de statuer sur des *actes de notoriété*, presque toujours l'œuvre de la complaisance.

21. Le président ne pourrait seul, même sur les conclusions du ministère public, ordonner la mise en cause des parties intéressées (Demiau, *sur l'art.* 856; Carré, *Analyse, quest.* 2268e, *et Lois de la procéd. n°* 2895): car elles ne doivent pas être appelées si la demande ne peut donner lieu à une contestation. Au surplus, « s'il y a lieu d'appeler « les parties intéressées, la demande est formée « par exploit, sans préliminaire de conciliation; et « par acte d'avoué, si les parties sont en instance « (*art.* 856). »

22. Il faut remarquer aussi la faculté que donne au tribunal l'art. 856 d'ordonner une convocation du conseil de famille préalablement à la décision du fond. M. Pigeau (*au lieu cité*) regarde cette convocation comme une voie d'instruction dont l'objet est d'obtenir les éclaircissemens nécessaires. Il faut s'en tenir à cette explication simple donnée par un des hommes qui connaissaient le mieux l'esprit du Code de procédure. Ainsi, cette convocation du conseil de famille peut être ordonnée, même pour un majeur: c'est un moyen de reconnaître si la rectification demandée est réprouvée par les parens, et non une délibération sur l'intérêt du demandeur, comme dans les affaires des mineurs.

23. Le jugement qui intervient a donc été rendu ou sans contradicteur ou en présence des parties intéressées. « Dans le cas où il n'y aurait d'autre « partie que le demandeur en rectification, et où « il croirait avoir à se plaindre du jugement, il « pourra, dans les trois mois depuis la date de ce « jugement, se pourvoir à la Cour d'appel, en pré« sentant au président une requête sur laquelle « sera indiqué un jour auquel il sera statué à l'au« dience, sur les conclusions du ministère public « (*C. Pr.* 858). » Comme le demandeur n'avait pas

d'adversaire en première instance, il n'en a pas non plus en appel, pas même le ministère public, qui, n'étant que partie jointe, ne peut être intimé (*Bruxelles*, 6 *frim. an XIV*).

La loi n'exige pas que l'affaire soit mise en rapport devant la Cour comme en première instance. Au jour indiqué, l'appelant expose ses griefs à l'audience, le procureur-général conclut et la Cour prononce (PIGEAU, *lieu cité; CARRÉ, Analyse, quest.* 2676[e], *et Lois de la procéd. n°* 2903).

24. Si les parties intéressées ont été mises en cause, on suit les règles ordinaires; le délai d'appel ne court qu'à partir de la signification à domicile, et l'appel est interjeté par exploit (*C. Pr.* 443 *et suiv.*). L'art. 858 offre un système exceptionnel qui doit être restreint à l'unique espèce pour laquelle il été créé (PIGEAU, *lieu cité, n°* 6 4°; CARRÉ, *Lois de la procéd. n°* 2902; M. DURANTON, *t.* 1er, *n°* 344).

25. Les formalités prescrites par le Code de procédure civile pour obtenir la rectification sont généralement admises pour réparer les omissions d'actes de l'état civil (M. PROUDHON, *Cours de dr. franç. t.* 1er, *p.* 103; CARRÉ, *n°* 2898; FAVARD DE LANGLADE, *Répert. mot Rectification des actes de l'état civil*, M. THOMINES, *n°* 1001). Ce qui surtout semble singulier, c'est que ces auteurs fondent leur opinion sur l'avis du conseil d'Etat du 8—12 brumaire an XI (*V. ci-dessus, p.* 40); et que cet avis porte formellement que les actes omis ne peuvent être inscrits qu'en vertu de jugemens rendus... CONTRADICTOIREMENT avec les parties intéressées... termes qui semblent exclure les jugemens sur requête non communiquée.

Pour nous, qui ne concevons pas que l'omission (*) totale d'un acte soit la même chose qu'une erreur glissée dans sa rédaction; nous qui voyons dans le second cas un titre fautif, il est vrai, mais un titre quelconque, et qui n'en apercevons pas dans le premier cas; nous qui pensons qu'une procédure exceptionnelle doit être restreinte dans les termes précis de la loi, les art. 856 et suivans du Code de procédure nous paraissent inapplicables aux omissions d'actes, pour lesquelles il est toujours possible de trouver un contradicteur.

26. Nous avons parlé jusqu'à présent des rectifications des actes de l'état civil reçus en France; mais on peut avoir besoin de faire rectifier des actes reçus à l'étranger, soit par les officiers du pays, soit par les agens français, ou bien des actes dressés sur mer, dans les lazarets ou à l'armée hors du territoire français. Devant quelles autorités devront être portées les demandes?

27. Si les actes ont été reçus sur mer, à l'armée ou dans les lazarets, on a vu que dans tous ces cas, la loi prescrivait d'en faire parvenir une expédition à l'officier de l'état civil du domicile pour être inscrites (*C. civ. art.* 60, 87, 93, 95, 96, 97, 98; *L. du* 3 *mars* 1822, *art.* 19); la raison principale, c'est que les officiers civils, institués pour ces circonstances, n'ont que des fonctions temporaires, que la preuve de l'état doit être permanente; la raison secondaire, c'est que le lieu du domicile est probablement celui où les tiers feront des recherches. Or, puisque la loi a voulu que les registres du domicile conservassent la preuve permanente de l'état, c'est encore là que, dans les cas donnés, l'action devra être intentée; sauf à opérer les rectifications non seulement sur les registres de la commune et du greffe, mais aussi sur les registres-minutes déposés aux archives de la guerre ou de la marine.

Si l'expédition n'avait pas été envoyée à l'officier de l'état civil, et qu'elle existât dans les archives du ministère, la partie qui se la serait fait délivrer et qui y reconnaîtrait une erreur commencerait donc par requérir l'inscription telle quelle, en protestant contre l'erreur, et requerrait ensuite la rectification dans les [illegible]rmes ci-dessus indiquées.

28. [illegible] aux rectifications d'actes reçus à l'étranger, [illegible] Hutteau d'Origny (*tit.* 9, *ch.* 1er, § 1er, *n°* 11) se borne à dire que si les tribunaux français sont compétens, c'est le plus souvent aux tribunaux étrangers qu'il faut recourir, parce que les jugemens des tribunaux français ne seraient pas exécutoires à l'étranger, et que presque toujours nos tribunaux manqueraient des élémens nécessaires pour statuer en connaissance de cause.

Cette décision est trop vague. Il faut préciser les diverses espèces pour résoudre les difficultés.

29. S'il s'agit de rectifier l'acte de l'état civil d'un étranger reçu hors de France, les tribunaux civils de France paraîtraient incompétens. L'état des personnes doit être soumis à la juridiction de leur pays, comme il est réglé par ses lois: mais si la rectification était demandée sur un acte de l'état d'un *Français* reçu par un officier étranger, il faudrait faire une importante distinction;

Ou l'on ne veut faire usage de l'acte rectifié qu'en pays étranger, et, dans ce cas, si les conventions politiques des deux pays ne leur donnent pas réciproquement le droit de faire exécuter dans l'un les jugemens prononcés dans l'autre, il serait inutile d'obtenir en France un jugement sans force exécutoire pour le lieu auquel il est destiné;

Ou l'on en veut faire usage en France; alors, pour la même raison, c'est en France que le jugement doit être obtenu; et si les tribunaux français manquaient des élémens nécessaires pour décider,

(*) On a vu, *sur l'art.* 55, *n°* 3, *p.* 39 *et suiv.*, qu'il n'est pas nécessaire d'obtenir une décision judiciaire pour faire inscrire une naissance quand on a laissé passer le délai de trois jours. C'est donc aux omissions véritables, et non au simple retard, que s'applique ce que nous disons ici, puisque, dans notre opinion, il n'est besoin alors de jugement ni sur requête ni sur exploit.

ils adresseraient aux tribunaux du lieu une commission rogatoire pour l'instruction. Dans ce cas, la procédure la plus régulière sera de faire transcrire d'abord sur les registres du domicile une expédition de l'acte étranger. Cette transcription est ordonnée en matière de mariage par l'art. 171, et nous avons vu assez d'exemples de cette transcription pour en conclure qu'il est dans l'intention du législateur que tous les actes passés hors du territoire soient transcrits au lieu du domicile; et par conséquent que le juge de ce domicile est compétent.

30. Enfin, quand les actes ont été reçus par les consuls, il faut encore suivre la même procédure. Leur juridiction, souvent restreinte par les conventions diplomatiques, paraît devoir s'étendre rarement, malgré les termes généraux de l'ordonnance de la marine (*liv.* 1er, *tit.* 9, *art.* 12), à ce qui concerne l'état des français voyageurs ou résidens dans le lieu de leur établissement.

Tout Français qui n'a pas perdu *l'esprit de retour* a, par une fiction légale, conservé un domicile de droit au lieu de son origine; et c'est à ce domicile que les instances concernant les actes de l'état civil nous paraissent devoir être portées; à moins qu'il ne résulte formellement et des traités et de l'usage local que le consul exerce la plénitude de la juridiction.

RENVOIS AUX ARRÊTISTES.

BRUXELLES, 6 *frim. an XIV.* — S. 1807, 2. 766. — P. t. 3e de 1806, p. 218.

BESANÇON, 3 *juin* 1808. — P. t. 1er de 1810, p. 285. — N. D. t. 1, p. 202.

AIX, 17 *août* 1808. — S. 1809, 2. 272. — N. D. t. 1er, p. 201.

REJET, 19 *juillet* 1809. — S. 1810, 1, 110. — N. D. t. 1er, p. 200.

BORDEAUX, 11 *juin* 1828. — S. 1829, 2. 29.

ARTICLE 100.

Le jugement de rectification ne pourra, dans aucun temps, être opposé aux parties intéressées qui ne l'auraient point requis, ou qui n'y auraient pas été appelées.

SOMMAIRE.

1. *Effets du jugement rendu sans contradicteur.*
2. *Quand il y a chose jugée en matière d'état. Renvoi.*
3. *Si les parties intéressées, non mises en cause, peuvent s'opposer au jugement ou en appeler.*
4. *De la tierce-opposition.*

1. Cet article est conforme au droit commun sur la chose jugée, qui n'a d'effet qu'entre les parties figurant dans les qualités du jugement ou leurs représentans (*C. civ. art.* 1351). De là suit qu'un jugement rectificatif rendu sans contradicteur ne produit, en faveur de celui qui l'a obtenu, qu'une simple présomption susceptible d'être de nouveau débattue, et que chacun peut, en exhumant le titre primitif, refuser de tenir compte de la rectification. De là suit encore qu'on ne peut opposer à celui qui dénie une filiation naturelle le jugement de rectification, au moyen duquel, sans y avoir appelé l'enfant, un individu a fait ajouter à l'acte de naissance la déclaration de sa prétendue paternité (*Rej.* 28 *juin* 1815).

2. Quand le jugement a été rendu contre une ou plusieurs parties intéressées, il passe en force de chose jugée, non seulement contre elles et leurs héritiers, ce qui ne fait pas l'ombre d'un doute, mais même, si les parties en cause étaient les seuls contradicteurs légitimes à l'époque de la rectification, contre la famille tout entière, même quand ses membres ne seraient pas successeurs aux biens du contradicteur légitime, partie au jugement (DELAPORTE, *Pand. franç.* n° 125 *sur l'art.* 100; M. TOULLIER, *t.* 10, *n°* 219 *et suiv.*; M. DURANTON, *t.* 1, *n°* 346), quoique dans les matières ordinaires l'autorité de la chose jugée ne puisse être opposée qu'à l'héritier de la partie. Pourquoi cette différence des effets de la chose jugée en ce qui concerne les contrats et en ce qui touche l'état des hommes? C'est que le nom et les liens de famille sont indépendans des droits de succession, comme la cause est indépendante de l'effet; c'est qu'ils sont en eux-mêmes une propriété inhérente aux personnes, et que n'en peuvent séparer ni les conventions ni la volonté : dès lors il n'est besoin ni de transmission de droits réels, ni de leur acceptation pour subir l'effet de la chose jugée quant à l'état; on *représente* ses parens dans la société ou dans la famille, quoiqu'on ne les représente ni activement ni passivement quant aux actions personnelles, si l'on a répudié leurs biens. Cette vérité recevra plus de développemens sur l'art. 1351 du Code civil.

Par la même raison, la qualité de Français, jugée contradictoirement avec le ministère public, lors du rétablissement d'un acte de naissance omis sur les registres, ne peut plus être mise en question par une personne dont l'intérêt n'était pas né à l'époque du jugement (*Poitiers*, 26 *juin* 1829). Le ministère public était, quant à l'examen de cette qualité, le contradicteur légitime.

3. D'après notre article, les personnes qui n'ont été ni parties ni représentées au jugement de rectification ne sont pas tenues de l'attaquer par voie d'opposition ni d'appel pour en décliner les effets : c'est, à leur égard, *res inter alios judicata* (M. TOULLIER, *t.* 1, *n°* 344). M. Favard de Langlade (*mot Rectification des actes de l'état civil*) prouve victorieusement contre M. Merlin (*Rép. Opposition à un jugement*, § 1er, *n*o 1er) que l'opposition est inutile; et M. Chauveau (*Journ. des avoués, mot Actes de l'état civil*, *n*o 16, *t.* 1, *p.* 249) nous paraît réfuter complètement l'opinion émise par M. Berriat Saint-Prix (*Cours de procéd. civ.* 3e *part. liv.* 1er, *tit.* 5, § 2), que si les intéressés ont été oubliés, on ne peut leur opposer le jugement, et qu'ils ont *le droit* d'en appeler. En effet, l'opposition et l'appel n'appartiennent qu'à ceux qui étaient parties à un jugement, et non à ceux qui auraient dû y être appelés.

4. Quant à la tierce-opposition, le projet de Code civil en ouvrait la voie aux intéressés non appelés: mais cette disposition a été supprimée par suite du système adopté par l'art. 100. En général, elle est inutile aux parties non appelées, puisque le jugement *ne préjudicie* pas à leurs droits (*C. Pr.* 474): cependant il faudrait former tierce-opposition, si l'on voulait obtenir que l'expédition ne fût plus à l'avenir délivrée avec la rectification obtenue.

Enfin, il peut être prudent de former tierce-opposition quand le jugement de rectification a été obtenu avant la publication du Code civil; parce que les principes étaient incertains, et qu'on a, sous les lois précédentes, décidé que, tant qu'un jugement de rectification n'était pas attaqué, la rectification n'était qu'une même chose avec l'acte, et que l'acte ainsi rectifié faisait foi entière de son contenu (*Cass.* 25 *mai* 1793).

RENVOIS AUX ARRÊTISTES.

Cass. 25 *mai* 1793. — S. 1er vol. 1. 25. — N. D. t. 1, p. 205.

Rejet, 28 *juin* 1815. — S. 1815, 1. 329. — D. 1815, 1. 348. — P. t. 1er de 1817, p. 639. — N. D. t. 8, p. 624.

Poitiers, 26 *juin* 1829. — S. 1830, 2. 99. — D. 1830, 2. 149.

ARTICLE 101.

Les jugemens de rectification seront inscrits sur les registres par l'officier de l'état civil, aussitôt qu'ils lui auront été remis, et mention en sera faite en marge de l'acte réformé.

SOMMAIRE.

1. *Quand l'officier de l'état civil doit-il transcrire le jugement?*
2. *De la mention en marge du registre.*
3. *Délivrance des nouvelles expéditions.*

1. « Aucune rectification, aucun changement, « dit l'art. 857 du Code de procédure, ne pour« ront être faits sur l'acte; mais les jugemens de « rectification seront inscrits sur les registres par « l'officier de l'état civil, *aussitôt qu'ils lui auront* « *été remis*... »

Il ne faut pas voir ici une dérogation absolue aux formalités requises par les art. 548 et suivans du Code de procédure qui prescrivent des formalités pour que les tiers ne soient pas exposés à exécuter des jugemens frappés d'opposition ou d'appel. La rédaction de l'art. 101 du Code civil, qui a passé au Code de procédure, a été dominée par l'art. 100: il ne s'agit donc ici que des jugemens sur requête, rendus sans contradicteurs. Le demandeur seul y est partie; donc la remise qu'il fait de la grosse suffit pour que la transcription puisse être requise. Au contraire, si le jugement est rendu contre une partie intéressée, la transcription n'en peut avoir lieu au mépris de l'opposition ou de l'appel de cette partie, et le maire doit exiger les certificats requis par l'art. 548 du Code de procédure avant que d'obéir au jugement.

Un officier de l'état civil n'a pas qualité pour examiner si un jugement de rectification a été rendu avec partie capable ou par un tribunal compétent. Dès que le jugement est exécutoire, il doit opérer la transcription (M. Lagarde, *n*o 643).

2. « Mention de cette transcription sera faite en « marge de l'acte réformé (*C. Pr.* 857). » *V.* sur ces mentions *le Comm. sur les art.* 49 *et* 50, *p.* 34. Ainsi l'état matériel du registre ne doit pas être changé, et aucun tribunal n'a le droit d'ordonner que l'acte soit en totalité ou en partie biffé ou radié sur les registres.

Cette mention doit énoncer non seulement la date du jugement, mais même en quoi consiste la rectification. Un *Avis du cons. d'Etat, du* 4 *mars* 1808, *B.* 184, *n*o 3173, modifie le Code de procédure, qui n'exigeait en marge que mention de la *transcription*, et veut en outre mention de la *rectification*.

3. « L'acte ne sera plus délivré, ajoute l'art. 857, « qu'avec les rectifications ordonnées, à peine de « tous dommages-intérêts contre l'officier qui l'au« rait délivré. »

Cette disposition a été l'objet d'une difficulté.

Le greffier du tribunal de première instance de la Seine délivrait aux parties une expédition de l'acte primitif, et ajoutait ensuite une mention exprimant qu'en vertu d'un jugement qu'il énonçait l'acte avait été rectifié, et exprimait en quoi consistait la rectification. C'était la première édition et l'*erratum*.

Les maires et le préposé au bureau de la préfecture délivraient l'acte dans son état primitif, et se bornaient à indiquer le jugement rectificatif, sans mentionner en quoi consistait la réformation.

Ce mode forçait les parties à lever une expédition du jugement, et le conseil d'Etat, considérant que le mode adopté par le greffier du tribunal de première instance était incontestablement plus expéditif et plus économique, fut d'avis que les maires de Paris et le préposé au dépôt de la préfecture devaient se conformer, dans la *délivrance des actes rectifiés*, à la méthode adoptée par le greffier du tribunal de première instance du département de la Seine (*même avis*).

On voit que l'avis du conseil d'Etat a statué seulement sur le choix entre deux modes de délivrance d'expédition, mais il y en a un troisième : c'est de *substituer* aux mots réformés ceux ordonnés par le jugement, de sorte que les nouvelles expéditions ne rappellent plus le souvenir de l'erreur, et c'est l'avis de M. Demiau-Crouzilhac (*sur l'art.* 857) et de M. Lagarde (*n°* 668). M. Carré est d'une opinion contraire (*Analyse, quest.* 2673ᵉ, *et Lois de la procéd. n°* 2900); et cette opinion doit être préférée; car si les jugemens de rectification ne peuvent être opposés aux tiers, il faut que ceux-ci puissent discerner, lors de la production d'une expédition, quelle partie fait foi contre tous, quelle partie peut être attaquée.

OBSERVATIONS

Sur les attributions et les devoirs des consuls, vice-consuls et agens consulaires, relativement aux actes de l'état civil.

Des ordonnances récentes sur ces agens commerciaux paraissaient se rattacher à l'art. 48 du Code civil. Mais la plus importante formant à elle seule un règlement général sur la matière et résumant tous les principes, nous nous sommes décidés à la placer à la fin de ce Commentaire, dont elle formera, pour ainsi dire, l'épilogue.

L'ordonnance *du* 23 *octobre* 1833 porte :

« Art. 1er. Nos consuls se conformeront, pour la réception « et la rédaction des actes de l'état civil des Français, qu'ils « sont autorisés à recevoir par l'article 48 du Code civil, aux « règles prescrites par ce Code et par les lois sur cette matière. » — *V. n°* 4 *sur l'art.* 48, p. 33.

« Art. 2. Ces actes, sans distinction, seront tous inscrits « de suite et sans aucun blanc, par ordre de date, sur un ou « plusieurs registres tenus doubles, qui seront cotés par première et dernière, et paraphés sur toutes les pages par le « consul. Une expédition en sera en même temps dressée et « immédiatement transmise à notre ministre des affaires « étrangères. » — *V. les art.* 40, 41, 42, *p.* 21 *et suiv. et n°* 4 *sur l'art.* 48.

« Art. 3. Les expéditions des actes de l'état civil, faites « par les chanceliers et visées par les consuls, feront la même « foi que celles qui sont délivrées en France par les dépositaires de l'état civil. » — *V. l'art.* 45, *et les nos* 5 *et* 6, *p.* 25. Le *visa* du consul est nécessaire, car il est seul officier de l'état civil.

« Art. 4. Les consuls se feront remettre, par les capitaines « des bâtimens qui aborderont dans le port de leur résidence, « deux expéditions des actes de naissance ou de décès qui « auraient été rédigés pendant le cours de la navigation, et « ils se conformeront dans ce cas aux art. 60 et 87 du Code « civil. » — *V. lesdits art. p* 48 *et* 77.

« Art. 5. Lorsque, dans le cas prévu par le précédent article, les consuls recevront le dépôt d'un acte de naissance « ou de décès survenu pendant une traversée, ils auront soin, « dans leur procès-verbal, de constater, à telles fins que de « droit, les différentes irrégularités qu'ils y auront remarquées. »

« Art. 6. Si les consuls découvrent, soit par le rapport, « soit par l'interrogatoire des gens de l'équipage, ou par tout « autre moyen, qu'un capitaine a négligé de dresser des actes « de naissance ou de décès arrivés pendant la traversée, ils « en rédigeront procès-verbal, dont expédition sera envoyée « au ministre de la marine, pour être pris, à l'égard du contrevenant, telles mesures qu'il appartiendra.

« Ils recueilleront aussi les renseignemens qui pourraient « servir à constater ces naissances ou décès, feront signer le « procès-verbal par les témoins qui leur auront révélé les « faits, et l'adresseront au ministre des affaires étrangères, « pour que les avis nécessaires soient donnés, par ses soins, « aux personnes intéressées. » — Ces deux articles donnent aux consuls sur les officiers de l'état civil en mer le droit d'inspection et de vérification que l'art. 53 du Code civil et l'ordonnance du 26 novembre 1823 confèrent en France aux procureurs du roi. *V. p.* 37.

« Art. 7. Aucun acte de l'état civil reçu dans les consulats « ne pourra, sous prétexte d'omission, d'erreur ou de lacune, « être rectifié que d'après un jugement émané des tribunaux « compétens. De même, lorsque, par une cause quelconque, « des actes n'auront pas été portés sur les registres, le consul « ne pourra y suppléer, sauf également à être statué ce que « de droit par les tribunaux compétens. Toutefois les consuls « recueilleront avec soin, et transmettront au ministre des « affaires étrangères, soit au moyen d'actes de notoriété, soit « de toute autre manière, les renseignemens qui pourraient « être utiles pour rectifier les actes dressés dans leurs consulats, ou pour y suppléer. » — *V. le n°* 30 *sur l'art.* 99, *p.* 89.

« Art. 8. Les jugemens de rectification des actes de l'état « civil seront inscrits sur les registres courans, par les consuls, aussitôt qu'ils leur seront parvenus, et mention en sera « faite en marge de l'acte rectifié.

« Notre ministre secrétaire d'Etat des affaires étrangères « tiendra la main à ce que la mention de la rectification soit « faite d'une manière uniforme sur les deux registres tenus « en double, et, s'il y a lieu, sur les registres de l'état civil « de la commune française où une expédition de l'acte aura « été transcrite. — *V. l'art.* 101 *et les notes, p.* 90, pour la première partie de l'article; et *l'art.* 49, *v.* 34, pour la seconde.

« Art. 9. Le 1er janvier de chaque année, les consuls arrêteront, par procès-verbal, les doubles registres des actes « de l'état civil de l'année précédente. L'un de ces doubles « restera déposé à la chancellerie, et l'autre sera expédié, « dans le mois, si faire se peut, à notre ministre des affaires « étrangères.

« Si les consuls n'ont rédigé aucun acte, ils en dresseront « certificat, qu'ils transmettront de même à ce ministre. » — *V. l'art.* 43 *et les notes, p.* 22.

« Art. 10. Lorsque l'envoi sera fait par voie de mer, le « consul consignera les registres entre les mains du capitaine; « il fera mention du dépôt sur le rôle d'équipage, et procès-verbal en sera dressé en chancellerie. »

« Art. 11. Lorsque les envois devront avoir lieu par la voie « de terre, les consuls prendront les précautions qui leur seront spécialement indiquées, suivant les lieux et les cir-

« constances, par notre ministre secrétaire d'État des affaires « étrangères. »

« ART. 12. Notre ministre des affaires étrangères chargera « un ou plusieurs commissaires de dresser des procès-verbaux « de vérification des registres de l'état civil déposés à ses ar- « chives, et, en cas de contravention, il prendra, contre le « consul qui l'aura commise, telle mesure qu'il appartiendra. » — Ces commissaires, remplissant les fonctions attribuées aux procureurs du roi par l'ordonnance du 26 novembre 1823, trouveront un guide dans le modèle du procès-verbal annexé à cette ordonnance.

« ART. 13. En cas d'accident qui aurait détruit les regis- « tres, le consul en dressera procès-verbal, et il l'enverra à « notre ministre des affaires étrangères, dont il attendra les « instructions sur les moyens à prendre pour réparer cette « perte. » — *V. les nos 22, 23 et 24 sur l'art. 46, p. 31 et suiv.*

« ART. 14. Les publications et affiches de mariage pres- « crites par le Code civil seront faites dans le lieu le plus ap- « parent de la chancellerie du consulat.

« Les publications seront transcrites à leur date sur un re- « gistre coté et paraphé comme il est dit dans l'art. 2 de la « présente ordonnance.

« Les consuls se conformeront à cet égard aux règles pres- « crites par le Code civil. » — *V. les art. 63 et suiv. p. 51.* Le registre des publications ne doit pas être envoyé au minis- tère avec le double des registres de l'état civil; nous avons vu, *no 10 sur l'art. 64, p. 53*, qu'en France, on le déposait au greffe comme annexe : or l'art. 16 de l'ordonnance voulant que les pièces annexées demeurent à la chancellerie du con- sulat, il suit que ce registre unique et accessoire y doit rester aussi.

« ART. 15. Aucun consul ne pourra célébrer un mariage « entre Français, s'il ne lui a été justifié des publications « faites dans le lieu de sa résidence, en outre de publica- « tions faites en France, lorsque les deux futurs ou l'un d'eux « ne seront pas résidans et immatriculés depuis six mois dans « le consulat, ou si les parens, sous la puissance desquels « l'une ou l'autre des parties se trouverait relativement au « mariage, ont leur domicile en France. » — *V. l'art. 74 et les notes, p. 62.*

« ART. 16. Les procurations, consentemens et autres pièces « qui doivent demeurer annexées aux actes de l'état civil « après y avoir été énoncées, seront paraphées par la per- « sonne qui les aura produites et par le consul, pour rester « déposées en la chancellerie du consulat. » — *V. l'art. 44 et les notes, p. 23.*

« ART. 17. Nous autorisons nos consuls à dispenser, pour « des cas graves dont nous confions l'appréciation à leur pru- « dence, de la seconde publication, lorsqu'il n'y aura pas eu « d'opposition à la première ou qu'une main-levée leur aura « été représentée. » — Exercice du droit qui appartient au roi en vertu de l'art. 169 du Code civil.

« ART. 18. Nous autorisons également nos consuls généraux « résidant dans des pays situés au-delà de l'océan Atlantique, « à accorder des dispenses d'âge en notre nom, à la charge « de rendre compte immédiatement à notre ministre des af- « faires étrangères, des motifs qui les auront portés à accor- « der ces dispenses.

« Les mêmes pouvoirs pourront être conférés, par ordon- « nance spéciale, aux consuls de première et de seconde « classe résidant au-delà de l'océan Atlantique, lorsque nous « le jugerons nécessaire. » — Délégation du même droit résul- tant de l'art. 143.

Les vice-consuls et les agens consulaires, n'étant que des délégués des consuls, n'ont, par l'effet de cette délégation, le droit de faire aucun des actes de l'état civil attribués à ceux- ci : cependant, des décisions royales peuvent les autoriser, dans l'intérêt du service, à faire des actes de la compétence des officiers de l'état civil. Dans ce cas, une copie des arrêtés rendus à cet effet sera affichée dans leur bureau, et ils se con- formeront, pour la tenue et la conservation de leurs registres, à ce qui est prescrit par les ordonnances, ainsi qu'aux in- structions spéciales qui leur seront transmises par le ministre des affaires étrangères ou en son nom (*Ord. du 26 oct. 1833, art. 1er, 7 et 8*). Il est important que ces décisions royales soient énoncées dans leurs actes; car, n'ayant pas eu eux, comme les adjoints des maires (*V. Introduction, no 8, p. 5*), un principe de compétence, l'acte pourrait être écarté jusqu'à la preuve de la capacité du rédacteur.

BIBLIOTHÈQUE ROYALE

FIN DU COMMENTAIRE SUR LES ACTES DE L'ÉTAT CIVIL.

www.ingramcontent.com/pod-product-compliance
Lightning Source LLC
Chambersburg PA
CBHW071522200326
41519CB00019B/6039

* 9 7 8 2 0 1 1 3 4 5 7 1 4 *